产业集聚
对经济增长质量的影响研究

郭卫军 著

中国财经出版传媒集团

经济科学出版社
Economic Science Press

·北 京·

图书在版编目（CIP）数据

产业集聚对经济增长质量的影响研究 / 郭卫军著
. -- 北京 : 经济科学出版社, 2023. 10
ISBN 978 - 7 - 5218 - 5265 - 3

Ⅰ. ①产…　Ⅱ. ①郭…　Ⅲ. ①产业集群 - 影响 - 经济增长 - 研究 - 中国　Ⅳ. ①F269. 23

中国国家版本馆 CIP 数据核字（2023）第 194643 号

责任编辑：白留杰　凌　敏
责任校对：刘　娅
责任印制：张佳裕

产业集聚对经济增长质量的影响研究
郭卫军　著
经济科学出版社出版、发行　新华书店经销
社址：北京市海淀区阜成路甲 28 号　邮编：100142
教材分社电话：010 - 88191309　发行部电话：010 - 88191522
网址：www. esp. com. cn
电子邮箱：bailiujie518@ 126. com
天猫网店：经济科学出版社旗舰店
网址：http：//jjkxcbs. tmall. com
北京密兴印刷有限公司印装
710 × 1000　16 开　13. 5 印张　210000 字
2023 年 10 月第 1 版　2023 年 10 月第 1 次印刷
ISBN 978 - 7 - 5218 - 5265 - 3　定价：58. 00 元

前　言

近年来，随着内外部发展环境的重大变化，我国经济开始进入新常态，已处于经济增速换挡期和结构转型阵痛期。为了培育发展新动能，我国更新经济发展理念，转变经济发展方式，从以前的紧盯高速度转向追求高质量，把工作重点放在了推动经济“稳中有进”“提质增效”上。与此同时，随着经济全球化的发展，产业的空间分布形态出现了许多新情况、新动态，众多相似或关联产业在特定空间范围内的集聚日趋普遍，并逐渐成为现代产业发展的重要模式。我国产业集聚也取得较快发展，不仅可以为我国创造经济发展新动力，而且也可以在提升经济增长质量方面发挥重要作用。为此，本书将产业集聚与经济增长质量联系在一起进行理论与实证研究，试图寻找提升中国经济高质量发展水平的可靠路径。

首先，本书通过梳理产业集聚和经济增长质量的研究进展，并根据产业集聚的经济增长效应的相关理论基础，构建了产业集聚影响经济增长质量的理论分析框架。其次，根据经济增长质量的内涵，本书从经济增长效率、经济增长稳定性、经济结构优化、社会福利和绿色发展五个维度构建了经济增长质量的综合评价指标体系，并利用熵值法和主成分分析法对经济增长质量水平进行测度。再次，基于82个国家的国际面板数据、中国省级面板数据和285个地级及以上城市面板数据，实证检验了产业集聚与经济增长质量的关系，从而得出以下几个主要结论：

（1）制造业集聚与服务业集聚水平的提高有助于改善一国或地区的经济增长质量，但两者对经济增长质量的影响渠道有所不同；而且，服务业集聚对经济增长质量的影响在不同类型国家之间存在异质性，制造业集聚对中国经济增长质量的影响存在时间上的异质性；此外，FDI对制造业集聚与一国经济增长质量的关系和服务业集聚与一国经济增长质量的关系分别具有正向调节效应和负向调节效应，而人力资本水平对两者与一国经济增长质量的关系均具有正向调节效应；进一步还发现，制造业与服务业协同集聚也有助于改善一国或地区的经济增长质量。(2) 服务业集聚水平的提高对城市经济增长质量具有显著正向作用，制造业集聚水平的提高只能够改善中部地区城市和大城市的经济增长质量，而对小城市的经济增长质量则具有一定的负向作用。制造业集聚对城市经济增长质量的影响存在门槛效应，只有超过一定门槛值时，才能显著提升一个城市的经济增长质量水平。制造业与生产性服务业协同集聚对城市经济增长质量的影响在不同地区存在异质性，前者对后者的改善作用只存在于东部地区、中部地区和大城市。服务业集聚和制造业与生产性服务业协同集聚均对邻近城市的经济增长质量具有负向空间溢出效应，制造业与生产性服务业协同集聚对经济发展水平相近城市的经济增长质量具有正向空间溢出效应。(3) 高技术产业集聚主要通过提升经济增长效率、增加经济增长稳定性、提高社会福利和促进绿色发展等渠道对经济增长质量产生积极作用。此外，高技术产业集聚对经济增长质量的影响在各地区间存在明显的异质性，高技术产业集聚只有达到一定门槛值才能对经济增长质量具有显著改善作用，而且城镇化水平和经济开放水平越高的地区，高技术产业集聚对经济增长质量的提升作用也越明显。高技术产业集聚对经济增长质量的影响与经济发展水平密切相关，当经济发展水平达到一定程度时，高技术产业集聚水平的提高有利于改善经济增长质量。(4) 高技术产业与生产性服务业协同集聚有助于改善经济增长质量，而且无论是高技术产业与高端生产性服务业协同集聚还是高技术产业与低端生产性服务业协同集聚，都能够显著促进经济增长质量的提升。政府干预程度的增强会抑制高技术产业与生产性服务业协同集聚对经济增长质量的改善作用，人力资本水平的提高能够促进高技术产业与生产性服务业协同集聚对经济增长质量的改善作用。高技术产业与生产性服务业协同集聚对经济增长质量的改善主要源于其对经济增长效率、经济增长稳定性、经济结构优化和绿色发展等四个方面的优化。进一步地，通过中介效应检验，证实了技术进步效应是高技术产业与生产性服务业协同集聚影响经济增长质量的主要机制。

最后，根据以上研究结论，本书提出以下政策建议：第一，相关部门应统筹规划产业政策以促进产业集聚发展，鼓励各地区根据自身特色和优势建立产业集聚区，并正确处理好政府和市场在产业集聚过程中的关系。第二，加快解决产业结构性矛盾问题，不断优化产业结构，促进产业之间的融合互动发展，充分释放产业集聚的正向效应。第三，坚持因地制宜、科学统筹原则，优化产业空间分布结构，进一步发挥产业集群所带来的规模经济和集聚效应。第四，进一步扩大对外开放，不断改善营商环境，重点吸引国外先进产业和高质量的要素资源。第五，大力发展高新技术产业，集聚创新资源和要素，充分发挥科技创新对产业集群的引领作用，以创新驱动我国经济高质量发展。

与现有研究相比，本书的贡献或可能的创新在于：一是研究视角方面。已有文献都只是针对产业集聚与经济增长质量内涵中某一个方面的研究，而本书则是从全局角度来研究产业集聚的经济增长质量效应，进一步拓展了相关领域研究的广度和深度。二是研究内容方面。本书全面分析了产业集聚对经济增长质量的具体影响机制，从而搭建了产业集聚与经济增长质量之间的桥梁。基于国际面板数据、中国省级面板数据和地级及以上城市面板数据，实证考察了制造业集聚、服务业集聚、制造业与服务业协同集聚、高技术产业集聚、高技术产业与生产性服务业协同集聚对经济增长质量的作用及其影响渠道，多方位、多视角地验证了产业集聚的经济增长质量效应。三是研究方法方面。本书构建了国家层面的经济增长质量指标体系，并基于此考察了产业集聚对国家经济增长质量的影响，提供了产业集聚影响经济增长质量的国际经验证据，弥补了现有文献在国际层面研究的不足。另外，为了避免实证分析偏误，本书根据实际情况使用了静态面板模型、系统 GMM 动态面板模型、门槛回归模型和空间杜宾模型等实证方法，以求提高研究结果的可靠性。

郭卫军

2023 年 9 月

目录

第1章　导　论

1.1　研究背景与研究意义

1.1.1　研究背景

1. 中国经济工作重心从“紧盯高速度”转向为“追求高质量”

改革开放40多年以来，中国依靠开放型的经济政策、巨大的人口红利和劳动力成本优势，在经济上取得了举世瞩目的成就。在这40多年曲折而壮丽的发展过程中，我国基本建立了独立且比较完整的工业体系和现代化的国民经济体系，经济增速多年保持在两位数水平，GDP排名从1978年的世界第十位上升到目前的世界第二位，对世界经济增长的贡献率达到1/3。同时，随着国家整体经济实力的增强，人民生活水平得到不断提高，社会公共服务体系也在不断完善，即将实现全面建成小康社会的阶段性目标。

但是，近年来国内外经济环境正在发生剧烈变化，我国经济发展过程中的一系列深层次问题都逐渐显现出来，发展走到了又一个关键的十字路口。在国内方面，随着人口红利的逐渐消失和资源环境承载压力的逐渐加大，经济结构性矛盾日益突出，传统经济增长动能日渐减弱，过去高能耗、高污染、低附加值的粗放型发展模式已经不可持续。在国际方面，外部经济环境持续恶化，不确定性因素增加。包括2008年金融危机和欧洲主权债务危机给全球经济带来了严重冲击，各主要国家经济至今复苏乏力。特别是，近年来全球贸易保护主义有卷土重来之势，“逆全球化”思潮在暗流涌动，美国推动的加征关税政策愈演愈烈。

从产业国际竞争上看，与世界发达国家相比，尽管我国产业规模庞大，门类也相对齐全，但是整体发展水平依然较低，并且长期处于全球价值链分工体系的低端。其中，制造业大而不强、产品质量偏低、缺乏自主核心技术，经常在关键产业或产品上受制于人。随着全球新一轮产业革命的兴起，欧美各国还纷纷开始实施“再工业化”战略，大力推动“制造业回归”，以抢占新一轮产业竞争的制高点。这意味着全球制造业将再次呈现出大调整的态势，经济竞争格局将得到重构，我国产业面临的国际竞争压力进一步加大。

为了积极应对国内外发展新变化和培育经济增长新动能，我国及时调整经济发展战略，2017 年 12 月召开的中央经济工作会议指出，我国经济发展进入了新时代，已经由高速增长阶段转向高质量发展阶段，推动高质量发展是当前和今后一个时期确定发展思路、制定经济政策、实施宏观调控的根本要求。2018 年我国《政府工作报告》也进一步指出，要大力推动经济发展质量，坚持质量第一、效益优先，实现经济平稳增长和质量效益提高互促共进。2019 年 12 月召开的中央经济工作会议又重点强调，新时代抓发展，必须更加突出发展理念，坚定不移贯彻创新、协调、绿色、开放、共享的新发展理念，推动高质量发展。这意味着我国的经济发展理念发生了重大变化，从以前的“紧盯高速度”到现在转向了“追求高质量”，把工作重点放在了推动经济“稳中有进、提质增效”上。因此，在这样的背景下，研究经济增长质量问题对于探索我国未来经济发展道路和实现高质量发展目标，无疑具有十分重要的意义。

2. 产业在空间范围内的集聚对经济社会发展的影响越来越重要

随着经济全球化的发展，产业的空间分布形态发生了重大变化，众多相似或关联产业在特定空间范围内的集聚现象已经趋于普遍，并逐渐成为推动地区经济社会发展的重要模式。放眼全球，产业集聚趋势十分明显，如美国硅谷形成了强大的高科技产业集群、洛杉矶形成了国防和航空产业集群、印度班加罗尔形成了软件产业集群、德国斯图加特形成了机床产业集群等。自 20 世纪 90 年代以来，我国的产业集聚趋势也在明显加快，各地区利用自身优势也形成了众多举世闻名的产业聚集区，例如东莞的电子产业集群、佛山的家电制造业集群、顺德的家具产业集群、浙江大唐袜业生产集群、义乌小商品集散地、河南许昌的发制品生产加工产业集群、福建晋江的鞋类生产加工产业集群等。这些产业集群在当地均扮演了重要角色，成为推动地区经济社会发展的重要力量，而这种产业集聚现象也逐渐成为各国政府和经济学界关注的焦点。

产业集聚现象的形成与发展对我国经济社会产生了重要影响，在提高我国产业发展现代化水平的同时，已成为造成区域发展不平衡和人口空间分布差异的主要原因之一。改革开放以后，我国东部地区依靠国家开放政策的倾斜、丰裕且廉价的劳动力和区位优势，成为服装、鞋帽、玩具等劳动密集型加工贸易的聚集地，同时也逐渐成为国际产业转移的主要承接地。特别是进入20世纪90年代以来，美国、欧洲、日本等发达国家和中国港澳台地区对中国内地的投资力度不断加大，东部地区的加工贸易产业结构发生了重要变化，开始由劳动密集型产业向汽车、电子、机械、IT等技术密集型产业过渡，近年来又开始大量承接以产品设计、研发和采购为主的现代服务业的国际转移。这些产业的不断集聚和升级使得东部地区的经济得到了飞速发展，成为全国乃至全世界最具经济活力和发展潜力的地区，这也造成了中西部与东部地区经济发展差距的不断拉大，成为我国区域经济发展不平衡的重要原因。然而，随着东部地区劳动力成本的不断提高，土地、能源、环境等条件的制约，一些产业的竞争力逐渐下降，相关产业集群开始走向衰退。再加上2008年金融危机的冲击，使得许多企业不得不考虑将工厂转移到中西部地区或者东南亚和南亚地区。这对东部地区的经济发展造成了不可忽视的影响，许多地区开始实施大规模的产业转型升级战略，重点发展高端制造业和现代服务业，这些高质量产业集群的发展逐渐成为东部地区新的经济增长动力。与此同时，中西部地区积极承接长三角、珠三角的劳动密集型产业和部分家电、汽车零部件等制造业的转移，这些产业的集聚大大增加了本地的就业机会和经济发展机会，明显增强了地区经济活力。这表明，产业集聚的发展呈现出两种趋势性特点，一种是产业转移，另一种是产业升级。东部地区在进行产业转移的同时，也在积极进行产业升级，从而形成了新的、更高质量的产业集群。而中西部地区成为转移产业新的聚集地，也丰富和优化了本地区的产业集群结构。

可以说，产业集聚不仅影响着地区经济发展状况，同时也呈现出了产业活动发展的重要规律，是经济发展到一定程度的必然现象。因此，有必要加强和深化对产业集聚现象的研究，更加清楚地认识产业集聚的发展趋势，了解产业集聚对经济社会所发挥的总体效应，以新的角度拓展产业集聚相关理论研究，从而进一步增强产业集聚理论的现实指导性。

3. 问题提出：产业集聚如何影响经济增长质量

基于以上两个重要的现实背景，本书将产业集聚与经济增长质量联系在一起进行理论与实证研究，进而寻找提升中国经济高质量发展水平的可靠路径。虽然已有文献对产业集聚与经济增长或社会发展的关系进行了大量研究，但关于产业集聚影响经济增长质量的研究非常稀缺。原因在于：经济增长质量是一个复合概念，涵盖经济增长、社会发展、环境代价等各个方面。而现有研究都只关注产业集聚对其中一个方面的影响，没有从全局角度研究产业集聚对整个经济社会的综合影响效应，基于单一方面研究所得到的研究结论对高质量发展政策选择具有一定片面性。因此，以产业集聚的经济增长质量效应作为研究对象能够进一步弥补现有研究的不足，具有较高的理论价值和现实意义。通过以上阐述，本书将重点围绕以下几个问题展开研究：产业集聚究竟能不能有效改善一个国家或地区的经济增长质量？产业集聚通过哪些渠道来对经济增长质量产生影响？产业集聚对经济增长质量的影响是否存在明显的地区异质性？不同产业的协同集聚又将怎样影响经济增长质量？

1.1.2 研究意义

1. 理论意义

第一，产业集聚效应一直受到国内外学者的关注，很多学者对产业集聚对经济社会的影响做了大量研究，但目前关于产业集聚与经济增长质量的关系研究仍然处于分离状态，缺乏对两者内在联系的系统论证。大部分文献都只是针对产业集聚与经济增长质量内涵中某一个方面的研究，而经济增长质量是一个复合概念，需要运用系统性的指标和思维来进行研究探讨。作为对现有研究的补充，本书较早地搭建起了产业集聚与经济增长质量的理论联系通道，系统地分析了两者之间的逻辑关系，并对此进行了较为详细的实证检验。因此，可以说在一定程度上弥补了当期研究的不足，进一步完善了产业集聚和经济增长质量的理论体系，为制定更具合理性、有效性的产业政策以支持高质量发展目标的实现提供了重要的理论支撑。

第二，已有文献仅对中国省级或市级层面的经济增长质量指标体系进行了构建与测度，缺乏关于国家层面的经济增长质量指标体系的研究。本书则是根据经济增长质量的内涵和国际宏观数据的可得性，构建了一套国家层面的经济增长质量指标评价体系，并在此基础上考察了产业集聚对一个国家经济增长质量的影响。这不仅为国家层面的经济增长质量水平的测度提供了一套较为合理的评价体系，也为产业集聚与经济增长质量的关系研究提供了国际经验证据，从而进一步丰富和拓展了相关理论研究。

第三，本书除从总体上检验产业集聚对一个国家或地区经济增长质量的影响外，还从以下角度进行了探讨：（1）从构成经济增长质量综合评价体系的五个维度考察产业集聚对经济增长质量的影响渠道；（2）根据多个划分标准将总体样本细分为多个子样本，以考察产业集聚对经济增长质量影响的时间异质性和地区异质性；（3）引入某些重要的控制变量和产业集聚的交互项，探讨这些控制变量对产业集聚与经济增长质量关系的调节作用；（4）建立门槛回归模型和空间杜宾模型，分别检验产业集聚对经济增长质量的门槛效应和空间溢出效应；（5）从产业协同视角研究产业协同集聚对于经济增长质量的影响。这些研究从多个视角扩展了理论框架，进一步深化了产业集聚和经济增长质量的理论层次，从而对于产业集聚的经济增长质量效应具有更加完整的认识。

2. 现实意义

第一，完整、准确、全面贯彻创新、协调、绿色、开放、共享的新发展理念，推动经济高质量发展是我国当前及今后经济工作的重中之重。我国经济已进入新常态，以往粗放型经济增长模式所推动的高速增长现象已经很难持续，亟须探索新的发展道路。那么，应该如何转变经济发展模式，培育新的经济增长动能，从而推动我国经济走向高质量发展阶段呢？为了回答这一问题，从产业集聚这一经济现象出发，通过理论分析和实证检验，认识了产业集聚与经济增长质量两者之间的内在关系，发现产业集聚能够显著促进一个国家或地区经济增长质量的改善。本书的研究形成了以产业集聚推动经济增长质量水平提升的一个新思路，为高质量发展目标的实现提供了新的政策选项。因此，从一定意义上说，本书的研究结论具有重要的现实指导意义，可以为相关政府部门提供决策支持。

第二，随着我国城市化水平的不断发展，产业集聚现象愈发明显，同时各产业在空间范围内的不断集聚，也在很大程度上支撑和推动了城市化进程。然而，城市的发展并不是规模越大越好，也不是某个产业的集聚程度越高越好。这是由于产业集聚不仅会对经济社会产生正向促进效应，而且还可能因拥挤效应的存在而对经济社会产生一定负面影响。从经济增长效率、经济增长稳定性、经济结构优化、社会福利和绿色发展五个维度构建经济增长质量综合评价体系，进而考察产业集聚对经济社会所产生的综合效应，从而更加全面清楚地认识产业集聚程度的提高对经济社会带来的整体影响效果。因此，可以为相关部门在产业规划方面提供政策指导，通过更加合理的产业空间布局和产业结构调整，进一步优化资源要素配置，从而推动经济社会的健康协调持续发展。

第三，利用国际面板数据实证研究了产业集聚的经济增长质量效应，验证了产业集聚对经济增长质量的改善作用，从而为产业集聚推动经济高质量发展提供了国际经验支持。同时，无论是基于中国省级面板数据还是地级及以上城市面板数据，都发现产业集聚对经济增长质量的影响存在明显的地区异质性，这可以为我国各地区的高质量发展提供差别化的政策指导，从而提高产业空间布局的合理性，促进地区经济协调发展。进一步地，还基于地级及以上城市面板数据，检验了产业集聚对经济增长质量的空间溢出效应，这为加强区域间的协调与合作，以实现优势互补、资源共享、协同共进的高质量发展模式，提供了十分重要的理论依据。此外，还从产业协同视角研究分析了产业协同集聚对经济增长质量的影响，证实了相关产业间的协同集聚对经济社会所发挥的正面效应，从而为促进产业间的互动融合发展以提升经济增长质量提供了经验支持。

1.2 研究内容与技术路线

1.2.1 研究内容

本节主要介绍研究内容：

第 1 章导论。主要介绍研究背景、研究意义，叙述主要研究内容，并说明本书研究可能的创新之处。

第 2 章文献综述。首先，介绍了产业集聚理论的相关研究，从分工理论、外部经济理论、工业区位理论、竞争优势理论和新经济地理学理论等视角对产业集聚理论的起源和发展历程进行了梳理，接着对集中度、区位熵、空间基尼系数、赫芬达尔－赫希曼指数和E－G指数五种经典的产业集聚测度方法进行了详细归纳和比较，之后从经济增长率、劳动生产率、全要素生产率、技术创新、就业、环境等方面归纳了产业集聚效应的相关研究。其次，介绍了国内外学者对经济增长质量的概念界定，国内外有关机构和学者对经济增长质量指标评价体系的构建，并简明扼要地叙述了相对指数法、熵值法和主成分分析法三种最常见的经济增长质量测度方法。最后，从多个方面总结了经济增长质量的影响因素研究。

第3章产业集聚影响经济增长质量的理论机制。首先，通过引入LS模型，详细阐述了产业集聚与地区经济增长关系的理论机制，揭示了产业集聚对经济发展空间差异和整体经济系统福利水平的影响，以此为产业集聚的经济增长质量效应的分析奠定了坚实的理论基础。其次，根据经济增长质量的内涵，系统分析了产业集聚与地区经济增长质量关系的理论机制，同时还从空间溢出视角和产业协同视角探讨了产业集聚对经济增长质量的影响。因此，通过这两部分的详细分析，本章构建了全书的理论分析框架。

第4章制造业和服务业集聚对经济增长质量的影响——基于82个国家和中国省级层面的实证分析。基于2000～2014年82个国家的国际面板数据和2000～2015年中国省级面板数据，利用两步系统GMM估计方法，实证研究了制造业集聚、服务业集聚分别对经济增长质量的作用及其影响渠道。接着，进一步引入产业集聚分别和FDI、人力资本水平的交互项，考察了FDI和人力资本水平对产业集聚与国家经济增长质量关系的调节效应。此外，还从产业协同视角研究了制造业与服务业协同集聚对一国或地区经济增长质量的影响。

第5章制造业和服务业集聚对经济增长质量的影响——基于中国285个城市的实证分析。基于2003～2016年中国内地285个地级及以上城市的面板数据，实证研究了制造业和服务业集聚对城市经济增长质量的影响，并且进行了地区异质性检验和城市规模异质性检验。接着，鉴于各城市的产业集聚程度存在较大差异，进一步构建了面板门槛模型，以考察制造业和服务业集聚对经济增长质量影响的门槛效应。之后，又从产业协同视角研究了制造业与服务业协同集聚对经济增长质量的影响效应。最后则是考察了地理距离空间权重矩阵和经济距离空间权重矩阵下的产业集聚对经济增长质量的空间溢出效应。

第 6 章知识密集型产业集聚对经济增长质量的影响——基于中国高技术产业的实证分析。基于 2000 ~ 2015 年中国省级面板数据实证研究了高技术产业集聚对经济增长质量的影响，并对高技术产业集聚对经济增长质量的影响渠道进行了检验。此外，还根据地理区位、产业集聚水平、城镇化水平、经济开放水平将样本分类，以考察高技术产业集聚对经济增长质量影响的地区异质性。

第 7 章知识密集型产业协同集聚对经济增长质量的影响——基于中国高技术产业与生产性服务业的实证分析。基于 2003 ~ 2015 年中国省级面板数据，实证研究了高技术产业与生产性服务业协同集聚对经济增长质量的影响。接下来，将样本按行业分类，以考察高技术产业与不同类型生产性服务业协同集聚对经济增长质量的影响。考虑到中国各地区的政府干预程度和人力资本水平存在较大差异，本章引入高技术产业与生产性服务业协同集聚和两者的交互项，以考察政府干预程度和人力资本水平对高技术产业与生产性服务业协同集聚改善经济增长质量的调节效应。之后，从构成经济增长质量指标体系的五个维度进行了高技术产业与生产性服务业协同集聚对经济增长质量的影响渠道检验。最后，还进行了中介效应检验，从而研究高技术产业与生产性服务业协同集聚对经济增长质量的传导机制。

第 8 章研究结论与政策建议。主要归纳总结了全书的研究内容及研究结论，并在此基础上提出了有针对性的政策建议。

1.2.2 技术路线

根据总体研究规划和主要研究内容，将研究思路和逻辑框架以技术路线图的方式呈现出来。具体来说，按照“问题提出→理论分析→实证分析→得出结论→提出政策建议”的步骤来对全书进行组织。首先，根据现实背景提出了本书的研究主题，分析了此研究主题所具有的研究意义，并对现有的相关研究文献进行了全面梳理与归纳；其次，全面分析了产业集聚对经济增长质量的影响机制，由此构建了理论分析框架；接着，基于国家层面、中国省级层面和市级层面的面板数据，从多种视角检验和分析了产业集聚对经济增长质量的影响；最后，根据研究结论，给出了具有针对性的政策建议。本书的技术路线如图 1 - 1 所示。

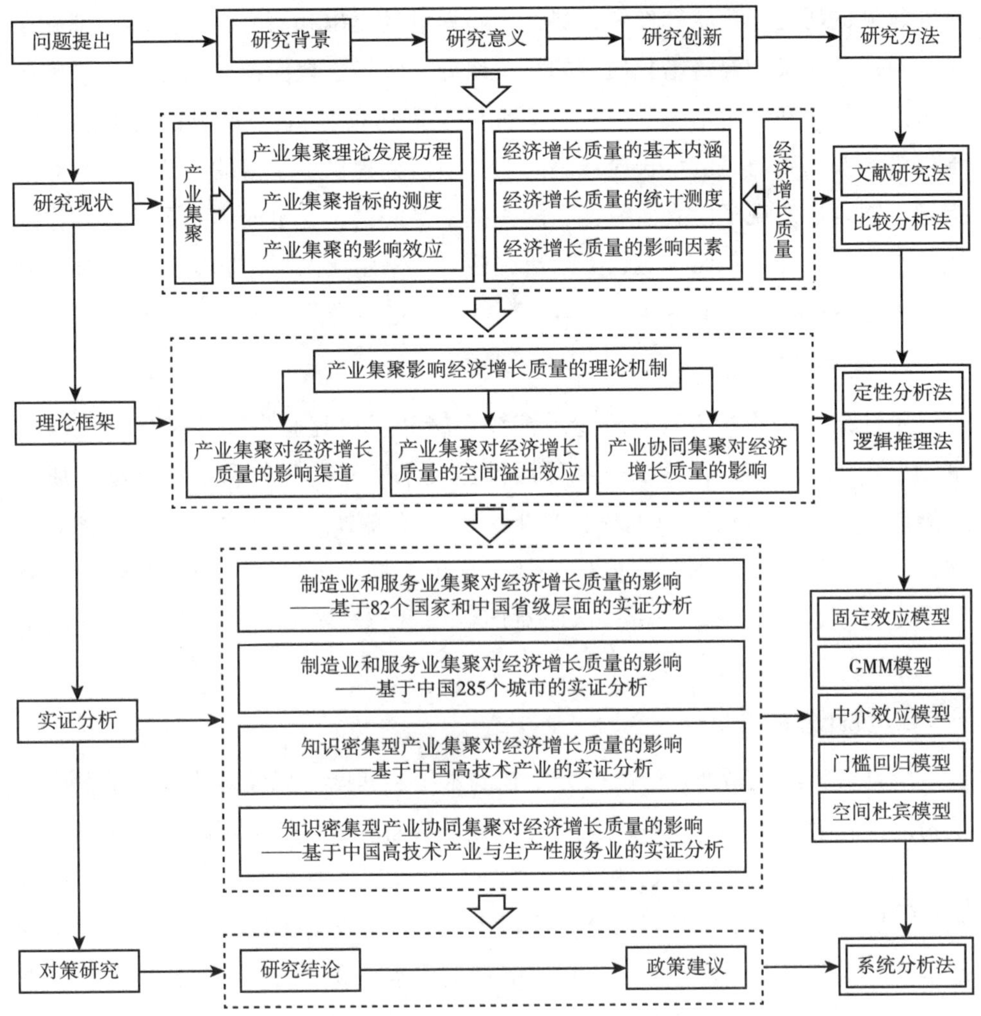

图1-1 技术路线

1.3 研究方法

1. 文献研究法

文献研究法主要是指在全面搜集、整理相关文献资料的基础上，通过对某个专题的研究成果和研究进展进行归纳总结和深入分析，从而形成对相关研究主题科学认识的方法。对相关研究文献进行梳理和评述，能够使我们了解某个研究领域的历史、现状和发展趋势，为新课题的提出和研究过程提供基础和条件。对产业集聚和经济增长质量的相关研究文献做了全面梳理和评述，详细了解了产业集聚和经济增长质量理论研究的发展历程和指标的构建与测度方法，不仅为产业集聚与经济增长质量之间的关系研究提供了丰富的理论基础和方法指导，同时还发现了已有研究存在的一些不足之处，这也成为试图补充和作出边际贡献的内容。总而言之，文献研究法对本书主题的提出和研究指导都起到了不可忽视的作用。

2. 定性研究法

定性研究法是指以现有理论、演绎逻辑和历史经验事实为基础，从特定事物或现象所具有的内在属性和矛盾性出发来研究、分析和阐释事物性质和发展趋势的一种方法。基于现有产业集聚和经济增长质量的相关理论，通过观察和总结产业集聚所带来的经济社会现象，提出了研究主题，并对此研究主题进行了详细的理论分析，从而对产业集聚与经济增长质量的关系作出了一定推断。

3. 统计分析法

统计分析法是指通过分析研究事物的水平、速度或规模等数量关系，认识事物的变化规律、相互关系以及发展趋势，从而对事物作出正确的解释以及预测的一种研究方法。第 4 章测度了全球 82 个国家和中国各省份的制造业集聚水平、服务业集聚水平和经济增长质量水平，并以此对不同类型国家和中国各地区的平均制造业集聚水平、平均服务业集聚水平和平均经济增长质量水平进行了统计分析和比较，直观地展示和描述了各类型国家和中国各地区制造业集聚、服务业集聚和经济增长质量的平均水平对比和变动趋势。第 5 章同样运用统计分析法展现和分析了中国地级及以上城市的制造业集聚水平、服务业集聚水平和经济增长质量水平，从而对相关变量时间序列变化的地区差异有了更为直观的认识。第 6 章和第 7 章则是分别对中国各省份的高技术产业集聚水平和高技术产业与生产性服务业协同集聚水平进行了统计分析，进而观察这两个变量时间序列变化的地区差异。

4. 实证研究法

实证研究法是指基于大量事实和数据，利用数学计量工具，对经济社会现象进行数量分析的一种方法，从而确定变量间的相互关系，总结出事物间的本质联系以及发展规律。主要采用了以下几种实证研究方法：

（1）熵值法和主成分分析法。熵值法是指用来判断某个指标离散程度的数学方法，利用熵值法可以计算出各项指标在整个体系中的权重大小，从而加总合成综合指数值。主成分分析法是通过降维的方式把多个具有较强相关性的指标简化为少数几个指标，进而组合成新的综合指标的方法。在实证主体部分利用熵值法测算了 82 个国家、中国 30 个省份和 285 个地级以上城市的经济增长质量水平，为了保证结果的稳健性，还在稳健性检验部分利用主成分分析法再次进行了测算。

（2）静态面板数据模型。静态面板数据模型是目前最为常用的一种计量方法之一，分为混合 OLS、随机效应模型和固定效应模型。第 5 章基于中国内地 285 个地级及以上城市的面板数据，利用固定效应模型，实证研究了制造业和服务业集聚对经济增长质量的影响；第 6 章基于中国 30 个省份的面板数据，利用随机效应模型和固定效应模型，考察了高技术产业集聚对中国经济增长质量的影响。

（3）两步系统 GMM 模型。第 4 章基于全球 82 个国家的国际面板数据和中国内地 30 个省份的省级面板数据，利用两步系统 GMM 模型实证研究了制造业和服务业集聚对经济增长质量的影响；第 7 章基于中国省级面板数据，利用两步系统 GMM 模型对高技术产业与生产性服务业协同集聚与经济增长质量的关系进行了实证检验。

（4）门槛回归模型。第 5 章基于中国内地 285 个地级及以上城市的面板数据研究制造业和服务业集聚对经济增长质量的影响，由于各城市的产业集聚程度存在较大差异，产业集聚对经济增长质量的影响可能会存在门槛效应。因此，将制造业集聚和服务业集聚作为门槛变量，构建面板门槛模型进行回归分析，以考察产业集聚对城市经济增长质量影响的门槛效应。

（5）空间杜宾模型。第 5 章基于中国内地 285 个地级及以上城市的面板数据研究制造业和服务业集聚对经济增长质量的影响，采用 *Moran's I* 指数检验出各城市的经济增长质量之间存在较强的正向空间相关性。因此，基于地理距离空间权重矩阵和经济距离空间权重矩阵，构建空间杜宾模型进行回归分析，以考察制造业和服务业集聚对城市经济增长质量影响的空间效应。

1.4 可能的创新与不足

1.4.1 可能的创新

1. 研究视角

虽然近年来有不少研究关注产业集聚对经济增长的影响，但很少有研究关注产业集聚对经济增长质量的影响，而且都是针对产业集聚与经济增长质量内涵中某一个方面的研究，很少从经济增长质量全局角度来探讨产业集聚效应。经济增长质量是个复合概念，涵盖经济社会的方方面面，不能仅从单一方面或狭义角度来研究产业集聚的经济社会效应。因此，在中国经济进入新常态，正处于转型升级，即由高速增长阶段转为高质量发展阶段的背景下，基于全局或广义视角对产业集聚的经济增长质量效应进行研究分析，从国际层面、中国省级层面和市级层面全方位揭示了产业集聚与经济增长质量的关系，从而极大地拓展了相关领域研究的广度和深度。

2. 研究内容

相较于现有关于产业集聚与经济增长方面的研究，本书主要基于规模经济理论和新经济地理理论全面分析了产业集聚对经济增长质量的影响机制，由此构建了理论框架体系。与此同时，根据所构建的理论框架体系，基于国际面板数据、中国省级面板数据和地级及以上城市面板数据，实证考察了制造业集聚、服务业集聚、制造业与服务业协同集聚、高技术产业集聚、高技术产业与生产性服务业协同集聚对经济增长质量的作用及其影响渠道，并进行了各类别的异质性检验，多方位、多视角地验证了产业集聚的经济增长质量效应。本书研究弥补了有关产业集聚的经济增长质量效应研究的不足，不仅丰富和拓展了产业集聚理论和经济增长质量理论体系，还为我国经济高质量发展战略的实施提供了重要理论依据，具有较强的现实指导意义。

3. 研究方法

首先，对于经济增长质量指标体系的研究，目前缺乏对国家层面的经济增长质量进行综合评价。已有文献仅对中国省级或市级层面的经济增长质量指标体系进行了构建与测度，没有一套关于国家层面的经济增长质量指标体系。第4章根据经济增长质量的内涵和数据的可得性，构建了国家层面的经济增长质量指标体系，并采用熵值法测算了世界82个国家的经济增长质量指数，并基于此提供了产业集聚影响经济增长质量的国际经验证据，弥补了现有文献在国际层面研究的不足。其次，考虑到各地区产业集聚水平的差异较大，产业集聚对经济增长质量的影响可能会存在门槛效应，因此第5章中利用门槛回归模型对此进行了验证与阐释。最后，基于地理距离空间权重矩阵和经济距离空间权重矩阵，运用空间杜宾模型检验了产业集聚对经济增长质量的空间溢出效应，从而了解了产业集聚对邻近城市和经济发展水平相近城市经济增长质量的影响。

1.4.2 不足之处

通过对产业集聚和经济增长质量相关理论的梳理、理论分析和实证检验，对产业集聚对经济增长质量的影响问题进行了深入的分析和论证，基本达到了预期的研究目标。但是，因受限于知识积累程度、个人研究能力和数据获取难度等情况，本书还存在几点不足之处，需要在以后的研究过程中逐步完善和深化。

（1）理论机制分析方面。通过引入LS模型，分析了产业集聚对经济增长的影响机制，为产业集聚与经济增长质量的关系研究提供了一定理论基础。但是，该模型并没有与后续的实证研究形成较好的衔接，导致本书的理论框架体系显得不够严谨，理论研究基础较为薄弱，这需要在以后的研究中加以改进和完善。

（2）实证分析方面。由于受到数据可得性的限制，主要基于国际面板数据、中国省级面板数据和地级及以上城市面板数据，只从宏观和中观层面对文章主题展开实证研究，因而缺乏微观层面的检验。但是，利用微观层面的企业数据进行研究，能够获得更为稳健的结果和更加精准的政策指导。因此，未来的研究方向将重点放在微观企业数据的收集和基于微观层面数据对本书主题的研究上。

第 2 章　文献综述

2.1　产业集聚相关文献综述

关于产业集聚的相关研究已经相对成熟，学界对产业集聚的研究主要集中在三个方面：一是产业集聚是如何形成的，不同的学者有不同的视角，也产生了不同的理论体系；二是如何有效地衡量一个地区的产业集聚水平，目前已经出现了多种产业集聚指标的计算方法，并且还在不断改进过程中；三是产业集聚对经济和社会的影响，国内外学者对此做了大量研究，得出的结果也各不相同。为此，本章节将对产业集聚这三方面的相关研究成果进行全面梳理和总结。

2.1.1　产业集聚理论的发展历程

产业集聚一直受到国内外学者的广泛关注，学者们从各种角度分析了产业集聚形成的原因及其影响效应。因时代背景和关注重点都不同，不同学者对产业集聚有不一样的理解。综合而言，产业集聚是指为了降低生产、运输和销售成本，同一产业内的企业或要素本能地在某一地区内不断集中的过程，从而形成一个在空间上高度集中的相互关联、相互竞争、相互作用的产业群。这种产业群的形成使得人才、资金、信息、基础设施等要素在区域范围内得到充分共享，进而产生强大的规模经济效应，大幅提高该地区产业集群的竞争力。下面，我们梳理一下产业集聚理论的起源和发展历程。

1. 分工理论

产业集聚理论的起源最早可追溯到亚当·斯密（1776）的《国民财富的

性质和原因的研究》一书中，该著作第一次系统阐述了分工的分类和形成原因，从而创立了一套较为完整的分工理论，这为之后产业集聚理论的发展奠定了坚实基础。亚当·斯密认为，分工是一定历史阶段的产物，一定数量和密度的人口是分工形成和发展的前提条件，而分工又会加速人口的不断集中。农业的发展增加了剩余农产品，人类在交换剩余农产品的过程中，慢慢引起了都市的形成、城乡分工的发展和世界贸易的产生。亚当·斯密还指出，产业的分工具有多种作用，大大促进了社会生产力和社会文明程度的提高。这是因为分工可以增加劳动熟练程度、提高劳动生产效率、节约劳动时间，各人做各人所擅长的工作，各地区发展各地区具有比较优势的产业，这样可以大大增加全社会的成就和福利。亚当·斯密的分工理论在一定程度上阐释了产业集聚形成的原因和过程，对产业集聚理论的不断发展与完善产生了深远影响。

亚当·斯密对近现代经济学的影响很大，许多欧美经济学者在亚当·斯密分工理论的基础上进行了延伸和拓展，形成了十分重要的理论学说。例如，大卫·李嘉图（1817）在其代表作《政治经济学及赋税原理》中用“比较成本学说”解释了国际贸易产生的基础，在亚当·斯密“绝对成本说”的基础上进一步拓展了国际分工理论。李嘉图认为，各国应该集中生产并出口自身具有比较优势的产品，而进口自身具有比较劣势的产品，这样就能够形成专业化分工，大大提高劳动生产率，从而使得参与国际贸易的国家都能从中获益。李嘉图的国际分工理论隐含了产业的区位分布问题，特定产品应在所需生产要素相对丰裕的地区内集中，从而进行专业化生产。

2. 外部经济理论

马歇尔（1890）在其名著《经济学原理》中对产业集聚现象展开了专题讨论，首次提出了外部经济的概念，并详细解释了产业集聚形成的原因。马歇尔将产业集聚的特定区域称作“产业区”，产业区内的企业生产类似的产品，具有相同的生产知识或技术，这些产业之所以聚集在产业区中的主要原因是为获得外部规模经济。这种外部经济主要体现在三个方面：一是厂商集中有利于劳动力、能源、交通、资金等生产要素的聚集，比较容易获得专业化的投入、服务和生产，由此促进生产效率的提高和生产成本的降低；二是厂商集聚在特定的区域有利于劳动力共享市场的形成，促进劳动力在特定空间范围内的流动，不仅可以有效降低劳动力失业概率，同时能够缓解相关产业劳动力短缺问题；三是产业集聚能够促进厂商之间的信息交流和技术扩散，产生知识溢出效应，从而使该区域内的厂商都受益。马歇尔对产业集聚形成原因的分析只适合于单一产业，没有对多个产业的集聚现象作出解释，但这并不妨碍其核心理论对后续研究所产生的深远影响。

3. 工业区位理论

德国经济学家韦伯（1909）在其著作《工业区位论》中对工业区位和人口集聚问题进行了详细分析，建立了一套完整的工业区位理论体系。韦伯工业区位论的核心思想是区位因子决定企业生产区位，生产成本和运输成本最小的区域为最理想的工业区位。他认为运费、劳动力费用和集聚因子是工业区位选择的三大主导因子，并且分三个阶段阐释了工业区位理论体系。第一阶段，假设运费是工业区位选择的唯一影响因素，工业生产会导向运费最低的区域，从而形成由运费这一区位因子勾勒出的初优工业聚集区；第二阶段，在第一阶段的基础上，加入劳动力费用区位因子，工业生产会导向劳动力费用最低的区域，从而使得运费区位因子指向的初优工业区发生转移，形成较优工业聚集区；第三阶段，在前一阶段的基础上，再加入集聚因子，又使得劳动力费用区位因子指向的较优工业区发生转移，形成最优工业集聚区。韦伯的工业区位理论最大的特点是费用最小原则，从企业追求最小生产成本的视角出发，将费用最小的区域定义为最优的工业区位。该理论成为工业布局的基本理论，对近现代工业区位理论的发展有着举足轻重的影响。

进入 20 世纪后，资本主义由自由竞争阶段过渡到了垄断竞争阶段，市场因素对区位选择的影响越来越重要。工业区位理论体系也随之不断拓展，核心思想由成本区位思想转变为了市场区位思想，这其中的代表人物为奥古斯特·勒施。勒施（1940）在其著作《经济的空间秩序》中对传统工业区位论进行了拓展，形成了自己的一套理论体系，即市场区位理论。勒施的市场区位理论引入了空间均衡思想，以市场需求作为空间变量，并结合利润最大化原则来对区位选择作出了解释。他认为，区位选择的目标是寻求最大利润的地点，能够获取最大利润的市场区域是最优的工业区位。也就是说，企业的区位选择不仅与生产有关，而且与销售市场有关，因此要将生产和消费结合起来对区位选择进行分析，正确的区位应是生产和销售之差最大，即利润最大的区位。

胡佛（1948）特别关注运输对区位选择的影响，通过分析运费结构，建立了运输区位理论。他认为，运输距离、运输量、运输方向以及其他运输条件的变化都可能会导致企业区位选择的改变，在进行运输布局时，要尽量减少转运次数，同时最大可能地缩减站场费，从而形成最佳区位。还指出运费存在递减规律，即随着运输距离的增加，运费在缓慢增长，每单位产品运输单位距离的运输价格会随着距离的增加而递减。由于运费递减规律的作用，在企业为扩大规模而使得原料和产品的运输距离增加时，运输价格并不会按相同比例增长，这将为提高地区专业化水平创造有利条件。

4. 竞争优势理论

传统的产业集聚理论均聚焦于产业内的关联与合作上，而迈克尔·波特（1990）在研究了西方主要发达国家的产业集聚现象后，从竞争优势视角对产业集聚理论框架进行了拓展。波特认为，如果一个国家的某一产业要在国际上具有较强的竞争力，需要具备以下几个条件：较高质量的要素投入；国内较广阔的市场需求；具有较强的支持性产业群；本土存在促使企业不断进行革新的竞争压力。这其中，产业群对企业的竞争力尤为重要，产业群不仅为企业提供了充足的劳动力市场、供应链体系和公共基础设施；还能使得企业靠近消费市场，更加了解消费需求，加快企业之间的信息交流和创新步伐。产业群内企业之间的相互交流、相互竞争与相互合作有利于增强产业群本身的竞争优势，吸引或培育更多企业在此集聚，从而形成正向累积因果效应。这种竞争优势的形成和发展，已经不再局限于单个企业或行业的范畴，是一个国家或地区内部各种条件综合作用的结果。

5. 新经济地理学理论

克鲁格曼对国际贸易和地理经济学的相关理论进行了整合，建立了一套完整的新经济地理学理论体系，该理论以报酬递增为理论基础来解释产业集聚现象。报酬递增是指经济上存在联系的产业或经济活动因在空间上的相互接近而能够带来产业成本的节约，而这种成本的节约将导致相关产业经济活动在空间上趋于集中。克鲁格曼认为，报酬递增本质上是一个区域现象，其外在表现形式为空间集聚，是各种产业和经济活动在一定空间集中后所产生的经济效应以及吸引经济活动向特定区域靠近的向心力。这种向心力是城市形成和发展的主要因素，人、财、物逐渐在特定空间范围内的聚集，将导致城市的形成和不断扩大。城市的发展和区位优势的巩固主要在于空间集聚力量的持续和累积，即存在“路径依赖”，先发优势能够引导经济活动的长期集聚过程。除了经济活动的空间集聚，地区的长期增长与空间集聚的关系也是新经济地理学研究的主要内容。古典增长模型假设资本收益和劳动收益是递减的，发展中国家人均资本存量水平尽管比较低，但资本边际生产率相对较高。因此，古典增长模型预测发展中国家的经济增长较快，最终将会赶上发达国家，但事实并非如此。新经济地理学认为地区发展并不存在一个统一的稳定状态，因为不同地区的市场规模效应、运输成本均存在明显差异，这就会导致不同的产业和经济活动集聚程度，最终产生不一样的发展程度。

2.1.2 产业集聚指标的测度

随着产业集聚理论研究的逐渐深入，有关产业集聚的测度方法也在慢慢改进，逐渐由集中度、区位熵扩展到了赫芬达尔指数、空间基尼系数、EG 指数等方法。这些测度方法各有优劣，应根据客观条件和实际需求选择合适的测度工具。对产业集聚的测度方法进行归纳和比较，有助于我们更好地选择与运用，本节主要介绍几种经典的产业集聚测度方法。

1. 集中度（concentration ratio）

集中度是众多产业集聚测度方法中最简单的计算方法，用规模最大的几个地区的相关规模指标（产值、就业人数、销售额等）占总规模的比重来衡量。具体计算公式如下：

$$CR = \frac{\sum_{i}^{n} x_i}{\sum_{i}^{N} x_i} \tag{2-1}$$

其中，CR 表示某一产业的市场集中度；$\sum_{i}^{n} x_i$ 表示规模最大的几个地区某一产业的规模；$\sum_{i}^{N} x_i$ 表示全部地区某一产业的总规模。集中度指标相对简单明了，但是也存在明显的缺陷：首先，容易受地区数 n 的影响，如果选择的地区越多，CR 值就会越大；其次，只包含规模最大的几个地区的产业规模，忽视了其他地区产业规模分布的影响（刘斯敖，2008）。

2. 区位熵（location quotient）

区位熵的概念由哈吉特（P. Haggett）所提出，用以衡量某一地区产业的空间分布状况，反映了该地区某一产业的专业化程度，用某一地区某一产业规模占该地区所有产业规模之和比重与全国该产业规模占全国所有产业规模之和比重的比值来表示，可以用产值或就业人口数据来计算。接下来，我们以就业人口计算为例，具体计算公式如下：

$$LQ = \frac{E_{ij} \Big/ \sum_{i} E_{ij}}{\sum_{j} E_{ij} \Big/ \sum_{i} \sum_{j} E_{ij}} \tag{2-2}$$

其中，E_{ij}表示 i 地区在产业 j 上的就业人口；$\sum_{i} E_{ij}$ 表示 i 地区所有产业的就业人口；$\sum_{j} E_{ij}$ 表示全国 j 产业的总就业人口；$\sum_{i} \sum_{j} E_{ij}$ 表示全国所有产业的就业人口之和。区位熵指数代表一个地区某个产业的集聚程度在全国范围内的相对水平（孙浦阳等，2012）。LQ 值越大，说明该地区的产业集聚程度越高；反之则越低。可以说，区位熵指标能够在一定程度上合理地衡量一个地区的产业集聚水平，而且计算过程简单方便，因此在学界得到了广泛应用。其缺点主要是不能反映出各区域间的经济发展水平差异，某一地区的区位熵最大，并不一定代表该地区的产业集聚水平最高。

3. 空间基尼系数（space gini coefficient）

空间基尼系数由克鲁格曼（Krugman，1991）提出，用以衡量产业空间集聚程度。具体计算公式如下：

$$G = \sum_{i=1}^{N} (s_i - x_i)^2 \tag{2-3}$$

其中，G 表示空间基尼系数；N 表示地区数量；s_i表示 i 地区某一产业的规模指标（产值、就业人数、销售额等）占全国该产业总规模的比重；x_i表示 i 地区的规模指标（产值、就业人数、销售额等）占全国总规模的比重；G 的取值范围为［0，1］，值越大，表明产业集聚程度越高，反之则越低。空间基尼系数方法虽然比较简单直观，但也存在一定缺陷，因为它并没有考虑到企业规模对集聚现象的影响。如果一个地区中有一个规模特别大的企业，可能会导致空间基尼系数较大，但较大的基尼系数并不能说明产业集聚程度就高。因此，运用空间基尼系数得出的产业集聚程度可能与实际相比存在一定偏差。

4. 赫芬达尔－赫希曼指数（herfindahl-hirschman index）

其简称为赫芬达尔指数（HHI），是指在某一特定市场中所有企业的市场份额的平方和，原先被用于衡量市场竞争和垄断的关系，之后经常被用来测度产业集聚状况。具体计算公式如下：

$$H = \sum_{i=1}^{N} z_i^2 = \sum_{i=1}^{N} \left(\frac{x_i}{x} \right)^2 \tag{2-4}$$

其中，x_i表示 i 企业的规模；x 表示 i 企业所在行业的总规模（总产值或就业人数）；z_i表示 i 企业的市场占有率；N 表示该产业内的企业数量。HHI 指数的取值范围为［0，1］，值越大，表明该行业的市场集中度越高；反之则越低。赫芬达尔指数的优势在于其不容易受企业规模和数量的影响，能够较合理地对行业集中度状况进行衡量，而且能够反映出一个地区中的市场垄断与竞争程度。赫芬达尔指数的缺点主要体现在缺乏直观性（王子龙等，2006）。

5. E－G 指数（E－G Index）

E－G 指数由埃里森和格拉泽（Ellison & Glaeser，1997）提出，可以在一定程度上消除企业规模和数量对集聚水平的影响，便于进行跨地区和跨行业比较。E－G 指数假设一个国家或地区有 M 个地理区域，某一产业中有 N 个企业，这 N 个企业分布在 M 个地理区域之中。具体的计算公式如下：

$$EG = \frac{G - \left(1 - \sum_i x_i^2\right) H}{\left(1 - \sum_i x_i^2\right)(1 - H)} = \frac{\sum_{i=1}^{M} (s_i - x_i)^2 - \left(1 - \sum_{i=1}^{M} x_i^2\right) \sum_{j=1}^{N} z_j^2}{\left(1 - \sum_{i=1}^{M} x_i^2\right)\left(1 - \sum_{j=1}^{N} z_j^2\right)} \tag{2-5}$$

其中，x_i表示 i 地理区域就业人数占该地区全部就业人数的比重；s_i表示 i 地理区域某一产业就业人数占该地区该产业全部就业人数的比重；z_j表示该地区某一产业中的第 j 个企业的就业人数占该地区全部就业人数的比重；H 表示赫芬达尔指数；E－G 指数的取值范围为［0，1］，E－G 指数值越大，说明产业集聚程度高，反之则越低。一般来说，当 E－G 指数大于 0.05 时，被认为产业高度集聚；当 E－G 指数小于 0.02 时，被认为产业不存在地理集中现象。E－G 指数方法弥补了空间基尼系数的缺陷，将企业规模和地区差异因素考虑进来，能够进行跨地区和跨行业的比较分析。但是，E－G 指数缺乏对公式中的 H（赫芬达尔指数）作出适当的解释。

通过对产业集聚测度方法的梳理与总结，了解到了每一种方法均具有一些优点和缺陷，并不存在完美的测度方法。而且还需要指出的是，每种方法在计算过程中选用的规模指标（产值、就业人数、销售额等）也存在一定局限性，这其中隐含的假设是各地区的劳动生产率和技术贡献率都一致，但实际情况并非如此。还有一些方法的关键性难度在于无法获得实际数据进行计算，可操作性较差。因此，在进行产业集聚程度的测度时，应根据数据可得性和客观情况有针对性地选择相对简单而又具有衡量价值的方法。

2.1.3 产业集聚效应的相关研究

目前，有关产业集聚效应的研究主要从经济增长率、劳动生产率、全要素生产率、技术创新、就业、环境等方面进行了分析，具体介绍如下：

（1）产业集聚对经济增长的影响。经济活动的空间集聚和经济增长是相伴而生的（Baldwin et al.，2003），许多学者认为产业集聚能够有效促进地区经济增长。例如，有的学者（Baldwin & Forslid，2000；Thisse & Fujita，2002）在劳动力可自由流动、企业垂直联系的假设条件下研究了集聚与经济增长的关系，研究结果表明降低交易成本的整合政策可以促进集聚，工业集聚有利于经济增长。奥塔维亚诺和马丁（Ottaviano & Martin，2001）将内生经济增长理论引入新经济地理学理论中，解释了产业空间集聚与经济增长之间的关系，认为产业集聚有利于推动经济发展，而经济的快速发展又会吸引和集聚更多经济部门，产业集聚水平的提高又进一步降低创新成本，从而促进该地区更快的经济增长。西科尼，格佩尔等（Geppert et al.，2008；Ciccone，2002）分别利用德国和欧洲5个国家的数据，检验了经济集聚的增长效应，得知经济集聚与经济增长的关系显著为正。范剑勇和朱国林（2002）阐述了地区差距演变与产业结构调整、非农产业的空间不均衡分布的密切关系，指出在20世纪90年代中期以后各地区产业结构调整快慢和非农产业向东部沿海地区集聚是地区发展差距的主要原因。经研究发现，产业集聚对地区经济发展具有一定推动作用，这是因为产业集聚能够带来规模效应，并通过技术外溢促进地区创新活力和降低创新成本，从而提高经济效益（Beaudry & Schiffauerova，2009；Martin & Ottaviano，2001）。汉斯达（Hansda，2001）、班奇和拉希米（Banga & Rashmi，2005）、于斌斌（2017）、宣烨和余泳泽（2017）均考察了生产性服务业的发展对制造业所产生的影响，发现生产性服务业集聚能够显著推动制造业增长和生产率的提升，但这种影响效果在不同类型企业、不同城市规模之间存在一定异质性。此外，赵放（2012）还从产业协同视角研究了制造业与物流业协同集聚的经济增长效应，发现制造业与物流业的协同集聚不仅有利于自身的发展，还能通过知识和技术溢出效应而带动其他产业的联动发展，从而促进地区经济增长。不过，也有许多学者发现产业集聚与经济增长呈非线性关系甚至负相关。布拉克曼（Brakman et al.，2001）、享德森（Henderson，2003）等则认为产业集聚可能会因拥塞效应的存在对地区经济产生不利影响。鲍蒂斯塔（Bautista，2005）利用1994~2000年墨西哥32个州的数据进行研究，发现聚集经济对于经济增长的影响并不显著。有学者（Brülhart & Mathys，2008）认为，产业集聚效应具有一定的动态性特征，不同产业集聚可能在同一时间内分别产生正向的经济增长效应和阻碍经济增长的拥塞效应，而且这两种效应又会在不同时期导致不同的均衡状态。有研究发现（Brulhart & Sbergami，2009），在经济发展初期阶段，产业集聚对经济增长具有明显促进作用，但跨越某一门槛值后，这种促进作用将不再显著。陈立泰（2010）利用1995~2007年中国省级面板数据考察了服务业集聚的经济增长效应，得知两者呈负相关，原因在于过度的专业化集聚和多样化集聚的不足会产生负的外部性。张云飞（2014）利用山东半岛城市群制造业行业数据对产业集聚与经济增长的关系进行了检验，发现两者存在倒U型关系。

（2）产业集聚对劳动生产率的影响。有学者（Braunerhjelm & Borgman，2004）利用瑞典的相关数据研究了集聚经济和劳动生产率的关系，发现两者呈显著正相关。范剑勇（2006）认为非农产业集聚对经济发展具有较大的促进作用，这是因为高就业密度产生的规模报酬递增使得该地区的劳动生产率大幅提高，从而扩大了地区之间的经济发展差距。类似地，有学者（Brulhart & Mathys，2008）利用欧洲地区的相关数据进行实证研究，发现集聚能够显著提高劳动生产率，并且这种集聚效应会随着时间而不断增强。刘修岩（2009）利用 2003～2006 年中国城市面板数据考察了产业集聚对非农劳动生产率的影响，认为产业集聚有助于促进生产率的提高。孙浦阳等（2013）利用中国内地 287 个地级及以上城市 2000～2008 年的面板数据，实证检验了产业集聚与劳动生产率的关系。结果表明，工业集聚可以有效提升劳动生产率，而服务业集聚的这种影响效果不明显。惠炜和韩先锋（2016）利用 2003～2013 年中国 30 个省份的面板数据，证实了生产性服务业集聚对劳动生产率的提升作用，但这种集聚效应存在明显的空间差异，即仅对于东部和西部地区有效。

（3）产业集聚对全要素生产率的影响。有学者（Rizov et al.，2012）利用 1997～2006 年荷兰企业数据对产业集聚与全要素生产率的关系进行了检验，得出两者呈负相关的结论。周圣强和朱卫平（2013）采用 1999～2007 年中国 60 个工业城市数据也进行了相关研究，发现产业集聚与全要素生产率存在倒 U 型关系，即在 2003 年以前集聚效应超过拥塞效应；2003 年之后则是拥塞效应占主导地位。范剑勇等（2014）利用 1998～2007 年中国通信设备、计算机与其他电子设备业的企业数据同样对此问题展开了研究，发现产业的专业化集聚促进了企业全要素生产率的提升，而多样化集聚的影响效果不显著。孙慧和朱俏俏（2016）研究了资源型产业集聚与全要素生产率的关系，结果发现资源型产业集聚与全要素生产率呈显著的倒 U 型关系，当资源型产业集聚程度低于某一值时会促进全要素生产率的增长，当资源型产业集聚超过某一值时则会抑制全要素生产率的增长。宣烨和余泳泽（2017）利用微观企业数据考察了生产性服务业集聚对企业全要素生产率的影响，发现生产性服务业的专业化集聚和多样化集聚都能够显著提升企业全要素生产率，且多样化集聚的提升作用更大。

（4）产业集聚对技术创新和产业结构的影响。有的学者（Baptista & Swann，1998）利用英国制造业企业数据，检验了产业集聚与创新之间的关系，认为产业集聚的 MAR 外部性有利于推动地区创新，而 Jacobs 外部性的影响不明显。有的学者（Feldman & Audretscht，1999）利用美国的企业数据得出了与此相反的结论，发现产业集聚的 Jacobs 外部性有利于促进创新，而 MAR 外部性会抑制创新。陈建军和胡晨光（2008）以长三角次区域为例，研究了产业集聚所产生的经济社会效应。结果发现，产业在既定空间范围内的集聚能够改善区域内居民生活水平，增强地区产业竞争力，推动地区技术进步和产业结构升级。徐妍（2013）认为高技术产业集聚与技术创新之间存在必然联系，高技术产业集聚是技术创新资源的有效组织载体，有利于形成专业化的技术人才市场，促进知识溢出和技术扩散，优化创新环境，从而推动地区技术创新。同时，高技术产业集聚还往往伴随着生产性服务业的集聚化趋势，这有助于增加辅助性创新资源规模，进一步增强该地区的技术创新效应。于斌斌（2019）基于中国城市面板数据，实证考察了生产性服务业集聚与产业结构升级的关系。结果显示，生产性服务业集聚的 MAR 外部性和 Jacobs 外部性不利于产业结构升级，而生产性服务业集聚的 Porter 外部性能够显著促进产业结构升级，并且随着城市规模的扩大，这种正向作用会更加明显。

（5）产业集聚对工资和就业的影响。杨仁发（2013）研究了产业集聚对地区工资的影响，发现制造业集聚会显著降低地区工资水平，而服务业集聚对地区工资水平具有明显提升作用。王珍珍（2018）的研究也得出了相同的结论，同时还发现制造业与生产性服务业协同集聚能够显著提升地区工资水平，而制造业与生活性服务业协同集聚、制造业与公共性服务业协同集聚对工资水平的影响并不显著。谢露露（2015）的研究发现制造业集聚不仅能够提升当地制造业的工资水平，而且还对邻近地区产生明显的外溢效应。袁志刚和高虹（2015）利用 2003～2012 年中国城市面板数据考察了制造业集聚的就业效应，发现制造业就业每增加 1%，将带动服务业就业上升约 0.435%，并且随着城市规模的扩大，制造业的就业乘数效应越明显。但是，也有一些学者认为某个特定行业就业的增加可能会对其他行业的就业产生挤出效应，从而抵消自身所带来的就业乘数效应（Bondonio & Engberg，2000；Hooker & Knetter，2001）。蔡宏波等（2017）认为产业集聚与产业工资水平的关系是非线性的，短期内产业集聚有助于提升产业平均工资水平，但超过一定集聚程度时就会降低工资水平。

（6）产业集聚对环境的影响。随着全球环境问题日益受到关注，一些学者开始研究产业集聚的环境效应，并取得一定进展，但研究结论同样存在明显分歧。弗塔嫩（Virkanen，1998）、弗兰克（Frank，2001）、张可和豆建民（2013）、张可和汪东芳（2014）的研究都发现产业集聚水平的提高将加剧地区环境污染程度。刘满凤和谢晗进（2014）、王兵和聂欣（2016）的研究同样证实了此结论，认为经济集聚是引起环境污染程度恶化的重要原因，两者确实存在较强的正相关性。而陈建军和胡晨光（2008）、曾和赵（Zeng & Zhao，2009）等学者认为产业集聚可以通过技术进步和减小“污染避难所”效应来降低环境污染，使经济发展与生态环境的矛盾问题得到一定缓解。李勇刚和张鹏（2013）的研究也发现产业集聚确实能够缓解环境污染程度，不过这种影响效应在地区之间存在明显差异，产业集聚在东部地区对环境污染的改善程度要显著大于中西部地区。刘胜和顾乃华（2015）利用中国地级以上城市的面板数据同样证实了产业集聚对污染减排所具有的正面作用。除此之外，也有一些学者认为产业集聚与环境污染的关系不确定。闫逢柱等（2011）认为产业集聚在短期内有助于降低环境污染，但从长期看，产业集聚与环境污染的关系具有不确定性。李筱乐（2014）利用 2000 ~ 2009 年中国省级面板数据实证研究了工业集聚对环境污染的影响，并且引入市场化水平这一门限变量，发现工业集聚和环境污染呈倒 U 型关系。当市场化水平低于一定门槛值时，工业集聚会增加环境污染程度；当市场化水平超过门槛值时，工业集聚将会缓解环境污染程度。其他一些学者也得出了类似的结论，例如杨仁发（2015）认为产业集聚与环境污染的关系呈非线性特征，当产业集聚程度低于特定门槛值时，产业集聚将导致环境恶化；当产业集聚程度高于特定门槛值时，产业集聚将使环境污染得到一定改善。原毅军和谢荣辉（2015）运用 1999 ~ 2012 年中国省级面板数据考察了产业集聚、技术创新与环境污染之间的关系。结果显示，产业集聚与环境污染存在倒 U 型关系，技术创新能够减弱产业集聚对环境污染的负面影响。但是，沿海地区技术创新的减排效应明显小于内陆地区，说明沿海地区产业集聚的正面效应正在逐渐减弱。

2.2 经济增长质量相关文献综述

随着中国经济进入新常态，过去粗放型的经济增长方式已不可持续，党中央把推动经济高质量发展作为今后的工作重心，并对其作了决策部署，而学界对于经济增长质量或者经济高质量发展的相关理论研究也日益丰富和深入。本小节主要对经济增长质量的内涵、相关指标体系的构建与测度以及相应的影响因素进行归纳介绍，以展示目前经济高质量发展的相关理论研究进展与发展趋势。

2.2.1 经济增长质量的概念

（1）国外学者对经济增长质量概念的界定。一些国外学者在较早之前已经在关注经济增长质量，而且随着时间的推移，学界对于经济增长质量的认识和体会都在不断加深。例如，早在1912年，著名经济学家熊彼特就在其著作《经济发展理论》中指出，我们所指的“发展”只是经济生活中并非从外部强加于它的，而是从内部自行发生的变化。熊彼特认为，经济发展不仅仅是单纯的经济数据的变化，人口和财富的增长并不能称为发展过程，在关注经济规模增长的同时，还要关注质量的变化。虽然熊彼特对经济发展的本质有了更加丰富的认识，但是并没有对经济增长质量的概念作出具体界定。而卡马耶夫则是从狭义角度定义了经济增长质量，他将经济增长质量定义为经济增长的效率。卡马耶夫认为在探讨有关经济增长问题时，不仅是看生产数量的增加，还要关注为获得这些生产量的增长所付出的代价，即生产效率是否有所提高。因此，他将经济增长质量理解为社会总产品在扩大再生产过程中所使用生产资料的总和及其生产效率的变化。维诺德·托马斯在其著作《增长的质量》中对经济增长质量的内涵有了更加全面和深刻的理解，他将经济增长质量看作是发展速度的补充，而且也是经济增长过程中的关键组成部分。托马斯认为经济发展的重点不应仅仅关注增长速度，质量的增长也尤为重要，应该把经济规模的增长、机会的分配、风险的管理、自然环境、社会福利等问题综合起来，以此对各国家或地区的经济增长质量进行衡量与比较。可见，托马斯从广义角度进一步拓展了卡马耶夫狭义经济增长质量的概念。罗伯特·J. 巴罗对经济增长质量内涵的定义更加宽泛，他把经济增长数量之外的社会、政治及宗教等因素都纳入经济增长质量的范畴，除了托马斯提到的那些部分，还包括受教育水平、健康状况、预期寿命、法律体系、社会秩序以及收入不平等等问题。另外，美国经济学家迈克尔·P. 托达罗对经济增长质量的概念作出了更具深度的解释，他认为发展不单纯是一个经济现象，从整体上看，发展不仅仅是一种经济活动和生活物质的获取过程，更是整个经济和社会体制的重组过程。通过归纳国外主流学者对经济增长质量的研究进程，可以发现学界对于经济增长的研究经历了一个逐步发展的过程，一致认为经济发展不仅要关注经济数量的增长，更要关注经济质量的增长。而且，国外学界对于经济增长质量内涵的理解在不断加深，从经济增长质量的狭义概念拓展到了广义概念，对发展质量的评价从经济范畴延伸到了社会、政治及宗教范畴。这说明，经济发展的价值不局限于物质的增长和财富的增加，也关系到人的全面发展、社会的全面进步和整个生态体系的和谐。

（2）国内学者对经济增长质量概念的界定。随着中国经济社会进入转型期，越来越多的国内学者开始关注经济增长质量问题，对其概念界定也在逐步完善与深化。主要代表有：任保平（2013）对主流经济增长理论做了归纳总结：经济增长质量是在经济数量增长基础上数量与质量的协调统一，更加关注经济增长的后果和前景以及长短期的结合，是效率提高、结构优化、稳定性提高、福利分配改善、生态环境代价降低、创新能力提高的综合体现。质量型经济增长不仅关注短期增长，同时更加注重经济的长期增长。高质量的经济增长是以经济系统、自然环境系统和社会政治系统的耦合为前提的，如果这几个系统处于耦合状态时，将会改善一个国家或地区的经济增长质量；如果发生冲突时，则会降低一个国家或地区的经济增长质量。同时，在此基础上，任保平还进一步拓展了经济增长理论的概念性框架：经济增长是一个复杂的系统过程，具有非线性、不稳定性和非均衡性的特点；经济增长系统运动源于要素结构及各要素之间的关系变化，增长系统本身与外界物质、能量和信息的交换将在很大程度上影响经济增长质量；质量型经济增长的出现取决于投入要素中的知识技术含量的增加、产出效率的提升和经济增长部门与组成部分的协同作用。这些观点不仅进一步补充了经济增长质量的概念框架，同时也探索到了改善经济增长质量的有效途径。宋国恺（2018）进一步从社会学研究角度深化了经济增长质量的概念框架，认为高质量发展不仅属于经济学范畴，其本身也具有一定的社会学属性。高质量的经济发展离不开高质量的社会建设，高质量的社会建设要有高质量的经济发展作为支撑，两者相辅相成、协同共进。关注人的全面发展、强化社会基础、推动社会现代化分别从微观、中观和宏观角度构成了高质量发展的社会学分析框架，同时也是高质量经济增长的终极性价值和本真性价值之所在。由此，高质量发展的目标就在于促进经济社会的协调发展，解决现实世界中存在的各种矛盾和问题，更好更快地实现人民对美好生活的向往。刘志彪（2018）通过比较高质量发展和高速度发展的特征来阐述经济增长质量的内涵。首先，在评价标准方面，对高速度发展的评价标准重点在于数量的多少，属于单维评价；而对于高质量发展的评价是多维的，需要从居民收入、受教育状况、社会福利、生态环境等多方面去综合地进行评价。其次，在历史背景方面，在高速度发展阶段中，政策追求目标是生产能力的增加，尽可能地提供更多产出，核心动力在于解决国民经济中从无到有和从少到多的问题；到高质量发展阶段，核心问题就不在于有无和多少了，而是好与坏的问题、满意不满意的问题、结构的均衡性问题和质量高低的问题。最后，在实现手段方面，处于高速度发展阶段时生产力水平还比较低、经济活动的内容和结构均单一、市场范围和经济规模相对有限，决策者获取信息的成本和难度比较低，这决定了计划手段是高效与合理的方式；进入高质量发展阶段，生产力水平有了较大幅度提升，经济活动内容和产业结构均呈现出多样化、多元化和多变性的特点，市场范围和经济规模也在逐步扩大。这对于决策者而言，获取信息的成本和处理问题的难度均有较大程度的提高，因此调动市场主体自我决策、自负责任的积极性尤为重要。由此得出，高质量发展是国民经济活动由量变到质变的本质性转变，是经济系统中的各组成部分相互联系、相互促进，进而推动整体逐步升级和跃进的发展结果。田国强（2019）认为经济的高质量发展意味着经济发展要从要素驱动转变为效率驱动和创新驱动，让市场在资源配置中起决定性作用，依靠科技创新和人力资本优势推动创新力的发展，从而促进全要素生产率的提高；意味着政府部门要从为经济增长而竞争转变为为民生问题而竞争，切实提高民生相关的有效供给能力，满足人民改善生活、就医看病、居住养老和求学等需求；意味着现代化经济体系的建立，人力资本水平提升、管理优化和技术进步对实体经济的贡献度在逐步增加，政府财政助推实体经济发展的作用在不断提高，现代金融体系服务实体经济的能力在逐渐增强。赵剑波（2019）对经济增长质量内涵的理解从系统平衡观、经济发展观和民生指向观三个方面展开，从系统平衡观来看，高质量的经济增长不是单指经济总量和社会物质财富总量的增长，而是包括与经济增长密切相关的社会、文化、政治、生态等多个方面的全面改善；从经济发展观来看，高质量的经济增长是指经济结构（具体包括产业结构、地区结构、消费结构、投资结构等）的持续优化以及宏观经济的稳定性和社会福利水平的提升。从民生指向观来看，高质量的经济增长是指经济发展对居民生活水平的提高和成果分配的改善，能够更好更快地实现人民对未来美好生活的愿望。

2.2.2　经济增长质量指标评价体系的构建与测度

1. 经济增长质量指标评价体系的构建

根据上面对经济增长质量内涵的归纳总结，可知经济增长质量是一个复合概念，需要通过一个综合的指标评价体系来进行衡量，这就涉及构成经济增长质量指标体系的各维度的选择问题。

（1）国外同类指标体系的构建。美国发展政策研究所在 1999 年和 2002 年发布了《美国各州新经济指数报告》，该项报告旨在衡量信息技术革命带来的新经济现象，主要从全球化、知识型就业、数字化转换、活力与竞争和创新能力 5 大方面共 17 项基础指标来对新经济指标评价体系进行构建。欧盟统计局自 2007 年开始编制欧盟可持续发展指数，主要从社会经济发展、公平公正、气候变化、能源利用、国际合作等 17 个方面对可持续发展状况进行评估。2008 年，德国联邦环境部也启动了福利和可持续发展指数的研究工作，到 2010 年 3 月发布了国家福利指数，该指数涵盖国家实力、福利增加、福利降低、贫富差距、消费支出和环境损害 6 个大类共 21 项基础指标。2011 年 5 月，OECD 发布了《经合组织绿色增长战略》，构建了一套包含环境及资源生产率、经济及环境资产、生活环境质量和经济机遇及政策应对 4 大类共 25 项基础指标的绿色发展评价指标体系。

（2）国内同类指标体系的构建。国务院发展研究中心（1992）对我国城市经济社会发展状况进行了综合评估，该项评估体系主要由社会结构、人口素质、经济效益、生活质量和社会秩序 5 大类共 39 项基础指标组成。陈友华（2004）从经济发展、生活质量、社会结构和社会公平 4 个维度构建了一套包含 10 项基础指标的全面小康社会评价体系。张德存（2005）根据和谐社会的内涵从民主法治、公平正义、充满活力、安定有序、人与自然和谐相处 5 个方面构建了一个总共包含 29 项基础指标的和谐社会评价指标体系。张彩霞（2011）提出了一套基于科学发展观的社会经济发展指标体系，主要包括经济结构、人均经济成果占有量、经济发展速度、经济运行效率、经济运行质量和可持续发展 6 个大类共 25 项基础指标。

（3）经济增长质量指标评价体系的构建。钞小静和惠康（2009）根据经济增长质量的内涵，从经济增长结构、经济增长稳定性、经济增长的福利变化与成果分配以及资源利用与生态环境代价四个维度构建了中国经济增长质量指标体系。这四个维度指标又分别由若干分项指标组成，其中，经济增长结构由产业结构、投资消费结构、金融结构和国际收支组成；经济增长稳定性由产出波动、价格波动和就业波动组成；经济增长的福利变化衡量的是经济增长对居民福利的改善问题，主要包括收入、教育、健康和住房四个方面；经济增长的成果分配主要衡量的是收入分配问题，因此由基尼系数、城乡收入比和泰尔指数三个基础指标组成；对于经济增长的资源利用与生态环境代价维度，采用全要素生产率、资本生产率、劳动生产率和单位产出能耗水平四个基础指标来衡量经济增长的资源利用，采用单位产出大气污染程度、单位产出污水排放量和单位产出固体废弃物排放量三个基础指标来衡量生态环境代价。郭卫军和黄繁华（2019）从经济增长效率、经济增长稳定性、经济结构优化、社会福利和绿色发展五个维度构建了一套国家层面的经济增长质量评价体系。其中，经济增长效率主要由资本生产率、劳动生产率和全要素生产率来综合衡量；经济增长稳定性主要涉及经济波动率、通货膨胀率和失业率 3 个基础指标；经济结构优化主要反映国民经济结构的改善程度，主要从工业增加值占 GDP 比重、服务业增加值占 GDP 比重、服务出口占总出口比重和高科技出口占制成品出口比重 4 个方面来考察；社会福利反映的是经济增长所带来的社会服务水平和居民生活水平的提高，主要由互联网普及率、出生时的预期寿命和人均消费支出

3 个基础指标组成；绿色发展测度的是经济发展过程中的能源利用效率和生态环境代价，主要包括 GDP 单位能耗、GDP 单位电耗和 GDP 单位二氧化碳排放量 3 个基础指标。此外，随洪光（2011）构建的经济增长质量指标评价体系包含经济增长效率、经济增长稳定性和可持续发展三大类，共 20 个基础指标。毛其淋（2012）则是从经济增长的协调性、经济增长的有效性、经济增长的持续性、经济增长的稳定性和经济增长的分享性 5 个维度构建了经济增长质量评价指标体系，总共包含 28 个基础指标。何兴邦（2018）以经济增长效率、产业结构升级、经济发展稳定性、绿色发展、福利改善和收入分配公平性六个方面作为经济增长质量评价体系的分项指标，总共由 23 个基础指标组成。而李金昌等（2019）构建了一套涵盖经济活力、创新效率、绿色发展、人民生活和社会和谐 5 个方面，共 27 项基础指标的高质量发展评价指标体系。

2. 经济增长质量的测度

在经济增长质量指标评价体系构建完成后，还要涉及经济增长质量指数的测度问题。由于经济增长质量是一个综合概念，由多个分项指标构成，并且各分项指标又由若干基础指标组成，因此需要对这些基础指标和分项指标进行合成，最终形成经济增长质量综合指数。但是，在经济增长质量指标体系的构成中，各基础指标的单位和属性都不一致，无法直接进行指标的合成，需要进行一定程度的数据处理才可进行计算。目前，相关研究文献主要采用相对指数法（赵英才等，2006）、熵值法和主成分分析法三种方法来对基础指标进行合成。

（1）相对指数法。相对指数法是将各分类指标调整为可比的指数形式，即将初始值指定为 100，其余年份数据对比参照计算，然后通过简单平均法或赋权法加总得出综合指数。其中，简单平均法是将各分类指标赋予相同的权重，该方法假定各分类指标之间存在高度相关性，并且在经济增长质量体系中的作用大小是不变的。而赋权法则是假定各分类指标的作用大小不同，且同一指标在不同时期的作用大小也不相同，因此对各分类指标赋予不同的权重。

（2）熵值法。熵，英文为 entropy，这一术语是由德国物理学家克劳修斯在 1850 年首次提出，用以表示一种能量在空间中分布的均匀程度。后来，熵值法主要运用于信息论中，是对不确定性的一种度量。熵越大，说明携带的信息量越少，意味着不确定性就越高；熵越小，说明携带的信息量越多，意味着不确定性也就越小。根据这种特性，可以通过熵值的计算来判断某一事件的随机性，还可以用来判断某个指标的离散程度。如果某一指标的离散程度越大，那么就意味着该指标对综合评价的影响越大。由此，可以根据评价体系中各项指标的变异程度，利用熵值法计算出各项指标在整个体系中的权重大小，从而加总合成综合指数值。

（3）主成分分析法。主成分分析法（principal component analysis，PCA）是通过降维的方式把多个具有较强相关性的指标简化为少数几个指标，进而组合成新的综合指标的方法。该方法的基本原理为：各指标之间都可能存在一定的相关性，当某两个指标之间具有较强的相关关系时，意味着这两个指标所反映出来的信息在一定程度上具有重叠性。因此可以删除相关关系较强或重叠的指标，从而得到尽可能少的并且两两不相关的新指标，同时这些新指标又尽可能多地保留了原始指标的信息。主成分分析法是根据数据自身的特性来对指标进行赋权的，所形成的指标权重结构较好地反映了评价体系中各分项指标在综合指数中的贡献程度。

2.2.3 经济增长质量的影响因素研究

近年来，有关经济增长质量影响因素方面的研究在逐渐增加与深入。从整体上看，经济开放特别是对外直接投资对经济增长质量的影响是学界研究的重点领域。毛其淋（2012）采用2002～2009年中国省级面板数据检验了二重经济开放对经济增长质量的作用，发现出口质量的提升可以有效改善经济增长质量，但出口数量的影响不明显，而且区际开放能够强化出口开放对经济增长质量的促进作用。随洪光和刘廷华（2014）同样利用主成分分析法测度了主要发展中国家的经济增长质量水平，重点研究了FDI与发展中国家经济增长质量的关系。结果发现，亚非拉地区的经济增长质量总体呈上升趋势，拉美地区的经济增长质量最高，亚洲次之，非洲的经济增长质量尽管最低，但自2002年以来的提升幅度较大。同时回归结果显示，FDI能够显著提升发展中国家的经济增长质量，这种促进作用主要体现于其对经济增长效率和经济增长可持续性方面的积极影响，对经济增长稳定性的作用则不明显。陈丽娴等（2016）利用 2005 ~ 2013 年中国省级面板数据，从服务业开放角度考察了经济增长质量的影响因素，发现服务业开放程度的提高通过产业结构升级、技术转移和就业增加效应显著地优化了中国的经济增长质量，但这种影响效应在服务业开放程度不同的地区之间存在一定异质性，即服务业的进一步开放对开放程度较高地区的经济增长质量的影响为正，但在服务业开放程度较低的地区则相反。随洪光等（2017）运用 2001 ~ 2015 年中国省级面板数据实证检验了 FDI 对中国经济增长质量的作用，以及人民币汇率对两者关系的影响。结果发现，由于外资企业的非耐心投资行为可能会破坏中国的经济生态，导致 FDI 对中国经济增长质量产生了一定的负面影响。而人民币实际汇率升值有助于改善 FDI 对经济增长质量的影响效应，但这种提升作用主要发生在人民币汇率升值的初期，之后会呈现出快速衰减的趋势。随后的分渠道检验表明人民币汇率升值主要通过增长效率和可持续性两个渠道改善了 FDI 对中国经济增长质量的影响，但在稳定性渠道中则不存在这种作用。孔群喜等（2019）分别从省级地区和微观企业两个角度实证研究了 FDI 对中国经济增长质量的影响。结果显示，从整体上来说，FDI 对经济增长质量具有显著促进作用，这种影响效应主要源于 FDI 对经济增长稳定性和可持续性的改善；从企业层面看，相对于未进行对外投资的企业，实施对外投资的企业促进了自身经济增长质量水平的提升；进一步考察企业异质性特征，发现无论企业的投资深度处于什么水平，对发达国家实施投资更加有助于改善企业的经济增长质量水平。

金融、财税对经济增长质量的影响同样不可忽视。马铁群和史安娜（2012）基于中国 1978 ~ 2010 年的数据，检验了金融发展与经济增长质量的关系。结果显示，总体而言，金融发展在初期能够促进经济增长协调性，但在长期则会产生负面影响；金融发展对经济增长可持续性的负面影响会随着时间的推移而逐渐加大，但对于提高经济增长质量的作用将会越来越大。随洪光等（2017）利用 2001 ~ 2015 年中国内地 28 个省级样本数据，考察了金融中介发展对经济增长质量的影响。研究发现，金融中介发展通过经济增长效率、经济增长稳定性和经济增长可持续性 3 个渠道显著改善了经济增长质量水平；在资金吸纳环节，动员社会资金功能通过经济增长稳定性渠道对经济增长质量产生积极作用，而动员居民储蓄功能通过经济增长可持续性对经济增长质量产生消极作用；在资金投放环节，投资转化功能通过经济增长可持续性对经济增长质量产生正面影响，而资金配置功能则是通过经济增长效率、经济增长稳定性和经济增长可持续性 3 个渠道对经济增长质量产生正面影响。周瑾等（2018）基于中国省级面板数据研究了社会资本对于经济增长质量的异质性作用及作用机制，发现社会资本对于经济增长质量的显著推动作用主要体现在提升经济增长效率和经济增长可持续性方面。而且，社会资本对经济增长质量的长期提升作用大于短期作用，同时还发现在经济发展水平高、城镇化程度高、市场化程度高的地区，社会资本对经济增长质量的积极影响更加明显。孙英杰和林春（2018）利用 2000 ~ 2015 年中国省级面板数据考察了税制结构变迁对经济增长质量的作用。结果表明，从整体上看，直接税和间接税均有助于促进经济增长质量水平的提高，而且间接税的提升作用更大；分地区看，只有东部地区的直接税与间接税都能够明显改善经济增长质量，中部地区的直接税对经济增长质量的影响效应为正，间接税的影响效应为负，而西部地区的间接税对经济增长质量的影响效应为正，直接税的影响效应为负；另外，进一步通过门槛回归，发现税制结构对经济增长质量存在单一门槛效应。简单来说，当经济发展处于较低水平时，两种税制对中国经济增长质量的影响存在明显异质性；当经济发展处于较高水平时，两种税制均有助于提升中国经济增长质量。

生态环境保护、人与自然的和谐是经济高质量发展的重要方面，随着我国越来越重视绿色低碳经济的发展，学界渐渐开始关注环境规制对经济增长质量的影响。何兴邦（2018）利用中国省级面板数据实证检验了环境规制对经济增长质量的作用，发现前者与后者呈正相关，并且存在门槛效应，当环境规制低于一定值时影响不显著，而当环境规制跨越特定门槛值时，对经济增长质量具有显著提升作用。王群勇和陆凤芝（2018）基于中国省级面板数据考察了环境规制的经济增长效应，研究发现，环境规制会在一定程度上抑制经济增长数量，但对经济增长质量具有显著促进作用，不过这种影响效应在不同地区之间存在异质性，即环境规制对中西部地区经济增长质量的改善作用较强，而对东部地区的影响效应较弱。而且，环境规制对于经济增长质量的影响存在单一门槛效应，当环境规制程度低于一定值时，能够促进经济增长质量水平的提升；当环境规制程度超过一定值时，其对经济增长质量的影响效应将变得不再显著。胡雪萍和陶静（2019）也得出了类似的结果，加强环境规制力度通过经济增长效率和经济增长可持续性两个渠道对经济增长质量产生积极作用，但存在一定的地区异质性，即环境规制的加强能够显著促进中部和西部地区的经济增长质量，但对东部地区的影响不明显；此外，环境规制与经济增长质量之间存在倒 U 型的非线性关系，即当环境规制力度较弱时，环境规制能够显著改善经济增长质量；但当环境规制力度较强时，则会对经济增长质量的提升产生一定抑制作用。而李强和王琰（2019）同样利用中国省级面板数据，研究了命令控制型、市场激励型和公众参与型三种环境规制模式与经济增长质量的关系，发现这三种环境规制模式与经济增长质量之间均存在 U 型关系。也就是说，环境规制在短期内会恶化经济增长质量，但在长期能够起到促进作用。

此外，一些学者还从收入差距、地区不平衡、区域一体化、制度环境等角度分析了经济增长质量的影响因素。钞小静和任保平（2014）选取 1998～2012 年中国省级面板数据为样本，考察了城乡收入差距与经济增长质量的关系，研究发现城乡收入差距过大通过影响经济增长的基础条件、运行过程以及最终结果而对经济增长质量产生一定的制约作用。刘帅（2019）运用 DEA 方法从经济增长效率角度测算了中国各省份 2004～2016 年的经济增长质量水平，随后采用 Dagum 基尼系数及其分解考察了各地区经济增长质量的差异性，并以此为基础分析了经济增长质量的收敛机制。研究结果表明，从整体上来看，中国的经济增长质量水平仍然偏低，地区间的差异较为明显。通过基尼系数分解，得知经济发展的不平衡性在很大程度上决定了地区间经济增长质量的差异。另外，中国各地区的经济增长质量水平差异在不断扩大，因此不存在 σ 收敛；但是，中国的经济增长质量存在 β 收敛和条件收敛，即中国经济增长质量的增长速率逐渐达到趋同。并且通过分地区的收敛检验，中国经济增长质量存在俱乐部收敛。黄文和张羽瑶（2019）利用 2007～2016 年中国城市面板数据，采用 DID 模型实证研究了区域一体化战略是如何影响城市经济增长质量的，结果发现区域一体化战略能够显著改善城市经济增长质量水平，而且这种影响效应在长江经济带整体和上游、中游、下游都存在。区域一体化程度与城市经济增长质量之间存在倒 U 型的非线性关系，当生产性服务业集聚水平较高或较低时，区域一体化均能够对城市经济增长质量产生正向促进作用；而当生产性服务业集聚程度位于中间水平时，区域一体化则会对城市经济增长质量产生显著的负向作用。郭卫军和黄繁华（2019）运用 2001～2014 年 G20 国家的面板数据实证检验了经济自由度与经济增长质量水平的关系。结果表明，经济自由度的增加能够显著改善一国的经济增长质量水平，而且在2008年之后，这种积极影响变得更加明显。不过经济自由度对经济增长质量的影响在发达国家和发展中国家之间存在一定差异性，即发展中国家经济自由度的增加能够明显改善经济增长质量水平；而发达国家经济自由度的进一步增加并不能有效促进经济增长质量水平的提升。从经济自由度分项指标看，法律结构与产权保护、货币政策合理性、对外交往自由度和劳动与商业管制等方面的改善都能够显著提升一国的经济增长质量水平，而政府规模的改善需要超过一定门槛值时才会对经济增长质量产生促进作用。

2.3 本章小结

本章对国内外有关产业集聚和经济增长质量方面的研究进行了系统的梳理和总结，全面了解了产业集聚和经济增长质量相关领域的研究历史、现状和未来发展趋势，为搭建产业集聚与经济增长质量的理论联系以及相关的实证研究与分析奠定了充实的文献基础。

首先，本章归纳了产业集聚的相关理论研究。产业集聚现象一直是经济学研究领域的热点问题，各学者从不同角度探讨了产业集聚形成的原因及其影响效应。从亚当·斯密创立分工理论，从而为产业集聚理论的发展开辟方向后，又先后发展出马歇尔的外部经济理论、韦伯的工业区位理论、波特的竞争优势理论、克鲁格曼的新经济地理学理论等，这些理论都从不同角度拓展和完善了产业集聚的理论框架，为本书的研究奠定了坚实的理论基础。随着产业集聚理论研究的逐渐深入，有关产业集聚的测度方法也在不断改进，逐渐由集中度、区位熵扩展到了赫芬达尔指数、空间基尼系数、EG指数等方法，通过总结各种测算方法的计算公式和优缺点，有助于本书根据实际条件选择合适的方法对产业集聚指标进行测度，以便开展实证研究。学界对产业集聚效应方面的研究成果则更为丰富，主要分析了产业集聚对经济增长率、劳动生产率、全要素生产率、技术创新、就业、环境等方面的影响效应，但都没有形成一致结论。

其次，梳理了经济增长质量的相关理论研究。学界对于经济增长质量概念的认识经历了由浅到深、由狭义到广义的过程，对经济增长质量的评价从经济范畴延伸到了社会、政治甚至宗教范畴，使我们认识到经济发展的价值不局限于物质的增长和财富的增加，也关系到人的全面发展、社会的全面进步和整个生态体系的和谐。根据经济增长质量的内涵，众多学者或机构还对经济增长质量指标评价体系进行了构建，并利用多种方法对此进行测度。基于这些研究基础，近年来学界对经济增长质量影响因素方面的研究也在逐渐增加与深入，分别从经济开放、金融财税、环境规制、收入差距、地区发展不平衡、区域一体化、制度环境等方面探讨了经济增长质量的影响因素，这些研究都为本书提供了丰富的文献基础。

通过对产业集聚和经济增长质量相关理论研究的梳理和分析，可以发现现有研究还存在一些不足之处，这为搭建产业集聚与经济增长质量之间的理论联系，并对此展开实证研究提供了可能。一方面，虽然已有不少研究对产业集聚的效应展开了深入而广泛的探讨，但都只是针对产业集聚与经济增长质量内涵中某一个方面的研究，缺乏从全局角度探讨产业集聚的经济增长质量效应。因为经济增长质量是一个复合概念，只从单一方面或狭义角度研究产业集聚效应是不够全面的，无法从整体上把握产业集聚对经济社会所带来的综合影响。另一方面，目前不少文献对中国省级或市级层面的经济增长质量指标体系进行了构建与测度，但缺少对国家层面的经济增长质量进行综合评价，因此基于国家层面的相关实证研究也就非常缺乏。鉴于此，有必要尝试搭建产业集聚与经济增长质量之间的理论关系，利用国家层面、中国省级层面和市级层面的数据，测度世界各国和中国各地区的产业集聚程度和经济增长质量水平，并以此为基础实证检验产业集聚的经济增长质量效应，进而从产业集聚视角为我国的高质量发展道路提供可靠路径。

第3章　产业集聚影响经济增长质量的理论机制

3.1　产业集聚影响经济增长的模型分析

数量型经济增长和质量型经济增长是经济增长的两种表现形式，两者具有内在的统一性，数量型经济增长是质量型经济增长的基本前提，质量型经济增长是数量型经济增长的长期目标。因此，本章首先对产业集聚与数量型经济增长关系的理论机制进行详细梳理，以此作为产业集聚的经济增长质量效应的理论分析基础。为了简化，在此将本章出现的“经济增长”默认为“数量型经济增长”。

产业集聚与经济增长是一个相互影响的自我强化过程，两者具有密不可分的联系。本章引入 LS 模型，并参考刘修岩（2017）的介绍来分析产业集聚的经济增长效应。LS 模型是由鲍德温等（Baldwin R.，Martin P. and Ottaviano G.，2001）提出，主要探讨经济的集聚活动对于区域经济增长的影响。LS 模型将技术的溢出效应引入其中，分析了产业的空间集聚与地区经济增长关系的理论机制，揭示了产业集聚对经济发展空间差异和整体经济系统福利水平的影响。因此，该模型对产业集聚的经济增长质量效应研究具有很好的借鉴作用，可以为本书提供坚实的理论基础。

3.1.1　模型的理论假设

（1）为了简化分析，本章考虑一个经济系统中有北部和南部两个地区，存在三个生产部门：传统部门（T）、现代部门（M）和创新部门（I），这三个部门分别生产农产品、工业品和资本品，同时还具有劳动（L）和资本

(K) 两种生产要素。两个地区的偏好、技术、贸易成本和初始劳动力禀赋均相同。劳动力在区域间是不可流动的，每个地区的劳动力数量都是恒定的。

(2) 传统部门只使用劳动这一生产要素，生产同质产品，并且遵循瓦尔拉斯一般均衡假设，即规模报酬不变和完全竞争；单位劳动生产单位产出；劳动力工资标准化为1。

(3) 现代部门提供多种具有差异化的产品，遵循迪克西特（Dixit-Stiglitz，1977）的规模报酬递增和垄断竞争的假设，使用资本和劳动两种生产要素，每种产品包括固定一单位的资本投入和 a_M 单位劳动的边际投入，故对于产出 x，其生产成本可表示为：$C(x) = k + wa_M x$，其中，k 为资本的资金成本；w 为劳动力成本；x 为典型工商的总产出。

(4) 传统部门的交易没有运输成本，一个地区可以是该部门产品的输入区和输出区，但不会既进口又出口这种产品；现代部门的产品运输具有一定成本，这一运输成本采用萨缪尔森的“冰山成本”模式，具体而言，就是每一单位的工业制成品从北部地区运输到南部地区的过程中会产生部分损耗，最后只会剩下 $1/\tau$ 到达目的地，其中，$\tau > 1$。

(5) 创新部门利用劳动力来生产新的资本品，遵循完全竞争的假设，每单位资本生产需要 a_I 单位的劳动。资本在地区间不存在流动，同时只会有部分创新知识外溢到其他地区。由于学习效应的存在，创新部门的 a_I 会随产出增加而不断下降，企业的创新成本为：

$$F = wa_I; \dot{K} = \frac{L_I}{a_I}$$

其中，$a_I = \frac{1}{AK_w}$；$A = s_n + \lambda(1 - s_n)$；$0 \leqslant \lambda \leqslant 1$；$K_w = K + K^*$。其中，$s_n = n/(n + n^*)$ 表示北部地区企业数量占全部企业数量的比例。λ 指地区间知识溢出的系数，用以衡量地区间的知识外溢程度。λ 越大，表明地区间的知识传播越容易；λ 越小，表明地区间的知识传播难度越大。K 和 K^* 分别表示北部和南部地区在创新部门的产出水平。

进一步地，还假设一个无限期间的代表性消费者偏好为：

$$U = \int_{t=0}^{\infty} e^{-\rho t} \ln Q \mathrm{d}t \tag{3-1}$$

$$Q = C_T^{1-\alpha} C_M^{\alpha} \tag{3-2}$$

$$C_M = \left\{ \int_{i=0}^{K+K^*} x_i^{1-1/\sigma} \mathrm{d}i \right\}^{1/(1-1/\sigma)} \tag{3-3}$$

其中，ρ 表示时间偏好率；σ 为不同类别的工业品之间的常替代弹性；C_T 和 C_M 分别表示消费者对农业产品、工业制成品集合的消费；α 是指工业品的消费份额；x_i 是众多差异产品中的一类工业消费品。两个地区的消费者在各自的收入约束下选择产品消费数量，从而获得效用最大化。

此外，由于各厂商都生产差异化的产品，所以就意味着厂商的数量等于差异产品的种类，同时每个厂商所面临的需求曲线也就相当于每一种差异产品的需求弹性 σ。假设地区 i 的制造业工人的工资率为 w，产品价格为 p，厂商的最优规划表示为：

$$\max: \pi_i = p_i q_i - w_i a_{iM} - k \tag{3-4}$$

地区 i 厂商的利润最大化条件为：

$$p_i(1 - 1/\sigma) = w_i a_{iM} \tag{3-5}$$

将（3－5）式代入（3－4）式，得到：

$$\pi_i = a_{iM} w_i \left(\frac{\sigma}{1-\sigma} \right) q_i - a_{iM} q_i - k$$

$$(p_i - MC_i)/p_i = 1/\sigma$$

$$\pi_i = E_i/\sigma \tag{3-6}$$

其中，E_i 为企业的销售收入。

3.1.2 模型的推演与结论

1. 模型的短期均衡

在迪克西特的垄断竞争假设下，企业的均衡利润为：$\pi_i = E_i/\sigma$。遵循均衡和最优定价原则，两个地区企业的经营利润分别为：

$$\pi = bB \frac{E^w}{K^w}; \pi^* = bB^* \frac{E^w}{K^w}; b = \frac{\alpha}{\sigma} \tag{3-7}$$

$$B = \frac{s_E}{s_n + \phi(1 - s_n)} + \frac{\phi(1 - s_E)}{\phi s_n + 1 - s_n};$$

$$B^* = \frac{\phi s_E}{s_n + \phi(1 - s_n)} + \frac{(1 - s_E)}{\phi s_n + 1 - s_n}; \tag{3-8}$$

$$\phi = \tau^{1-o}$$

其中，E^w 表示两个地区的总支出；$s_E = E/E^w$ 为北部地区所占的市场份额。由于假设每个企业只使用一单位的资本，而且资本是无法跨地区流动的，因此北部地区的市场份额就是该地区所有企业相加所占的份额，也就是说 $s_n = s_K$。ϕ 代表运输过程中的交易成本，也可理解为贸易自由度。如果产品在本地的销售价格为 1，τ 就代表在异地的销售价格。

将整体经济的资本成本设为 $\bar{a}_I$，整个经济系统的总支出为：

$$E^w = 2L + bE^w - gK^w a_I \tag{3-9}$$

北部地区的总支出：$E = L + s_K bBE^w - gKa_I$

南部地区的总支出：$E^* = L + (1 - s_K)bBE^w - gK^* a_I^*$

将北部和南部地区的总支出加总：

$$\begin{aligned} E^w &= 2L + bE^w - g(Ka_I + K^* a_I^*) \\ &= 2L + bE^w - g\left[\frac{s_K}{s_K + \lambda(1 - s_K)} + \frac{1 - s_K}{\lambda s_K + (1 - s_K)}\right] \end{aligned}$$

由此得到：

$$E^w = \frac{2L - g\left[\frac{s_K}{s_K + \lambda(1 - s_K)} + \frac{1 - s_K}{\lambda s_K + (1 - s_K)}\right]}{1 - b} \tag{3-10}$$

2. 模型的长期均衡

长期来看，北部和南部地区资本的生产与折旧会不断进行下去，这将改变地区资本存量和资本份额。在长期均衡下，单位资本回报率恰好与创新资本的边际成本相等，此时整个经济系统的资本存量增长率、总支出水平都将不再变化，从而使得经济系统达到长期均衡的状态。该模型有两种形式的长期均衡，一种是对称的内部均衡（$0 < s_K < 1$），这时南北两个地区具有相等的资本增长

率，即 $g=g^*$；还有一种是中心—外围结构均衡（$s_K=0$ 或 $s_K=1$），这时只有一个地区占有了全部的资本。

接下来，用托宾 q 理论来求解长期均衡条件。根据托宾 q 理论，在均衡状态下，$q=1$。同时，在稳态下，$\dot{E}/E=0$，按照欧拉方程，可知 $r=r^*=\rho$。那么，一单位新资本的投资带来的预期收益为：

$$v=\frac{\pi}{\rho+g};v^*=\frac{\pi^*}{\rho+g^*} \tag{3-11}$$

投资的成本为 $F=a_I=\frac{1}{AK^W}$，均衡时 $v=F$，即 $q=1$。

（1）对称均衡结构下的经济增长。对于对称均衡结构下的情况，这时 $s_K=1/2$，将其代入总支出方程，得到：

$$E^w=\frac{2L-\frac{2g}{1+\lambda}}{1-b} \tag{3-12}$$

在长期对称均衡时，$s_K=s_E=1/2$，$B=B^*=1$，$g=g^*$，故对称均衡点处的托宾 q 值为：

$$q=\frac{v}{F}=\frac{\pi}{(\rho+g)a_I}=\frac{\pi K^w A}{\rho+g}=\frac{bBE^W A}{\rho+g}=\frac{b(1+\lambda)E^W}{2(\rho+g)} \tag{3-13}$$

将（3-12）式代入（3-13）式中，得：

$$q=\frac{b(1+\lambda)}{2(1-b)(\rho+g)}\left[2L-\frac{2g}{1+\lambda}\right]=1 \tag{3-14}$$

这样，由此得出对称均衡下的长期增长率，并代入 E^W 表达式，可得到长期总支出：

$$g=g^*=b(1+\lambda)L-(1-b)\rho,\frac{\partial g}{\partial\lambda}=bL>0 \tag{3-15}$$

$$E^w=2L+\frac{2\rho}{1+\lambda},\dot{E^w}=\alpha(1-\sigma)g \tag{3-16}$$

在对称均衡条件下，λ 的增加使得地区间的技术溢出效应增强，从而将提高长期均衡增长率。当 $\lambda=1$ 时，不存在地区间技术溢出的障碍，因此长期增长率将达到最大。

（2）中心—外围均衡结构下的经济增长。对于中心—外围均衡结构下的情况，当北部地区为核心区时，有 $s_K=1$，$\Delta=1$，$\Delta^*=\varphi$，$A=1$，$B=1$，$q=1$，$q^*<1$，$E^w=\dfrac{2L-2g}{1-b}$，由此可得到：

$$q=\frac{v}{F}=\frac{\pi}{(\rho+g)a_I}=\frac{\pi K^w A}{\rho+g}=\frac{bBE^W A}{\rho+g}=\frac{b(2L-g)}{(1-b)(\rho+g)}=1 \tag{3-17}$$

因此，当所有资本都集中在北部时的长期均衡增长率为：

$$g_{cp}=2bL-(1-b)\rho \tag{3-18}$$

这样又可以得到：

$$g_{cp}-g_{sym}=[2bL-(1-b)\rho]-\frac{2L-\dfrac{2g}{1+\lambda}}{1-b}=b(1-\lambda)L>0 \tag{3-19}$$

这表明，当 $\lambda=1$ 时，所有资本都集中于北部地区，地区间的技术溢出没有障碍，知识在传播过程中没有衰减，因此中心—外围结构下的经济增长率会高于对称均衡结构下的经济增长率，也就是说经济活动的集聚有利于促进经济增长。

（3）长期均衡的稳定性。对称均衡的稳定性分析需要在均衡点附近通过托宾 q 值对资本的增量进行微分。如果 $\mathrm{d}q/\mathrm{d}s_K>0$，那么 s_K 的变动会加速北部地区的资本创造，而且抑制南部地区的资本创造，因此该扰动存在自我强化机制。如果 $\mathrm{d}q/\mathrm{d}s_K<0$，将存在自我纠正机制。换句话说，如果 $\mathrm{d}q/\mathrm{d}s_K<0$，对称均衡是稳定的；如果 $\mathrm{d}q/\mathrm{d}s_K>0$，中心—外围结构均衡是稳定的。

首先，考察 s_K 和 s_E 的关系：

由 $q=1\Rightarrow\pi=(p+g)F$，可得北部地区的资本投资利润为 $\pi K=(p+g)FK$，因此北部地区的总支出为 $E=L+(p+g)FK-gKF=L+\rho KF=L+\rho s_K/A$。同理，可得出南部地区的总支出为 $E^*=L+\rho\left(\dfrac{s_K}{A}+\dfrac{1-s_K}{A^*}\right)$。因此：

$$s_E = E/E^* = \frac{1}{2} + \frac{\rho\lambda(2s_K - 1)}{2\{2AA^* L + \rho[A^* s_K + A(1 - s_K)]\}} \tag{3-20}$$

（3-20）式表明支出份额会随着资本份额的增加而增加。由于在均衡状态时，

$$q = q^* = 1 \Rightarrow A^* \pi = A\pi \Rightarrow AB = A^* B^* \Rightarrow A\left(\frac{s_E}{\Delta} + \phi\frac{1 - s_E}{\Delta^*}\right) = A^*\left(\phi\frac{s_E}{\Delta} + \frac{1 - s_E}{\Delta^*}\right) \tag{3-21}$$

因此可得出：

$$s_E = \frac{1}{2} + \frac{(2s_K - 1)(\lambda + \lambda\phi^* - 2\phi)}{2(1 - \phi^2)[A^* s_K + A(1 - s_K)]} \tag{3-22}$$

又由于在均衡状态时，$s_K = s_E = 1/2$，所以可以得到：

$$s_K = \frac{1}{2} \pm \frac{1}{2}\sqrt{\frac{1 + \lambda}{1 - \lambda}}\sqrt{\frac{1 + \lambda A}{1 - \lambda A}}, A = \left[1 - \frac{2\rho\phi(1 - \lambda\phi)}{L(\lambda + \lambda\phi^2 - 2\phi)}\right]^{-1} \tag{3-23}$$

通过微分计算，可得出对称均衡点时 dq/ds_K 的表达式：

$$\left.\frac{\partial\bar{q}/\bar{q}}{\partial s_K}\right|_{s_K=1/2} = 2\left(\frac{1 - \phi}{1 + \phi}\right)\left(\frac{ds_E}{ds_K}\right)_{|s_K=1/2} + \frac{4}{1 + \lambda}\frac{1 + \phi^2}{(1 + \phi)^2}\left[1 - \lambda - \frac{(1 - \phi)^2}{1 + \phi^2}\right] \tag{3-24}$$

即有：

$$\left.\frac{\partial\bar{q}/\bar{q}}{\partial s_K}\right|_{s_K=1/2} = 2\left(\frac{1 - \phi}{1 + \phi}\right)\left(\frac{ds_E}{ds_K}\right)_{|s_K=1/2} + \frac{4(1 - \lambda)}{1 + \lambda}\frac{1 + \phi^2}{(1 + \phi)^2} - \frac{4}{1 + \lambda}\frac{(1 - \phi)}{(1 + \phi)} \tag{3-25}$$

该式刻画了影响均衡的三个因素：其中，第一项 $2\left(\frac{1 - \phi}{1 + \phi}\right)\left(\frac{ds_E}{ds_K}\right)_{|s_K=1/2}$

始终为正，代表需求关联效应：北部地区资本份额 s_K 的增加会提高本地区的支出份额 s_E，再加上 $2\left(\frac{1-\phi}{1+\phi}\right)>0$，故支出份额 s_E 的提高将使 q 增大。因此，北部地区资本份额的逐渐增加，将促使资本不断向北部地区集聚，从而不断提高北部地区的资本收入、支出份额和利润，形成良性的循环因果关系。第二项 $\frac{4(1-\lambda)}{1+\lambda}\frac{1+\phi^2}{(1+\phi)^2}$ 同样为正，代表技术外溢效应：由于北部地区资本份额 s_K 的增加使得该地的创新成本不断下降，因此会提高本地区对资本的吸引力，这又会进一步提高北部地区的资本份额，从而形成良性的循环因果关系。第三项 $-\frac{4}{1+\lambda}\frac{(1-\phi)}{(1+\phi)}$ 为负，代表市场拥挤效应：北部地区资本份额的增加将加剧本地的竞争，降低资本投资收益，从而产生拥挤效应。由此可见，“需求关联效应”和“技术溢出效应”是增强集聚的力量，即向心力，对经济增长具有促进作用；而“市场拥挤效应”则是一种分散力量，即离心力，对经济增长会产生一定负作用。那么，最终的均衡状态属于哪种状态将取决于这三种力量的强弱，即由向心力和离心力的相对大小来决定。

通过以上分析，可以总结出经济地理对于经济增长率的影响。贸易自由度的大小会影响经济系统的均衡状态，从而导致经济增长率的变化。当贸易成本较高时，产业对称地分布于两个地区，这时的技术外溢障碍较高，经济增长率处于偏低的状态。随着贸易成本的不断降低，技术外溢没有了障碍，经济系统处于中心—外围结构均衡状态，从而获得较高的经济增长率。由此可见，中心—外围结构均衡下的经济增长率高于对称均衡下的经济增长率，这意味着经济活动集聚程度的增强有助于提高地区经济增长率，也就是说产业在地理范围内的集聚可以在一定程度上加速经济增长。

3.1.3　模型的福利效应分析

以上分析表明，产业集聚和经济增长总是在相互促进着，中心—外围的分布结构能够明显提高整个经济系统的经济增长率。但是随着贸易成本的持续下降，经济发展的空间不均衡问题将愈发明显。在中心—外围结构下，现代部门和创新部门都集中到中心区，会使外围地区因产业衰落而产生静态损失。地区间贸易的增加会使交易成本不断下降，中心区的居民需要支付的交易成本逐渐降低，因此实际收入增加；而外围地区的居民需要支付较高的交易成本，因此实际收入下降。与此同时，整体经济增长率的提升不仅会给中心区带来巨大福利，而且也会使外围地区获得部分收益。因此，这意味着外围地区的总体福利水平将取决于现代部门和创新部门衰落而带来的静态损失与整体经济增长率提升所带来的动态收益两者之间的相对关系。在这种情况下，产业集聚显然可以提高中心区的福利水平，但对外围地区福利水平的影响并不能有效确定。图 3－1 揭示了中心区和外围区福利水平随贸易成本的变化趋势，假设北部地区为中心区，南部地区为外围区。

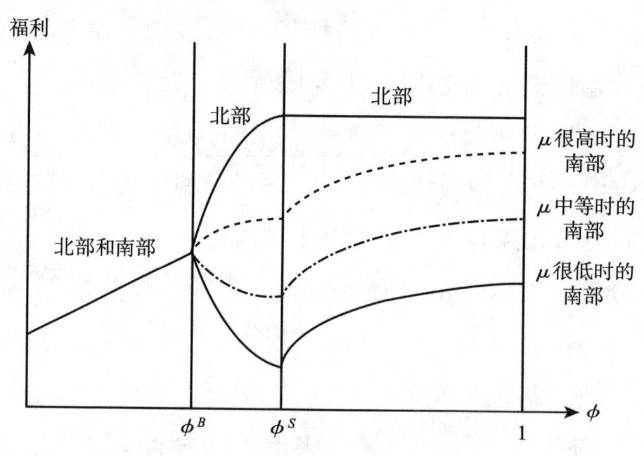

图 3－1　产业集聚的福利效应

图 3－1 中的横坐标代表贸易自由度；纵坐标代表福利水平。当贸易自由度 ϕ 很低时，提高贸易自由度会减少贸易成本，降低输入品的价格，从而使北部和南部两个地区的福利水平都得到提高。当贸易自由度大于突破点，即 $\phi > \phi^B$ 时，北部和南部地区的福利水平开始发生分化，产业集聚明显提高了北部地区的福利水平；而南部地区的福利水平受到损失。当 $\phi > \phi^S$ 时，现代部门和创新部门都集中在了北部地区。在此之后，北部地区的福利水平不再发生变化；而南部地区的福利水平逐步得到一定改善。不过，由于南部地区会同时得到静态损失和动态收益，因此需要分析两者的相对大小对于总体福利水平的影响。当现代部门和创新部门产品的支出份额（μ）非常低时，经济增长率的

提高对福利水平的促进作用有限，而产业集聚所带来的静态损失占据主导地位，因此经济增长反而降低了南部地区的福利水平。当支出份额（μ）比较高时，经济增长率提高所带来的动态收益占据主导地位，超过了产业集聚所带来的静态损失，因此经济增长能够提高南部地区的福利水平。当支出份额（μ）位于中间位置时，在初期经济增长会使南部地区受到一定损失，但最终还是能够使该地区的福利水平得到提高。

3.2　产业集聚对经济增长质量的影响机制

3.2.1　产业集聚对经济增长质量的影响渠道

产业集聚的经济增长效应分析，为本节关于产业集聚的增长质量效应的分析奠定了坚实基础。经济增长质量是在经济数量增长基础上数量与质量的协调统一，不仅关注短期经济效果，更加强调中长期的可持续发展前景，综合表现为经济效率的提升、创新能力的进步、经济结构的优化、经济稳定性的提高、社会福利分配的改善和生态环境代价的降低（任保平，2013）。因此，根据经济增长质量的内涵，将经济增长质量的内容分为经济增长效率、经济增长稳定性、经济结构优化、社会福利和绿色发展五个评价维度。由此，可用以下函数来描述经济增长质量：

$$Quality = F(Effi, Stab, Stru, Welf, Green) \tag{3-26}$$

其中，*Quality* 为经济增长质量，*Effi* 为经济增长效率，*Stab* 为经济增长稳定性，*Stru* 为经济结构优化，*Welf* 为社会福利，*Green* 为绿色发展。经济增长效率主要表现为投入产出比，用来评价经济效果。如果一个经济体在给定投入约束下产生越多，说明经济增长效率越高，也就意味着经济增长质量越高。经济增长稳定性的核心内容是保持经济的稳定、持续和协调发展，主要目标为减少经济波动、降低失业率和稳定物价。如果一个地区的经济增长稳定性差，很难带来高质量的经济发展。经济结构主要指经济系统中各要素之间的相互关联、结合与数量比例关系，包括部门结构、地区结构，产业结构和企业结构等。经济结构的优化反映了资源配置更加合理、经济运行效率更高和经济发展效果更好，有利于经济的健康、稳定与可持续发展。社会福利体现了一个国家或地区的人民生活质量、社会保障和公共服务水平。而高质量发展需要实现经济与社会的协调发展，要能够满足人民对美好生活的向往。因此，提高社会福利是经济高质量发展的题中应有之义。绿色发展以“绿色低碳循环”为发展理念，注重经济、社会与环境的协调统一。资源环境承载力是一个国家或地区可持续发展的重要基础，特别是对于对发展中国家而言更为关键。坚持绿色发展理念可以缓解能源紧张和环境污染对经济发展的制约，减轻经济发展对资源环境的依赖，夯实经济高质量发展的根基。

基于上述分析，经济增长质量的函数满足以下性质：

$$\frac{\partial F}{\partial Effi} > 0, \frac{\partial F}{\partial Stab} > 0, \frac{\partial F}{\partial Stru} > 0, \frac{\partial F}{\partial Welf} > 0, \frac{\partial F}{\partial Green} > 0 \quad (3-27)$$

接下来，根据经济增长质量所包含的内容，从以下五个方面分析产业集聚对经济增长质量的影响渠道。

1. 产业集聚与经济增长效率

产业集聚对经济增长效率的影响具有两面性。一方面，产业集聚程度的提高有利于该区域内的企业共享城市基础设施、行业信息和熟练劳动力市场，获得规模报酬递增效应，提高劳动生产率和全要素生产率，从而推动地区经济效率的提高。另一方面，当大量企业在同一地区内的过度集聚超过了该地区的承载能力时，就会面临土地、基础设施、劳动力等资源要素的紧张，由此引发拥塞效应，导致非理性竞争和企业利润的下降，从而对地区经济增长产生负面影响。因此，产业集聚带来的集聚效应和拥塞效应会同时作用于地区经济增长，如果集聚效应超过拥塞效应，产业集聚将促进地区经济增长；反之则阻碍地区经济增长。

2. 产业集聚与经济增长稳定性

产业集聚对地区经济增长的稳定性具有不可忽视的影响。首先，某一行业企业在空间上的高度集聚可以吸引更多同行业企业或同一产业链上的相关企业在本地区的进一步集聚，这会为本地区创造更多就业岗位，从而降低地区失业率。其次，产业集聚能够产生滚雪球式的集聚效应，不断吸引相关资源要素在地区内的集聚，使自身的集聚优势逐渐得到强化，并形成循环累积因果效应，为地区经济健康稳定发展提供持久动力。此外，产业集聚也有可能对地区经济增长稳定性造成一定负面影响。随着越来越多的企业在特定空间范围内的集中，土地、能源、劳动力资源将日益紧张，不可避免地推动租金、能源价格和劳动力成本的上升，进而带动相关生产资料价格和消费品价格的同步上涨，增加通货膨胀风险，以致对地区经济稳定性造成一定破坏。

3. 产业集聚与经济结构优化

产业集聚带来的产业集群质量决定了经济结构的优劣。首先，高质量的产业集群有利于优化经济结构。在高质量产业集聚过程中，不同公司间的相互交流与沟通能够碰撞出创新思维，加速知识外溢和技术传播的速度，激发区域内的创新活力，促进地区产业转型升级，从而使经济结构得到优化。其次，低质量的产业集群会阻碍经济结构优化。低质量的企业或产业聚集在一起，不仅会抑制地区创新活力，还容易引发低价低质的恶性竞争，使区域内的企业陷入产业链低端锁定的困局，进一步阻碍地区产业转型升级，从而延缓经济结构优化的步伐。因此，可以说，产业集聚并不必然促进经济结构优化，这在很大程度上取决于地区企业和产业集群的质量。

4. 产业集聚与社会福利

产业集聚对社会福利也具有正反两方面的影响。一方面，产业集聚创造了大量劳动力需求，为集聚区带来了更多就业岗位，有利于增加居民收入，提高当地整体生活水平。而且，产业集聚程度的增强能够产生强大的“吸纳效应”，使更多追求外部规模经济的企业在本地区集中，这将推动地区经济快速增长和财政收入的增加，从而使当地有能力提供更多教育、医疗、娱乐等公共服务，提高社会福利水平。另一方面，在产业集聚过程中，随着各种要素资源的饱和，产业集聚的拥塞效应超过集聚效应，导致企业利润和工资收入的下降。此外，虽然产业集聚能够积聚社会资源创造更多社会财富，但无法合理分配社会财富。随着产业集聚程度的增强，更多社会财富将日益集中到企业主、中高层管理人员和某些专业研发人员身上，从而扩大贫富差距，造成社会福利效应的损失。

5. 产业集聚与绿色发展

产业集聚对绿色发展的影响同样具有不确定性。一方面，产业集聚对绿色发展具有正向推动作用。首先，产业集聚拉近了相关企业间的地理距离，大大节省了交通运输时间和成本，能在一定程度上减少能源消耗和空气污染。其次，产业集聚有助于促进技术创新和进步，推动清洁能源技术的研发和节能减排等先进生产技术在实体经济中的应用，从而提高资源利用效率，改善能源利用结构。另一方面，产业集聚也可能不利于地区绿色发展。产业集聚提高了区域范围内的生产强度和人口密度，这将不可避免地增加地区污水排放、能源消耗和空气污染程度。而且，如果是高能耗、高污染、高排放型企业在地区内大量集聚，则会进一步加重生态环境的恶化和能源效率的损失。因此，产业集聚对绿色发展也存在积极与消极的影响，总效应取决于正反两方面影响强度的大小。

基于上述分析，可以得到以下关系：

$$\begin{gathered}\frac{\partial Effi}{\partial Aggl}>0,\text{或}\frac{\partial Effi}{\partial Aggl}<0\\ \frac{\partial Stab}{\partial Aggl}>0,\text{或}\frac{\partial Stab}{\partial Aggl}<0\\ \frac{\partial Stru}{\partial Aggl}>0,\text{或}\frac{\partial Stru}{\partial Aggl}<0\\ \frac{\partial Welf}{\partial Aggl}>0,\text{或}\frac{\partial Welf}{\partial Aggl}<0\\ \frac{\partial Green}{\partial Aggl}>0,\text{或}\frac{\partial Green}{\partial Aggl}<0\end{gathered}\tag{3-28}$$

其中，$Aggl$ 表示产业集聚，将（3－26）式对 $Aggl$ 求偏导数，从而得到：

$$\begin{aligned}\frac{\partial Qualtiy}{\partial Aggl}=&\frac{\partial F}{\partial Effi}\frac{\partial Effi}{\partial Aggl}+\frac{\partial F}{\partial Stab}\frac{\partial Stab}{\partial Aggl}+\frac{\partial F}{\partial Stru}\frac{\partial Stru}{\partial Aggl}\\&+\frac{\partial F}{\partial Welf}\frac{\partial Welf}{\partial Aggl}+\frac{\partial F}{\partial Green}\frac{\partial Green}{\partial Aggl}\end{aligned}\tag{3-29}$$

结合（3－27）式、（3－28）式和（3－29）式，可得到以下命题：

产业集聚的经济增长质量效应并不能得到有效确定，这需要权衡产业集聚程度的增强所带来的正负效应大小，如果正效应之和大于负效应之和，则产业集聚将改善一个地区的经济增长质量水平，反之则会降低当地的经济增长质量水平。

3.2.2　产业集聚对经济增长质量的空间溢出效应

随着交通基础设施的逐步完善和信息通信技术的不断发展，地区之间的交流合作更加频繁，经贸联系越来越紧密，彼此相互依赖、相互竞争、相互作用的趋势愈发明显。每个地区都处于一个相互联系的统一整体中，自身的经济社会发展并不是孤立存在的，都会不可避免地对周边地区产生一系列影响。因此，应重视地区间的相互联系与相互影响，有必要在理论框架之中纳入空间视角，探讨产业集聚对经济增长质量的空间溢出效应。

本地要素的溢出效应不会因为地理边界的存在而只作用于初始溢出地（Krugman，1991）。同理，产业集聚不会受地理距离的限制而只对本地区的经济增长质量产生影响，还会通过地区之间的要素流动、产业关联、学习模仿等途径产生空间溢出效应（曾艺，2019），从而影响邻近地区的经济增长质量。因此，对于产业集聚对经济增长质量的影响研究不能忽视邻近地区之间的空间关系。一方面，产业集聚有利于促进邻近地区经济增长质量水平的提升。原因在于邻近地区之间的企业员工间的相互交流与学习，可以加速产业集聚所产生的先进技术和研发创新在地区之间的传播，这种人才、知识和技术等要素的跨地区流动将增强本地与邻近地区经济增长质量的趋同性；同时，本地区通过前后向产业关联与周边地区发生经济贸易联系，增强了地区之间的产业联动性，促进地区间的要素流动和知识、技术的传播，使得本地区产业集聚所带来的规模经济和技术溢出效应能够突破距离界限而作用于邻近地区，从而产生正向空间溢出效应；此外，当一个地区的经济发展到一定阶段后，人口、资源和环境承载力达到极限，本地的资金、人才和产业便会向周边地区外溢，以寻求新的发展空间，从而对周边地区的经济增长质量产生正向促进作用。另一方面，产业集聚也可能对邻近地区的经济增长质量水平产生抑制作用。主要原因是各城市之间在资源要素方面存在一定竞争关系，产业集聚程度高、经济发展活跃的地区能够不断强化自身的吸引力，促使周边地区的资源要素进一步向本地区集聚，造成虹吸现象的发生，进一步扩大了地区之间的发展差距，从而使产业集聚对邻近地区的经济增长质量产生负向空间溢出效应。

3.2.3 不同产业协同集聚对经济增长质量的影响

近年来，世界经济形态呈现出由“工业经济”向“服务经济”转化的趋势，制造业与服务业逐渐深度融合，两者之间的界限也越来越模糊（Eberts & Randall，1998；Goe，2002），制造业与服务业之间的互动关系及其协同集聚效应日益受到学界的关注。服务业与制造业不仅是“供应商—需求者”的关系（Andersson & Martin，2004），同时也是相互作用、相互依赖和协同发展的关系（Kelle，2012）。而在服务业中，尤其是生产性服务业与制造业的关系最为紧密。生产性服务业是推动制造业不断发展升级的前提和基础（Bailly，1995；Eswaran & Kotwal，2001），同时制造业又是生产性服务业得以发展壮大的前提和基础（Cohen & Zyman，1987；Kolko，2000；Guerri & Meliciani，2004），两者相互依赖、彼此融合，协同共进（Grubel & Walker，1989；Preissl，2007）。生产性服务业能够为制造业的生产过程提供辅助支持，制造业的不断发展也会通过增加服务需求而推动生产性服务业规模的逐渐壮大。而且，知识密集型商业服务与制造业企业的协同集聚有助于企业间的创新互动和创新绩效的提升（Muller，2001），进一步强化知识溢出效应，从而形成对经济增长质量的协同创新驱动。具体而言，生产性服务业企业为了贴近市场和靠近“客户”，在制造业集中的地区进行集聚，拉近了供应商与需求者的空间距离，这种“面对面”的高效互动与服务大大降低了沟通与交易成本。同时，生产性服务业与制造业通过人才、知识和技术等生产要素的共享，更加深化了产业分工与合作，有利于优化资源配置和提高生产效率。而且，生产性服务业与制造业的融合发展加快了知识溢出和技术传播的速度，这将大幅缩短本地创新和产业升级的时间周期，从而对地区经济增长质量产生有力的推动作用。

另外，在不同的地区，产业结构和发展层次差异都较大，产业协同集聚对经济增长质量的驱动作用会有所不同，这主要体现在以下两个方面：第一，产业间的互补性至关重要。在一个地区中，产业间的互补性越好，产业联动效果越明显，所产生的外部规模经济越大，产业协同集聚对本地经济增长质量的改善作用也就越强。相反，如果一个地区产业间的互补性差，产业联动效果偏弱，产生的外部规模经济较小，那么产业协同集聚对本地经济增长质量的提升作用会相对有限，甚至还会因产业间的要素挤占而产生负面影响。第二，产业间的价值链匹配度不容忽视。服务业价值链嵌入对制造业价值链效率具有重要影响（刘明宇，芮明杰和姚凯，2010），不同的制造业形态和水平对服务业的需求方面和条件均各不相同，需要有不同层次的服务业价值链相匹配。同时，随着制造业价值链的不断攀升，服务业价值链也需要进行动态调整与升级，以更好地实现两者价值链环节的协同发展。两者的价值链契合程度越高，产生的互补效应越强，越有利于产业协同集聚效应的发挥（陈晓峰，2015），从而增强产业协同集聚对本地经济增长质量的驱动作用，反之则可能会起到抑制作用。

3.3　本章小结

本章结合新经济地理学和空间经济学的相关知识，全面分析了产业集聚对经济增长质量影响的理论机制。首先，通过引入 LS 模型阐述了产业集聚的经济增长效应，揭示了经济地理对于经济增长率的影响。经过对比分析中心—外围结构均衡下的经济增长率和对称均衡下的经济增长率，可以发现经济活动集聚程度的增强有助于提高地区经济增长率，即产业在地理范围内的集聚能够在一定程度上加速经济增长。同时，还探讨了中心—外围结构下的福利问题，外围地区的总体福利水平取决于现代部门和创新部门衰落而带来的静态损失与整体经济增长率提升所带来的动态收益两者之间的相对关系。在这种情况下，产业集聚可以明显提高中心区的福利水平，但对外围地区福利水平的影响无法得到有效确定，需要根据具体情况来具体分析。

其次，基于产业集聚的经济增长效应的理论机制，并根据经济增长质量的内涵，从经济增长效率、经济增长稳定性、经济结构优化、社会福利和绿色发展五个维度分析了产业集聚对经济增长质量的影响机制。由于产业集聚存在规模经济和拥挤效应，产业集聚的经济增长质量效应并不能得到有效确定，这需要权衡产业集聚程度的增强所带来的正负效应大小，如果正效应之和大于负效应之和，那么产业集聚就能够促进一个地区的经济增长质量水平；反之则会抑制当地的经济增长质量水平。

此外，本章还从产业协同视角分析了产业协同集聚的经济增长质量效应，产业协同集聚在一定程度上加快了知识溢出和技术传播的速度，这将大幅缩短本地创新和产业升级的时间周期，从而有效提升地区经济增长质量，不过这种影响在不同的地区会因产业结构和发展层次的不同而异。最后，探讨了产业集聚对经济增长质量的空间溢出效应，一方面，产业集聚通过要素流动和知识、技术的传播能够促进邻近地区的经济增长质量，但另一方面也会因地区间要素资源的竞争关系而造成虹吸效应的发生，从而对邻近地区的经济增长质量产生负向空间溢出效应。通过以上分析，本章内容构成了理论分析框架，从而为接下来的实证研究与分析奠定了坚实的理论基础。

第4章　制造业和服务业集聚对经济增长质量的影响

——基于82个国家和中国省级层面的实证分析

4.1　引　　言

改革开放40多年以来，中国经济社会发生了翻天覆地的变化，取得了举世瞩目的成就。目前，中国已经成为世界第二大经济体、世界第一大货物贸易国和使用外资第二大国，并且中国经济增长对世界经济增长的贡献率已连续多年位居首位。在经济迅速发展的同时，产业活动也在不断地重新布局，相关资源要素的集聚趋势也越发明显（范剑勇，2004；2006），产业集聚的经济增长效应日益受到国内学界的关注。例如，刘世锦（2003）指出，产业集聚在某种程度上体现着一个地区的产业竞争力，对经济发展具有重要意义。范剑勇（2004）通过实证研究发现，制造业在东部地区的集聚拉大了东中西部地区的发展差距。陈建军和胡晨光（2008）研究了产业集聚的经济效应，认为产业集聚有助于推动技术进步、产生规模报酬递增效应和促进地区经济发展。这些研究都表明，产业集聚可以带来较高的经济效率，在我国经济腾飞过程中发挥了重要作用。然而，随着内外部环境的变化，我国经济增速在最近几年出现了明显放缓的态势，粗放型的经济增长模式正面临前所未有的挑战，经济运行中的结构性矛盾日益突出。面对复杂严峻的经济形势，党的十九大指出，我国经济已由高速增长阶段转向高质量增长阶段，调整经济发展模式、实现新旧动能转换成为当前及今后的工作重心。不同于数量型经济增长，经济增长质量是一个复合概念，不仅关注经济效益，同时也强调社会效益和环境效益。那么，产业集聚在发挥经济效益的同时，还会产生什么样的社会效应和环境效应，能否带来经济效益、社会效益和环境效益的统一，从而促进经济增长质量的提升？

面对这样的疑问，需要我们进行相关实证检验来确定，这不仅可以丰富和完善产业集聚与经济增长的理论内容，同时对于优化产业布局和推动经济高质量发展具有重大现实意义。

综合来看，目前学界对该领域的研究还存在以下不足之处：首先，现有文献都是针对产业集聚与经济增长质量内涵中某一个方面的研究，很少从经济增长质量全局角度来探讨产业集聚效应。其次，缺乏对国家层面的经济增长质量进行综合评价，已有文献仅限于对中国省级或市级层面的经济增长质量指标进行构建与测度，没有关于国家层面的经济增长质量指标体系。鉴于此，本章试图从以下几个方面作出贡献：（1）根据经济增长质量的内涵和数据的可得性，分别构建国家层面和中国省级层面的经济增长质量指标体系，并采用熵值法测算世界各国和中国各省份的经济增长质量指数；（2）利用国际面板数据和中国省级面板数据实证检验制造业集聚、服务业集聚分别与经济增长质量的关系及其影响渠道；（3）考察制造业和服务业集聚对经济增长质量影响效果的地区异质性和时间异质性；（4）进一步从产业协同视角研究制造业与服务业协同集聚对经济增长质量的影响。

4.2 经济增长质量指标体系的构建与测度

4.2.1 国家层面经济增长质量指标体系的构建

经济增长质量是在经济数量增长基础上数量与质量的协调统一，不仅关注短期经济效果，更加强调中长期的可持续发展前景，综合表现为经济效率的提升、创新能力的进步、经济结构的优化、经济稳定性的提高、社会福利分配的改善和生态环境代价的降低（任保平，2013）。本章遵循经济增长质量的内涵，同时借鉴毛其淋（2012）、随洪光等（2017）、何兴邦（2018）、郭卫军和黄繁华（2019）等学者的研究，从经济增长效率、经济增长稳定性、经济结构优化、社会福利和绿色发展五个维度来构建国家层面的经济增长质量指标体系。具体指标构成如表 4 - 1 所示。

表 4 – 1　国家层面经济增长质量指标体系的构建

一级指标	二级指标	基础指标	单位	指标属性
经济增长质量综合指数	经济增长效率	资本生产率	%	正向指标
		劳动生产率	美元/人	正向指标
		全要素生产率	%	正向指标
	经济增长稳定性	经济波动率	%	逆向指标
		通货膨胀率	%	逆向指标
		失业率	%	逆向指标
	经济结构优化	第二产业增加值占 GDP 比重	%	正向指标
		第三产业增加值占 GDP 比重	%	正向指标
		服务出口占总出口比重	%	正向指标
		高科技出口占制成品出口比重	%	正向指标
	社会福利	互联网普及率	%	正向指标
		出生时的预期寿命	岁	正向指标
		人均消费支出	美元	正向指标
	绿色发展	单位 GDP 能耗	千克石油当量/美元	逆向指标
		单位 GDP 电耗	千瓦时/美元	逆向指标
		单位 GDP 二氧化碳排放量	千克/美元	逆向指标

资料来源：所有原始数据均来自世界银行、国际劳工组织数据库和佩恩表（PWT 9.1）。

4.2.2　国家层面经济增长质量指数的测度

本章采用熵值法测算经济增长质量指数，首先将基础指标生成经济增长效率、经济增长稳定性、经济结构优化、社会福利和绿色发展五个维度的经济增长质量指数，进而再将这五个维度指数合成经济增长质量综合指数。具体测算过程如下：

1. 数据标准化处理

首先，无量纲化处理。在多指标评价体系中，各指标具有不同的属性、量纲和数量级，无法对原始数据直接进行合成。因此，为了保证结果的合理性与可靠性，需要对原始数据进行无量纲化处理，在此我们采用规范化方法，即离差标准化法去量纲。其次，正向化处理。由于各指标的数据特性不一，有的是数值越大越好，即正向指标；有的是数值越小越好，即逆向指标。因此，需要对正逆向指标数据进行区别处理。此外，在接下来用熵值法计算权重的过程中，可能会出现 ln0 的情况，为了避免对数的无意义，需要对数据进行 1 个单位的平移处理。具体处理方法如下：

对于正向指标：

$$q_{ij} = \frac{X_{ij} - \min(X_{1j}, X_{2j}, \cdots, X_{nj})}{\max(X_{1j}, X_{2j}, \cdots, X_{nj}) - \min(X_{1j}, X_{2j}, \cdots, X_{nj})} + 1 \tag{4-1}$$

对于逆向指标：

$$q_{ij} = \frac{\max(X_{1j}, X_{2j}, \cdots, X_{nj}) - X_{ij}}{\max(X_{1j}, X_{2j}, \cdots, X_{nj}) - \min(X_{1j}, X_{2j}, \cdots, X_{nj})} + 1 \tag{4-2}$$

其中，$i = 1, 2, \cdots, n$，分别代表 n 个地区；$j = 1, 2, \cdots, m$，分别代表 m 个指标；q_{ij}为去量纲后的数据，X_{ij}为原始数据。

2. 指标权重计算

计算步骤：

（1）将各地区数据进行标准化处理后，用矩阵 $Q = (q_{ij})_{n \times m}$表示。其中，$i = 1, 2, \cdots, n$，分别代表 n 个地区；$j = 1, 2, \cdots, m$，分别代表 m 个指标。

（2）计算熵值：

$$e_i = -k \sum_{i=1}^{n} (q_{ij} \times \ln q_{ij}) \tag{4-3}$$

其中，$k > 0$，$e_j > 0$，令 $k = 1/ln\ n$，n 为样本量。

（3）计算差异系数：

$$g_i = 1 - e_j \tag{4-4}$$

g_j 越大，指标越重要。

（4）计算权重：

$$W_i = \frac{g_j}{\sum_{j=1}^{m} g_i} \tag{4-5}$$

3. 二级指标值计算

对标准化处理后的基础指标值加权求和得到二级指标值，计算公式如下：

$$Q_{it} = \sum_{j=1}^{m} (W_{ijt} \times q_{ijt}) \tag{4-6}$$

其中，Q_{it}分别为第 t 年的经济增长效率、经济增长稳定性、经济结构优化、社会福利和绿色发展指标值；W_{ijt}分别对应第 t 年各基础指标在其所属二级指标中的权重；q_{ijt}为标准化处理后第 t 年的各基础指标值。

由（4－5）式可计算出各年度经济增长效率、经济发展稳定性、经济结构、社会福利和绿色发展等五个二级指标在一级指标中的权重。

4. 一级指标值计算

根据求权重的方法计算出二级指标权重，然后对经过标准化处理后的二级指标值进行加权求和，最后得出一级指标值。计算公式如下：

$$Q_t = \sum_{j=1}^{m} W_{it} \times Q_{it} \tag{4-7}$$

其中，Q_t 为第 t 年的经济增长质量指数值；W_{it}分别对应第 t 年二级指标在一级指标中的权重；Q_{it}分别为第 t 年的经济增长效率、经济发展稳定性、经济结构、社会福利和绿色发展指标值。

由（4－7）式可计算出 2000～2014 年各国的经济增长质量指数值。受篇幅所限，表 4－2 仅展示了 2014 年各国经济增长质量指数。

表 4－2　　2014 年各国经济增长质量指数

地区	指数	地区	指数	地区	指数	地区	指数
爱尔兰	1.7529	法国	1.7144	毛里求斯	1.4528	突尼斯	1.3093
爱沙尼亚	1.4949	菲律宾	1.4899	美国	1.7507	土耳其	1.4451
奥地利	1.6652	芬兰	1.6427	秘鲁	1.4242	危地马拉	1.4092
澳大利亚	1.6854	哥伦比亚	1.4325	摩尔多瓦	1.3683	乌克兰	1.1482
巴拉圭	1.4091	哥斯达黎加	1.5726	摩洛哥	1.4058	乌拉圭	1.4806
巴拿马	1.5397	哈萨克斯坦	1.4733	墨西哥	1.4437	西班牙	1.5582
巴西	1.4204	荷兰	1.7009	南非	1.2329	希腊	1.5100
保加利亚	1.4499	洪都拉斯	1.3002	尼加拉瓜	1.2917	新加坡	1.7343

续表

地区	指数	地区	指数	地区	指数	地区	指数
贝宁	1.2623	吉尔吉斯斯坦	1.2107	尼日利亚	1.3265	新西兰	1.6562
比利时	1.6728	加拿大	1.6599	挪威	1.8514	匈牙利	1.4938
冰岛	1.6552	捷克	1.4788	葡萄牙	1.5066	牙买加	1.3242
波兰	1.5637	喀麦隆	1.3386	日本	1.6816	以色列	1.6634
玻利维亚	1.3753	科特迪瓦	1.3212	瑞典	1.7045	意大利	1.5644
博茨瓦纳	1.2995	克罗地亚	1.4921	瑞士	1.8484	印度	1.2756
韩国	1.5698	肯尼亚	1.3001	塞浦路斯	1.5741	印度尼西亚	1.2575
丹麦	1.7497	拉脱维亚	1.4742	沙特阿拉伯	1.4500	英国	1.7197
德国	1.6817	立陶宛	1.5182	斯里兰卡	1.4098	约旦	1.4025
多哥	1.1969	卢森堡	1.8841	斯洛伐克	1.4951	智利	1.4853
多米尼加	1.4589	罗马尼亚	1.4528	斯洛文尼亚	1.4927	中国	1.3430
俄罗斯	1.3667	马耳他	1.7288	泰国	1.3895		
厄瓜多尔	1.3521	马来西亚	1.5180	坦桑尼亚	1.2595		

图4-1描绘了经过测算得到的2000~2014年全球平均及各类型国家平均经济增长质量指数趋势。可以看出，OECD国家平均经济增长质量指数在各年度均明显高于非OECD国家平均经济增长质量指数，全球平均经济增长质量指数则位于两者之间。这说明，市场经济国家不仅具有较高的经济发达程度，而且还表现出明显的高质量发展特征。进一步观察这三个经济增长质量指数的变动趋势，自2000年以来，全球平均经济增长质量指数总体上表现为平缓上升

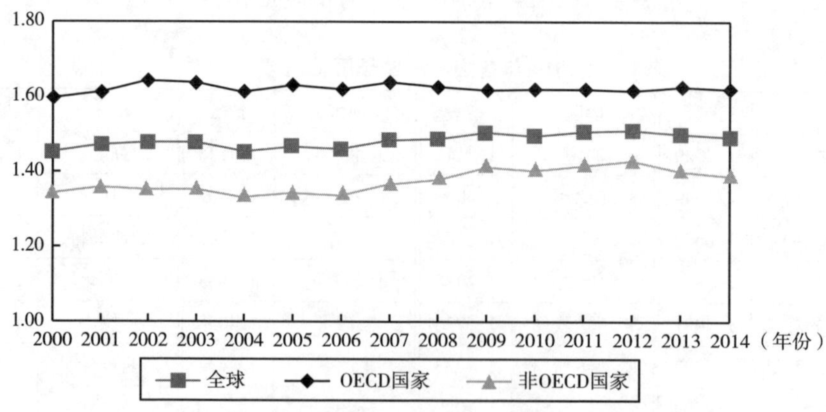

图4-1 2000~2014年经济增长质量指数趋势

趋势，从 1.4 附近逐步升到了 1.5 附近；OECD 国家平均经济增长质量指数变化趋势较为稳定，一直维持在 1.6 左右；非 OECD 国家平均经济增长质量指数总体上也呈现出平稳上升态势，特别是在 2006～2009 年之间的变化尤为明显，从 1.34 快速上升到了 1.41，之后又逐渐趋于稳定。

4.3　模型、变量与数据

4.3.1　模型设定

为考察产业集聚的经济增长质量效应，本章构建如下形式的回归模型：

$$Quality_{it} = \beta_0 + \beta_1 Maggl_{it} + \lambda Control_{it} + \mu_i + \eta_t + \varepsilon_{it} \tag{4-8}$$

$$Quality_{it} = \beta_0 + \beta_1 Saggl_{it} + \lambda Control_{it} + \mu_i + \eta_t + \varepsilon_{it} \tag{4-9}$$

其中，$Quality_{it}$是 i 地区 t 年的经济增长质量综合指数；$Maggl_{it}$为 i 地区 t 年的制造业集聚度；$Saggl_{it}$为 i 地区 t 年的服务业集聚度；$Control_{it}$表示一系列的控制变量，主要包括城镇化水平（$Urban_{it}$）、贸易开放水平（$Trade_{it}$）、外商直接投资（Fdi_{it}）、人口抚养比（Pop_{it}）、政府干预程度（Gov_{it}）和人力资本水平（Hum_{it}）；μ_i 表示不可观测的地区效应，η_t 表示不可观测的时间效应，ε_{it}为随机误差项。

为了克服可能存在的内生性问题，本章利用两步系统 GMM 动态面板模型估计。因此，我们进一步建立如下动态回归模型：

$$Quality_{it} = \beta_0 + \gamma Quality_{i,t-1} + \beta_1 Maggl_{it} + \lambda Control_{it} + \varepsilon_{it} \tag{4-10}$$

$$Quality_{it} = \beta_0 + \gamma Quality_{i,t-1} + \beta_1 Saggl_{it} + \lambda Control_{it} + \varepsilon_{it} \tag{4-11}$$

分别以经济增长效率（$Effi_{it}$）、经济增长稳定性（$Stab_{it}$）、经济结构优化（$Stru_{it}$）、社会福利（$Welf_{it}$）和绿色发展（$Green_{it}$）5 个分项指标为因变量，考察产业集聚对经济增长质量影响的作用渠道，模型设定如下：

$$Qua_{it} = \beta_0 + \gamma Qua_{i,t-1} + \beta_1 Maggl_{it} + \lambda Control_{it} + \varepsilon_{it} \tag{4-12}$$

$$Qua_{it} = \beta_0 + \gamma Qua_{i,t-1} + \beta_1 Saggl_{it} + \lambda Control_{it} + \varepsilon_{it} \tag{4-13}$$

4.3.2 变量选择

1. 被解释变量

经济增长质量水平。本章的被解释变量为经济增长质量综合指数（*Quality*）以及五个维度的经济增长质量分项指标：经济增长效率指数（*Effi*）、经济增长稳定性指数（*Stab*）、经济结构优化指数（*Stru*）、社会福利指数（*Welf*）和绿色发展指数（*Green*）。

2. 核心解释变量

产业集聚度（*Aggl*）。本章借鉴国外学者（Keeble & Bryson，1991；Donoghue & Gleave，2004）和国内学者（程大中和陈福炯，2005；孙浦阳等，2012）的做法，采用区位熵指标来衡量产业集聚程度，具体计算公式如下：

$$Aggl_{ij} = \frac{E_{ij}\Big/\sum_{i} E_{ij}}{\sum_{j} E_{ij}\Big/\sum_{i}\sum_{j} E_{ij}} \tag{4-14}$$

其中，E_{ij}表示 i 国家 j 产业增加值；$\sum_{i} E_{ij}$ 表示 i 国家所有产业增加值；$\sum_{j} E_{ij}$ 表示世界 j 产业增加值；$\sum_{i}\sum_{j} E_{ij}$ 表示世界所有产业增加值。区位熵指数代表一个地区某个产业的集聚程度在所有地区中的相对水平（孙浦阳等，2012）。$Aggl_{ij}$ 值越大，说明该国的产业集聚程度越高；反之则越低。一般来说，当 $Aggl_{ij}>1$ 时，该国的某一产业在世界上具有集聚优势；当 $Aggl_{ij}<1$ 时，该国的某一产业在世界上处于劣势。可以说，区位熵指标能够在一定程度上合理地衡量一个国家或地区的产业集聚水平。

基于产业集聚度的计算公式，我们测算出了各国制造业集聚程度和服务业集聚程度。图 4－2 描绘了全球及各类型国家平均制造业集聚水平的变动趋势。可以看出，全球、OECD 国家和非 OECD 国家的平均制造业集聚水平在各年度都大体相当，而且在变化趋势上均经历了较明显的波动。三者在 2003 年之后都进入了下降趋势，直到 2007 年开始产生分化。其中，OECD 国家平均制造业集聚水平在 2007 年之后继续下降，到 2009 年止跌后持续上扬；非 OECD 国家平均制造业集聚水平的变化趋势与之恰巧相反，在 2007 ~ 2009 年呈现出上升趋势，到 2009 年之后又转为下降趋势；而全球平均制造业集聚水平则在 2007 年之后开始趋于平稳，变化幅度较小。

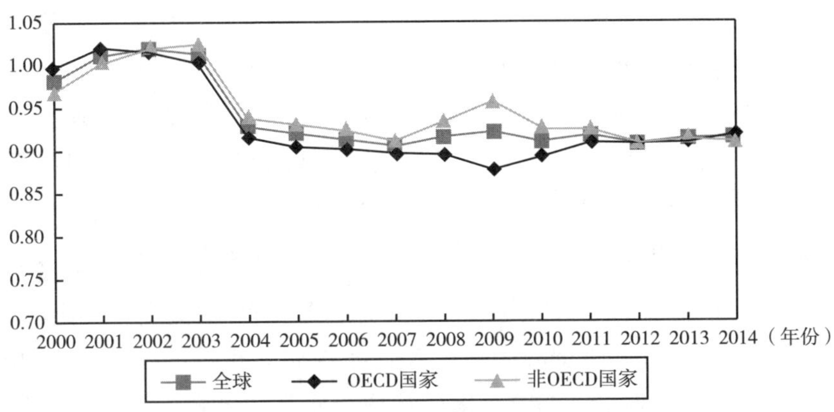

图 4 – 2　2000 ~ 2014 年制造业集聚度趋势

图 4 – 3 描绘了全球及各类型国家平均服务业集聚水平的变动趋势。显而易见，OECD 国家平均服务业集聚水平明显高于非 OECD 国家，而全球平均服务业集聚水平则介于两者之间。从变化趋势看，全球、OECD 国家和非 OECD 国家的平均服务业集聚水平呈现出特别明显的同步性。三者在 2003 ~ 2004 年均出现了明显上升态势，并且具有十分相似的上升幅度，到 2004 年之后又都趋于稳定，基本没有大的变化。

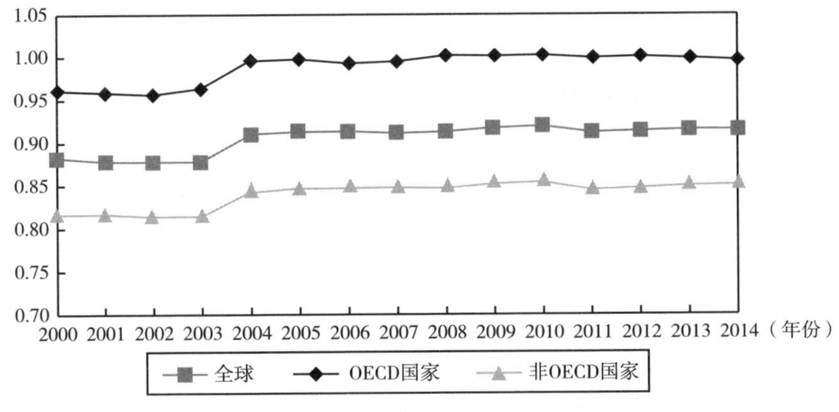

图 4 – 3　2000 ~ 2014 年服务业集聚度趋势

3. 控制变量

城镇化水平（*Urban*）：用各地区的城镇人口占该地区总人口的比重来衡量，用于控制城市化水平对经济增长质量的影响；贸易开放度（*Trade*）：用各地区的进出口贸易总额与该地区 GDP 的比值来衡量，用于控制贸易开放水平对经济增长质量的影响；外商直接投资（*Fdi*）：用各地区的外商直接投资额与该地区 GDP 之比来衡量，用于控制利用外商直接投资规模对于经济增长质量的影响；人口抚养比（*Pop*）：用各地区少年儿童（14 岁以下）人口抚养比与老年（65 岁以上）人口抚养比之和来衡量，以控制影响经济增长质量的人口结构因素；政府干预程度（*Gov*）：用各地区财政支出/该地区 GDP 来衡量，比值越大，说明政府干预程度越高，反之则越低，用于控制政府支出规模对经济增长质量的影响；人力资本水平（*Hum*）①：用人均教育年限来衡量，用于控制劳动力素质对经济增长质量的影响，具体计算公式为：$A\times6+B\times9+C\times12+D\times16$，其中，$A$、$B$、$C$、$D$ 分别是指小学、初中、高中、大专及以上受教育人口占 6 岁及以上人口的比例。各变量的定义与说明如表 4－3 所示。

表 4－3　变量的定义与说明

变量类型	变量名称	变量符号	变量说明
被解释变量	经济增长质量	*Quality*	经济增长质量指数
	经济增长效率	*Effi*	经济增长效率指数
	经济增长稳定性	*Stab*	经济增长稳定性指数
	经济结构优化	*Stru*	经济结构优化指数
	社会福利	*Welf*	社会福利指数
	绿色发展	*Green*	绿色发展指数
核心解释变量	制造业集聚	*Maggl*	制造业集聚度
	服务业集聚	*Saggl*	服务业集聚度

① 各国人力资本水平数据来源于佩恩表（PWT 9.1）中的人力资本指数，中国各省份人力资本水平采用人均教育年限来衡量。

续表

变量类型	变量名称	变量符号	变量说明
控制变量	城镇化水平	*Urban*	城镇人口数/总人口数
	贸易开放度	*Trade*	进出口总额/地区生产总值
	外商直接投资	*Fdi*	实际利用外资额/地区生产总值
	人口抚养比	*Pop*	少年儿童与老年人口抚养比之和
	政府干预程度	*Gov*	财政支出/地区生产总值
	人力资本水平	*Hum*	人力资本指数

4.3.3　数据说明

鉴于数据的可得性和完整性，本章选择 2000 ~ 2014 年 82 个国家的面板数据和 2000 ~ 2015 年中国内地除西藏以外的 30 个省份的面板数据作为研究样本。其中，82 个样本国家如表 4 – 4 所示。

表 4 – 4　样本国家

样本国家	爱尔兰	波兰	芬兰	科特迪瓦	秘鲁	瑞士	乌克兰	印度尼西亚
	爱沙尼亚	玻利维亚	哥伦比亚	克罗地亚	摩尔多瓦	塞浦路斯	乌拉圭	英国
	奥地利	博茨瓦纳	哥斯达黎加	肯尼亚	摩洛哥	沙特阿拉伯	西班牙	约旦
	澳大利亚	丹麦	哈萨克斯坦	拉脱维亚	墨西哥	斯里兰卡	希腊	智利
	巴拉圭	德国	韩国	立陶宛	南非	斯洛伐克	新加坡	中国
	巴拿马	多哥	荷兰	卢森堡	尼加拉瓜	斯洛文尼亚	新西兰	
	巴西	多米尼加	洪都拉斯	罗马尼亚	尼日利亚	泰国	匈牙利	
	保加利亚	俄罗斯	吉尔吉斯斯坦	马耳他	挪威	坦桑尼亚	牙买加	
	贝宁	厄瓜多尔	加拿大	马来西亚	葡萄牙	突尼斯	以色列	
	比利时	法国	捷克	毛里求斯	日本	土耳其	意大利	
	冰岛	菲律宾	喀麦隆	美国	瑞典	危地马拉	印度	

此外，国际面板数据均来源于世界银行、国际劳工组织数据库、佩恩表（PWT 9.1）和 UNCTAD 数据库；中国省级面板数据均来源于国家统计局网站、《中国统计年鉴》、各省市统计年鉴、《中国工业统计年鉴》和《中国环境统计年鉴》。表 4 – 5 和表 4 – 6 报告了主要变量的描述性统计信息。

表 4-5　　变量的描述性统计（国际数据）

变量	观测值	均值	标准差	最小值	最大值
Quality	1230	1.484	0.176	1.111	1.935
Effi	1230	1.287	0.141	1.007	1.809
Stab	1230	1.767	0.129	1.258	1.991
Stru	1230	1.343	0.113	1.065	1.841
Welf	1230	1.405	0.255	1.003	1.959
Green	1230	1.820	0.150	1.088	1.994
Maggl	1230	0.939	0.326	0.248	2.026
Saggl	1230	0.907	0.141	0.470	1.245
Urban	1230	0.657	0.183	0.182	1
Trade	1230	0.913	0.579	0.198	4.373
Fdi	1230	0.0612	0.249	-0.583	5.028
Pop	1230	0.548	0.133	0.345	0.939
Gov	1028	0.293	0.121	0.107	0.978
Hum	1230	2.773	0.581	1.410	3.734

表 4-6　　变量的描述性统计（中国数据）

变量	观测值	均值	标准差	最小值	最大值
Quality	480	1.462	0.174	1.089	1.929
Effi	480	1.403	0.202	1.028	1.977
Stab	480	1.547	0.149	1.137	2.019
Stru	480	1.412	0.164	1.101	1.844
Welf	480	1.384	0.160	1.075	2
Green	480	1.709	0.193	1.105	2
Maggl	480	0.888	0.330	0.313	1.795
Saggl	480	1.022	0.282	0.422	2.182
Urban	480	0.489	0.153	0.233	0.896
Trade	480	0.318	0.373	0.015	1.876
Fdi	480	0.0268	0.0232	0.000682	0.154
Pop	480	0.591	0.196	0.209	1.357
Gov	480	0.193	0.088	0.0468	0.627
Hum	480	8.358	1.050	5.438	12.28

4.4　实证检验与分析——国际经验

4.4.1　制造业和服务业集聚影响国家经济增长质量的基本回归

经过 LM 检验和 Hausman 检验，结果拒绝了混合效应模型和随机效应模型，选择固定效应模型最为合适。因此，本章采用固定效应模型来检验制造业集聚和服务业集聚对一国经济增长质量的影响，结果如表 4 -7 第（1）列 ~（4）列所示。结果显示，制造业集聚的系数显著为正；而服务业集聚的系数显著为负。初步表明制造业集聚程度的增强有助于提高一国的经济增长质量，服务业集聚程度的增强将降低一国的经济增长质量。考虑到可能存在的内生性问题，我们进一步采用两步系统 GMM 法进行估计。表 4 -7 第（5）列、（6）列的结果显示，制造业集聚和服务业集聚的系统均显著为正，即制造业集聚度每提升 1%，经济增长质量的改善幅度为 5.4%；服务业集聚度每提升 1%，经济增长质量的改善幅度为 5.1%。这表明，制造业集聚和服务业集聚带来的正效应超过负效应而占据主导地位，从而促进了经济增长质量的改善。为保证结果的可靠性，避免潜在的内生性问题造成估计结果的偏误，以两步系统 GMM 法估计结果作为分析依据。

表 4 -7　　制造业和服务业集聚影响国家经济增长质量的基本回归

变量	FE	FE	FE	FE	系统 GMM	系统 GMM
	(1)	(2)	(3)	(4)	(5)	(6)
Maggl	0.027* (0.014)	0.026* (0.015)			0.054*** (0.005)	
Saggl			-0.159*** (0.036)	-0.158*** (0.037)		0.051*** (0.011)
Urban	-0.126 (0.082)	-0.274*** (0.083)	-0.135* (0.081)	-0.287*** (0.082)	0.226*** (0.019)	0.128*** (0.020)
Trade	-0.051*** (0.010)	-0.061*** (0.010)	-0.048*** (0.009)	-0.058*** (0.010)	-0.014*** (0.002)	-0.026*** (0.002)

续表

变量	FE	FE	FE	FE	系统 GMM	系统 GMM
	(1)	(2)	(3)	(4)	(5)	(6)
Fdi	-0.003 (0.006)	-7.08e-04 (0.006)	-0.002 (0.006)	2.76e-04 (0.006)	-0.015*** (0.001)	-0.017*** (9.59e-04)
Pop	-0.332*** (0.053)	-0.300*** (0.053)	-0.326*** (0.052)	-0.286*** (0.052)	-0.089*** (0.023)	0.015 (0.010)
Gov	-0.192*** (0.030)	-0.209*** (0.029)	-0.186*** (0.030)	-0.204*** (0.029)	0.045*** (0.009)	0.012* (0.006)
Hum	0.119*** (0.018)	0.020 (0.023)	0.130*** (0.018)	0.028 (0.023)	0.013*** (0.004)	0.007*** (0.002)
L. Quality					0.610*** (0.009)	0.684*** (0.007)
L2. Quality					0.136*** (0.009)	0.119*** (0.007)
Constant	1.510*** (0.074)	1.868*** (0.092)	1.650*** (0.069)	2.009*** (0.092)	0.191*** (0.022)	0.163*** (0.014)
国家效应	Yes	Yes	Yes	Yes		
年份效应	No	Yes	No	Yes		
AR (1)					0.000	0.000
AR (2)					0.482	0.359
Sargan					0.335	0.334
样本数	1028	1028	1028	1028	906	906
R^2	0.168	0.243	0.182	0.255		

注：***、**和*分别表示1%、5%和10%的显著性水平；括号内为标准误；本书以下图表含义相同，不再赘述。对于模型（4-5）式和（4-6）式，在对系统 GMM 扰动项的自相关进行检验时，因 AR（2）的 P 值小于0.05，故在5%的显著性水平上拒绝了“扰动项 $\{\varepsilon_{it}\}$ 无自相关”的原假设，这导致系统 GMM 的适用性存疑。为了解决扰动项自相关问题，在模型（4-5）式和（4-6）式的解释变量中引入被解释变量的二阶滞后。再次观察 AR（2）的 P 值，结果显示，可以接受扰动项无自相关的原假设。这表明，对于修正的模型设定，可以进行系统 GMM 估计。

对于其他控制变量，城镇化水平的系数显著为正，说明城镇化水平的提升有助于改善一国的经济增长质量。这是因为城镇化促进了工业化的发展，极大提高了生产效率，通过集聚效应和辐射效应带动了经济增长；同时能够推动产业结构转型升级，增加就业岗位，改善人民的生活水平。贸易开放度和 FDI 的系数显著为负，说明经济开放程度的提高不利于经济增长质量的提升。原因在于当今世界各国的经济开放程度已经达到较高的水平，进一步扩大经济开放程度所带来的好处将小于其带来的危害，经济开放水平并不是越高越好，要坚持适度原则。人口抚养比的系数在模型（4－5）式中显著为负，在模型（4－6）式中不显著，因此人口抚养比对经济增长质量的影响无法确定。政府干预程度的系数显著为正，表明适当加强政府对经济的干预能够在一定程度上改善一国的经济增长质量。因为经济增长质量是一个综合概念，涵盖经济、社会和环境等各个方面，适度加强政府对社会经济总体的调控，有助于实现经济、社会和环境的均衡协调发展。人力资本水平的系数显著为正，说明人力资本水平的提高对一国经济增长质量具有显著的正向推动作用。这是因为，人力资本体现了一个国家的劳动力技能水平和科技创新水平，是推动经济稳定可持续发展的重要基础，任何国家想要通过经济增长方式的转变而实现高质量经济发展目标，都需要有较强的人力资本作为支撑。

4.4.2　制造业和服务业集聚影响国家经济增长质量的稳健性检验

为了检验本章研究结论的稳健性，采用以下三种方法进行稳健性检验。

1. 改变样本：剔除非洲国家样本

鉴于非洲国家的经济社会发展水平严重偏离世界平均水平，我们剔除非洲国家样本，重新进行回归，具体结果如表 4－8 第（1）列、（2）列所示。结果显示，与表 4－7 第（5）列、（6）列的回归结果相比，虽然各解释变量的系数大小发生了些许变化，但系数符号和显著性基本不变。因此，在剔除非洲国家样本之后，本章的核心结论没有受到影响。

2. 改变经济增长质量指数的测算方法

前面采用熵值法对各国的经济增长质量指数进行了测算。为保证结果的可靠性，进一步采用主成分分析法对经济增长质量指数再次进行测算，并在此基础上重新进行模型估计。从表 4－8 第（3）列、（4）列的回归结果可以看出，在改变经济增长质量指数的测算方法后，核心结论依然成立，即制造业集聚水平和服务业集聚水平的提高对一国经济增长质量具有显著促进作用，这说明本章的研究结果是比较稳健的。

3. 对原始样本数据进行1%双侧缩尾处理

仔细观察表4－5的描述性统计结果，发现各变量的最大值和最小值之间差异较大，为避免可能存在的异常值影响，对原始样本数据进行1%双侧缩尾处理，并以此为基础重新进行回归。表4－8第（5）列、（6）列的回归结果显示，各主要变量的系数符号和显著性均未发生本质变化，这进一步验证了本章研究结论的稳健性。

表4－8　制造业和服务业集聚影响国家经济增长质量的稳健性检验

变量	剔除非洲国家样本	剔除非洲国家样本	主成分分析法	主成分分析法	双侧缩尾处理	双侧缩尾处理
	(1)	(2)	(3)	(4)	(5)	(6)
Maggl	0.042*** (0.006)		0.442*** (0.047)		0.048*** (0.004)	
Saggl		0.037*** (0.010)		6.664*** (0.130)		0.031*** (0.011)
Urban	0.233*** (0.022)	0.100*** (0.021)	5.895*** (0.213)	2.990*** (0.222)	0.197*** (0.012)	0.128*** (0.010)
Trade	−0.018*** (0.003)	−0.028*** (0.003)	0.055* (0.032)	−0.211*** (0.026)	−0.018*** (0.001)	−0.026*** (0.003)
Fdi	−0.018*** (0.002)	−0.017*** (0.002)	0.011 (0.007)	−0.081*** (0.003)	−0.002 (0.005)	−0.005 (0.009)
Pop	−0.126*** (0.030)	−0.029 (0.023)	3.351*** (0.174)	3.514*** (0.255)	−0.080*** (0.016)	0.023* (0.012)
Gov	0.070*** (0.013)	0.029*** (0.010)	−0.866*** (0.098)	−1.527*** (0.110)	0.048*** (0.010)	0.011 (0.008)
Hum	−0.001 (0.004)	0.016*** (0.004)	0.993*** (0.044)	0.717*** (0.045)	0.007*** (0.003)	0.008*** (0.003)
L. Quality	0.619*** (0.019)	0.682*** (0.007)	0.419*** (0.003)	0.285*** (0.002)	0.642*** (0.008)	0.685*** (0.004)
L2. Quality	0.155*** (0.010)	0.135*** (0.007)			0.152*** (0.009)	0.130*** (0.004)

续表

变量	剔除非洲国家样本	剔除非洲国家样本	主成分分析法	主成分分析法	双侧缩尾处理	双侧缩尾处理
	(1)	(2)	(3)	(4)	(5)	(6)
Constant	0.210*** (0.030)	0.166*** (0.015)	-8.727*** (0.198)	-11.33*** (0.307)	0.159*** (0.017)	0.153*** (0.012)
AR (1)	0.000	0.000	0.000	0.000	0.000	0.000
AR (2)	0.487	0.335	0.926	0.755	0.420	0.277
Sargan	0.648	0.594	0.362	0.418	0.328	0.306
样本数	813	813	967	967	906	906

4.4.3 制造业和服务业集聚对国家经济增长质量的影响渠道检验

上面检验了制造业集聚和服务业集聚对经济增长质量的影响，但并没有解释这其中的影响渠道。接下来，分别以经济增长效率指数、经济增长稳定性指数、经济结构优化指数、社会福利指数和绿色发展指数 5 个分项指标为因变量建立回归模型，从而考察制造业集聚和服务业集聚对经济增长质量的影响渠道。具体回归结果如表 4－9 和表 4－10 所示。

表 4－9　制造业集聚对经济增长质量的影响渠道检验

变量	*Effi*	*Stab*	*Stru*	*Welf*	*Green*
	(1)	(2)	(3)	(4)	(5)
Maggl	-0.030*** (0.004)	0.288*** (0.011)	0.017*** (0.003)	-0.008*** (0.002)	0.022*** (0.001)
Urban	0.093*** (0.016)	0.351*** (0.038)	-0.024*** (0.009)	0.078*** (0.006)	0.025*** (0.003)
Trade	-0.046*** (0.002)	-0.022*** (0.005)	-0.015*** (0.001)	-0.001 (0.001)	-0.002*** (0.001)
Fdi	-0.002*** (4.42e-04)	-0.029*** (0.003)	0.008*** (2.64e-04)	0.004*** (3.92e-04)	-0.003*** (4.61e-04)

续表

变量	*Effi*	*Stab*	*Stru*	*Welf*	*Green*
	(1)	(2)	(3)	(4)	(5)
Pop	-0.003 (0.021)	0.142 ** (0.063)	-0.055 *** (0.007)	-0.120 *** (0.010)	0.051 *** (0.003)
Gov	0.014 (0.012)	0.039 (0.033)	0.063 *** (0.005)	-0.013 *** (0.002)	0.068 *** (0.005)
Hum	0.082 *** (0.003)	-0.004 (0.019)	0.019 *** (0.001)	0.003 (0.002)	0.004 *** (0.001)
L. Effi	0.798 *** (0.010)				
L2. Effi	-0.212 *** (0.007)				
L3. Effi	0.101 *** (0.006)				
L. Stab		0.349 *** (0.006)			
L. Stru			0.895 *** (0.003)		
L. Welf				0.923 *** (0.006)	
L. Green					1.002 *** (0.006)
L2. Green					0.036 *** (0.006)
L3. Green					-0.076 *** (0.005)
Constant	0.176 *** (0.025)	0.580 *** (0.058)	0.112 *** (0.011)	0.134 *** (0.007)	-0.024 *** (0.004)
AR (1)	0.000	0.000	0.000	0.000	0.000
AR (2)	0.744	0.207	0.789	0.933	0.051
Sargan	0.142	0.401	0.425	0.502	0.141
样本数	843	967	967	967	843

表 4 – 10　　　　服务业集聚对经济增长质量的影响渠道检验

变量	*Effi*	*Stab*	*Stru*	*Welf*	*Green*
	(1)	(2)	(3)	(4)	(5)
Saggl	0.064*** (0.007)	−0.067*** (0.014)	−0.013** (0.005)	0.065*** (0.005)	0.002 (0.003)
Urban	0.124*** (0.008)	0.198*** (0.022)	−0.021*** (0.006)	0.065*** (0.006)	0.004 (0.003)
Trade	−0.024*** (0.002)	−0.005 (0.005)	−0.007*** (0.001)	−0.003*** (0.001)	−0.012*** (0.001)
Fdi	−0.006*** (4.23e−04)	−0.038*** (0.003)	0.008*** (4.06e−04)	0.002*** (0.001)	−0.002*** (4.84e−04)
Pop	0.047*** (0.009)	0.184*** (0.018)	−0.070*** (0.004)	−0.136*** (0.009)	0.058*** (0.004)
Gov	0.044*** (0.006)	0.127*** (0.017)	0.072*** (0.004)	−0.036*** (0.004)	0.029*** (0.003)
Hum	0.073*** (0.002)	−0.018*** (0.005)	0.006*** (0.002)	−0.005** (0.002)	0.012*** (0.001)
L. Effi	0.824*** (0.010)				
L2. Effi	−0.136*** (0.006)				
L. Stab		0.399*** (0.006)			
L. Stru			0.910*** (0.003)		
L. Welf				0.928*** (0.007)	
L. Green					1.009*** (0.005)
L2. Green					0.038*** (0.005)
L3. Green					−0.081*** (0.005)

续表

变量	*Effi*	*Stab*	*Stru*	*Welf*	*Green*
	(1)	(2)	(3)	(4)	(5)
Constant	0.039 ** (0.017)	0.909 *** (0.018)	0.152 *** (0.006)	0.109 *** (0.007)	-0.007 (0.006)
AR (1)	0.000	0.000	0.000	0.000	0.000
AR (2)	0.082	0.212	0.811	0.935	0.052
Sargan	0.312	0.404	0.417	0.433	0.701
样本数	906	967	967	967	843

表4-9报告了制造业集聚对经济增长质量的影响渠道检验结果。结果显示，经济增长效率和社会福利的系数显著为负，经济增长稳定性、经济结构优化和绿色发展的系数显著为正。这表明，制造业集聚程度的提高会对一国经济增长效率和社会福利产生一定抑制作用，而对经济增长稳定性、经济结构优化和绿色发展具有显著的促进作用，即制造业集聚对一国经济增长质量的提升作用主要来源于其对经济增长稳定性、经济结构优化和绿色发展三个方面的改善。具体解释可参考理论分析部分，在此不再赘述。

表4-10报告了服务业集聚对经济增长质量的影响渠道检验结果。结果显示，经济增长稳定性和经济结构优化的系数显著为负；经济增长效率和社会福利的系数显著为正；而绿色发展的系数不显著。这表明服务业集聚程度的提高不利于一国经济增长稳定性和经济结构优化，但是有助于促进经济增长效率的提升和社会福利的改善，即服务业集聚对一国经济增长质量的提升作用主要来源于其对经济增长效率和社会福利两个方面的改善。

4.4.4 制造业和服务业集聚对不同类型国家经济增长质量的影响

由于不同类型国家的经济发展水平和经济增长质量差异较大，产业集聚对经济增长质量的影响效果可能有所不同。因此，有必要区分不同国家类型，以考察产业集聚对经济增长质量影响的国家异质性。区分不同国家类型后的回归结果如表4-11所示，其中，第（1）列、（2）列对应的是OECD国家样本；第（3）列、（4）列对应的是非OECD国家样本。

表 4－11　制造业和服务业集聚对不同类型国家经济增长质量的影响

变量	OECD 国家	OECD 国家	非 OECD 国家	非 OECD 国家
	(1)	(2)	(3)	(4)
Maggl	0.071 *** (0.025)		0.019 ** (0.008)	
Saggl		－0.043 (0.044)		0.047 ** (0.020)
Urban	0.171 (0.148)	－0.117 (0.090)	0.002 *** (2.97e－04)	0.107 *** (0.015)
Trade	－0.014 (0.010)	－0.017 (0.017)	1.24e－04 *** (4.56e－05)	0.007 (0.008)
Fdi	0.009 ** (0.004)	－0.001 (0.002)	－1.48e－04 *** (1.56e－05)	－0.011 *** (0.002)
Pop	0.369 *** (0.126)	0.430 *** (0.087)	3.19e－04 (4.13e－04)	－0.114 ** (0.053)
Gov	－0.173 *** (0.023)	－0.153 *** (0.035)	4.35e－05 (1.08e－04)	－0.039 * (0.021)
Hum	－0.044 ** (0.018)	－0.015 (0.038)	－0.004 (0.018)	－0.034 ** (0.014)
L. Quality	0.523 *** (0.037)	0.537 *** (0.046)	0.705 *** (0.019)	0.734 *** (0.013)
L2. Quality	0.276 *** (0.017)	0.243 *** (0.037)		
Constant	0.165 ** (0.082)	0.399 *** (0.143)	0.253 *** (0.047)	0.421 *** (0.064)
AR (1)	0.000	0.000	0.000	0.000
AR (2)	0.587	0.876	0.081	0.085
Sargan	1.000	1.000	0.987	0.984
样本数	456	456	478	478

从表 4－11 第（1）列、（3）列的回归结果可以看出，无论是对于 OECD 国家还是非 OECD 国家，制造业集聚的系数均至少在 5% 的水平下显著为正，

这表明制造业集聚对经济增长质量的影响在不同类型国家之间并无本质差异，即制造业集聚水平的提高对各类型国家的经济增长质量均具有明显的改善作用。进一步观察系数大小，发现 OECD 国家制造业集聚的系数值为 0.071，明显大于非 OECD 国家制造业集聚的系数值 0.019，这意味着制造业集聚对 OECD 国家经济增长质量的改善效果更强。原因可能在于，OECD 国家在科技、信息、资本方面具有绝对优势，占据着制造业产业链的高端环节，高端制造业具有高科技含量、高利润率、低能耗、低污染的特点，因而自身的集聚能够带来较大的经济效益和社会效益；而非 OECD 国家则是中低端制造业的聚集地，这些中低端制造业具有高能耗、高污染、低附加值、低利润的特点，因此相对于高端制造业而言，中低端制造业的集聚所带来的经济效益和社会效益明显较低。

接下来，进一步分析服务业集聚对不同类型国家经济增长质量的影响。如表 4－11 第（2）列和（4）列所示，OECD 国家服务业集聚的系数不显著，非 OECD 国家的系数显著为正，这说明服务业集聚对经济增长质量的影响效果在不同类型国家之间存在明显异质性，即服务业集聚水平的提高能够显著改善非 OECD 国家的经济增长质量，但对 OECD 国家经济增长质量的影响效果不显著。这是因为 OECD 国家的服务业占其 GDP 的比重已经非常高，进一步提高服务业的集聚水平所带来的经济效益和社会效益有限，甚至会因“产业空心化”而危害经济发展，降低经济增长质量。近年来，许多 OECD 国家都开始反思过度“去工业化”的危害，纷纷提出“再工业化”战略，以推动制造业的回归，这也在一定程度上说明了服务业集聚水平并不是越高越好。非 OECD 国家的服务业发展水平普遍较低，正处于工业化或者由工业化向经济服务化转变的过程中，提高服务业的集聚水平，有利于优化经济结构，产生良好的经济增长质量效应。

4.4.5 外商直接投资、人力资本水平的调节效应检验

为检验 FDI 和人力资本的调节效应，在模型（4－10）式、（4－11）式的基础上依次引入 FDI、人力资本分别和产业集聚的交互项。

1. FDI 的调节效应检验

从表 4-12 可以看出，制造业集聚与 FDI 的交互项的系数显著为正，这说明 FDI 对制造业集聚提升经济增长质量的调节效应为正，即外商直接投资的增加有助于加强制造业集聚对经济增长质量的改善作用。这是因为：一方面，FDI 有助于增加一国制造业的集聚程度，进一步激发和增强经济社会发展动力。随着经济全球化的不断发展，跨国公司投资和国际产业转移加速了制造业在一些国家的集聚。以中国为例，从 20 世纪 90 年代以来，中国依靠广阔的市场规模和巨大的劳动力成本优势成为国际产业转移的主要承接地，从而造就了经济腾飞的奇迹，经济发展速度长期位居世界前列，人民生活水平得到不断提高，产生了巨大的经济效益和社会效益。另一方面，FDI 有助于提升一国制造业整体实力和国际竞争力，强化制造业集聚对经济增长质量的改善作用。FDI 的进入不仅为一国带来了更多投资和就业岗位，还可以带来先进的技术和管理经验，通过知识和技术溢出效应，全面提升东道国制造业的生产效率和竞争力，从而进一步增强该国的制造业集聚效应。

服务业集聚与 FDI 的交互项的系数显著为负，这表明外商直接投资的增加将在一定程度上抑制服务业集聚对经济增长质量的改善作用。这可能是由于 FDI 的流入引发了服务业集聚的拥挤效应，从而对经济增长质量产生了负面影响。有学者（Henderson，1974；Broersma & Oosterhaven，2009）的研究都表明，当一个地区的要素集聚超过了最优规模时，产业的集聚效应就会转变为拥挤效应，随之抑制该地区的经济增长。自 20 世纪 90 年代以来，服务业 FDI 占全球 FDI 总量的比重不断上升，服务业 FDI 变动对各国经济的直接和间接影响在逐渐增加。而且，制造业 FDI 的流入也会促进与之相配套的服务业的增加。因此，FDI 的不断进入将逐渐提高一个地区的服务业集聚程度。伴随着服务业规模的不断扩张，要素过度集中，土地、劳动力和能源约束状况日益严重，致使产业集聚的拥挤效应超过规模效应，进而产生一定程度的非经济性。

2. 人力资本的调节效应检验

制造业集聚与人力资本的交互项的系数和服务业集聚与人力资本的交互项的系数均显著为正，这表明人力资本水平的提高能够促进一国制造业集聚和服务业集聚对经济增长质量的改善作用。人力资本是经济增长的基础动力之一（Lucas，1989），对制造业转型升级和现代服务业的发展具有至关重要的作用。一方面，人力资本积累有助于全面提升一国或地区的劳动生产率和科技创新水平，促进区域内各企业的生产效率和创新活力，形成更具竞争力的产业集群。这将进一步提升产业集聚的乘数效应和关联效应，从而不断扩大产业集聚对经济增长质量的改善作用。另一方面，人力资本水平的提升能够激发人口二次红利，突破劳动力成本上升和资源环境约束的瓶颈制约，不断推动产业结构优化升级，有效防止一国或地区产业集群的衰落，使区域内产业集群的竞争优势和经济增长效应更具持续性（见表4－12）。

表4－12　FDI、人力资本的调节效应检验

变量	制造业	制造业	制造业	服务业	服务业	服务业
	(1)	(2)	(3)	(4)	(5)	(6)
Maggl	0.025 *** (0.001)	0.018 *** (0.004)	0.012 *** (0.003)			
Maggl × Fdi	0.004 *** (0.001)		0.021 * (0.013)			
Maggl × Hum		0.023 *** (0.006)	0.010 ** (0.005)			
Saggl				0.063 *** (0.008)	0.060 *** (0.010)	0.063 *** (0.008)
Saggl × Fdi				－0.174 *** (0.048)		－0.249 *** (0.080)
Saggl × Hum					0.061 *** (0.019)	0.087 *** (0.014)
Urban	0.151 *** (0.006)	0.167 *** (0.015)	0.125 *** (0.009)	0.132 *** (0.015)	0.128 *** (0.012)	0.114 *** (0.013)
Trade	－0.007 *** (8.34e－04)	－0.018 *** (0.003)	－0.009 *** (0.002)	－0.012 *** (0.001)	－0.022 *** (0.002)	－0.014 *** (0.002)
Fdi	－0.012 *** (5.34e－04)	－0.013 *** (0.002)	－0.005 (0.005)	0.022 ** (0.010)	－0.016 *** (0.002)	0.038 ** (0.017)

续表

变量	制造业	制造业	制造业	服务业	服务业	服务业
	(1)	(2)	(3)	(4)	(5)	(6)
Pop	-0.075*** (0.012)	0.013 (0.019)	-0.029** (0.015)	0.003 (0.011)	-0.037 (0.026)	-0.060** (0.026)
Gov	0.045*** (0.001)	0.031** (0.012)	0.026*** (0.006)	0.006 (0.008)	0.010 (0.013)	-0.007 (0.012)
Hum	-0.004 (0.003)	0.007* (0.004)	0.001 (0.003)	0.003 (0.004)	0.014*** (0.005)	0.008** (0.004)
L. Quality	0.705*** (0.007)	0.682*** (0.009)	0.714*** (0.010)	0.695*** (0.007)	0.674*** (0.014)	0.695*** (0.010)
L2. Quality	0.152*** (0.005)	0.152*** (0.012)	0.167*** (0.011)	0.114*** (0.004)	0.101*** (0.010)	0.105*** (0.008)
Constant	0.160*** (0.011)	0.139*** (0.018)	0.112*** (0.008)	0.200*** (0.014)	0.288*** (0.024)	0.268*** (0.025)
AR (1)	0.000	0.000	0.000	0.000	0.000	0.000
AR (2)	0.435	0.507	0.531	0.248	0.241	0.206
Sargan	0.351	0.933	0.100	0.939	0.925	0.100
样本数	906	906	906	906	906	906

4.5　实证检验与分析——中国经验

4.5.1　中国省级层面经济增长质量指标体系的构建与测度

1. 中国省级层面经济增长质量指标体系的构建

前面利用国际面板数据实证检验了产业集聚对经济增长质量的影响，为便于比较国际经验和国内经验的异同，进一步运用中国省级面板数据来探讨产业集聚与经济增长质量的关系。鉴于国际数据和国内数据在可得性和完整性方面存在差别，需要再次构建一套基于中国省级层面的经济增长质量指标体系，具体如表 4-13 所示。

表 4－13　中国省级层面经济增长质量指标体系的构建

一级指标	二级指标	基础指标	单位	指标属性
经济增长质量综合指数	经济增长效率	资本生产率	%	正向指标
		劳动生产率	元/人	正向指标
		全要素生产率	%	正向指标
	经济增长稳定性	经济增长波动率	%	逆向指标
		消费者物价指数	%	逆向指标
		城镇登记失业率	%	逆向指标
	经济结构优化	第二产业增加值占 GDP 比重	%	正向指标
		第三产业增加值占 GDP 比重	%	正向指标
		高技术产业产值占工业总产值比重	%	正向指标
		非国有经济比重	%	正向指标
	社会福利	城镇居民恩格尔系数	%	逆向指标
		农村居民恩格尔系数	%	逆向指标
		每千人卫生技术人员	人	正向指标
		每万人拥有公共交通车辆	辆/万人	正向指标
		人均公园绿地面积	m^2	正向指标
	绿色发展	单位 GDP 能耗	吨标准煤/万元	逆向指标
		单位 GDP 工业废水排放量	吨/万元	逆向指标
		单位 GDP 工业废气排放量	立方米/万元	逆向指标
		单位 GDP 工业固体废弃物排放量	吨/万元	逆向指标

2. 中国各省份经济增长质量指数的测度

同样的，利用熵值法计算出中国各省份的经济增长质量指数，结果如表 4－14 所示，受篇幅限制，个别年份的经济增长质量指数被省略。

表 4－14　2000～2015 年各省份经济增长质量综合指数

地区	2000 年	2005 年	2008 年	2010 年	2011 年	2012 年	2013 年	2014 年	2015 年
北京	1.8220	1.8008	1.8865	1.9113	1.8476	1.9235	1.9006	1.9165	1.9289
天津	1.7794	1.7034	1.7199	1.5683	1.6956	1.5576	1.5696	1.5830	1.5626
河北	1.5433	1.4508	1.4418	1.4071	1.4309	1.4083	1.3765	1.3883	1.4359
山西	1.2799	1.2885	1.2673	1.2885	1.4272	1.3378	1.3265	1.2243	1.3082
内蒙古	1.3672	1.2792	1.4794	1.4250	1.4920	1.3810	1.3179	1.4256	1.4566
辽宁	1.5568	1.4262	1.4921	1.4452	1.4771	1.4004	1.5535	1.4630	1.3632

续表

地区	2000 年	2005 年	2008 年	2010 年	2011 年	2012 年	2013 年	2014 年	2015 年
吉林	1.4318	1.4662	1.5299	1.3640	1.4687	1.3878	1.3269	1.3889	1.4090
黑龙江	1.5267	1.5556	1.5729	1.4167	1.4330	1.3236	1.4111	1.3796	1.3893
上海	1.7067	1.8495	1.6984	1.7429	1.7288	1.6976	1.7579	1.6379	1.5651
江苏	1.6489	1.6658	1.7423	1.6745	1.7143	1.7317	1.7973	1.7033	1.7018
浙江	1.6388	1.6080	1.6255	1.5963	1.5583	1.6399	1.7162	1.6075	1.6437
安徽	1.4175	1.3302	1.4147	1.3757	1.4334	1.4386	1.4763	1.4517	1.4575
福建	1.6719	1.5870	1.5987	1.4708	1.5017	1.5077	1.5536	1.4822	1.4354
江西	1.4232	1.4394	1.5020	1.4003	1.5147	1.4737	1.5424	1.4673	1.4681
山东	1.5838	1.6120	1.6540	1.5608	1.5957	1.6155	1.6973	1.5550	1.5671
河南	1.4868	1.4883	1.4988	1.3729	1.4104	1.3922	1.4017	1.4136	1.4497
湖北	1.4975	1.2805	1.4462	1.3880	1.4241	1.3843	1.4706	1.4891	1.5389
湖南	1.4535	1.3877	1.4753	1.4008	1.4391	1.4524	1.4903	1.4905	1.4495
广东	1.7380	1.7684	1.7895	1.7508	1.7695	1.6933	1.8066	1.6944	1.7360
广西	1.3989	1.2459	1.3247	1.2415	1.2345	1.2582	1.4137	1.2847	1.3831
海南	1.4645	1.4613	1.3502	1.3633	1.3856	1.3524	1.4638	1.3671	1.4921
重庆	1.3777	1.3956	1.3943	1.3735	1.5396	1.4750	1.5465	1.5357	1.5517
四川	1.3457	1.4292	1.3824	1.3751	1.5033	1.4153	1.4124	1.4818	1.4163
贵州	1.2366	1.3169	1.1601	1.1829	1.2676	1.2958	1.3793	1.2791	1.3539
云南	1.4245	1.2154	1.2959	1.1650	1.2709	1.2473	1.2331	1.1938	1.1909
陕西	1.4738	1.4398	1.4721	1.3959	1.4816	1.5157	1.4479	1.5154	1.5114
甘肃	1.3858	1.3788	1.2775	1.2115	1.2870	1.3835	1.3145	1.2805	1.3372
青海	1.2654	1.3802	1.2235	1.1793	1.1714	1.2612	1.1475	1.1257	1.1342
宁夏	1.1833	1.2252	1.2393	1.1991	1.1597	1.3265	1.1993	1.2528	1.2968
新疆	1.3692	1.4366	1.3448	1.2765	1.2918	1.3330	1.1910	1.2354	1.3661

图 4－4 描述了 2015 年中国各地区经济增长质量指数、制造业集聚度①和

① 鉴于数据可得性，中国各地区的产业集聚度用就业人口来计算，同（4－14）式：$Aggl_{ij}=\frac{E_{ij}\Big/\sum_i E_{ij}}{\sum_j E_{ij}\Big/\sum_i\sum_j E_{ij}}$，其中，$E_{ij}$表示 i 地区在产业 j 上的就业人口；$\sum_i E_{ij}$ 表示 i 地区所有产业的就业人口；$\sum_j E_{ij}$ 表示全国 j 产业的总就业人口；$\sum_i\sum_j E_{ij}$ 表示全国所有产业的就业人口之和。

服务业集聚度状况。可以看出，2015 年我国各省份的经济增长质量和产业集聚程度差异较为明显。首先，在经济增长质量方面，东部地区明显优于中西部地区。其中，北京的经济增长质量指数高居全国第一，达到了 1.9289；其次，为广东、江苏和浙江，均在 1.7 左右；青海的经济增长质量指数最低，仅为 1.1342。其次，在制造业集聚程度方面，整体呈阶梯状分布。珠三角和长三角作为我国两大制造业基地，制造业集聚程度远高于其他地区；中部各省份和福建凭借各自的独特优势也在我国制造业版图中占有一席之地，制造业集聚程度位于第二层级；而西部地区因受基础设施条件和地理位置的制约，制造业集聚程度明显较低。最后，在服务业集聚程度方面，整体分布较为均衡。除了北京、上海的服务业集聚程度遥遥领先之外，其他地区之间的服务业集聚程度差距较小，大部分都位于 0.6～1.0。

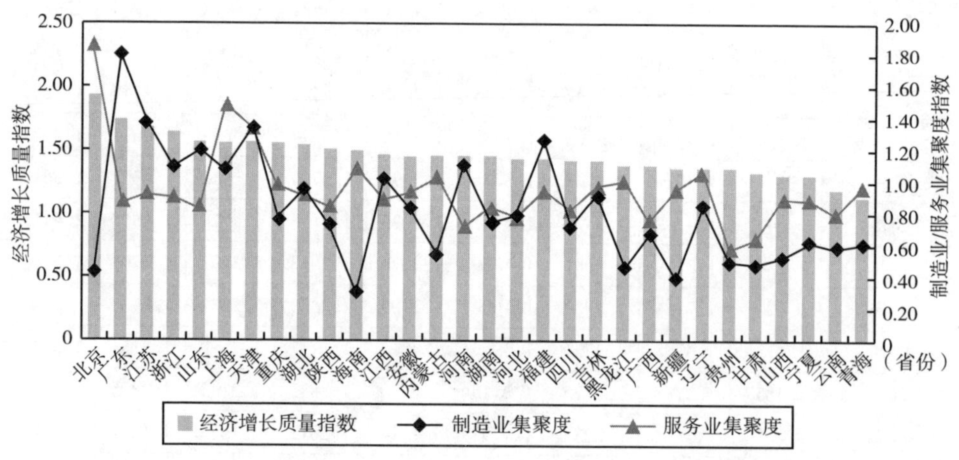

图 4－4　2015 年各省份经济增长质量指数、制造业集聚度和服务业集聚度

4.5.2　制造业和服务业集聚影响中国经济增长质量的基本回归

1. 制造业集聚与中国经济增长质量

表 4－15 报告了制造业集聚对中国经济增长质量的影响及影响渠道检验结果。结果显示，制造业集聚的系数显著为正，说明制造业集聚程度的提高能够显著改善中国的经济增长质量，这与国际经验相同。进一步观察影响渠道检验

结果，经济增长效率、经济增长稳定性和经济结构优化三个渠道的系数显著为正；而社会福利和绿色发展两个渠道的系数不显著。这表明制造业集聚主要通过提升经济增长效率、增强经济增长稳定性和优化经济结构来改善中国的经济增长质量。

表 4-15　　　　制造业集聚对中国经济增长质量的影响

变量	*Quality*	*Effi*	*Stab*	*Stru*	*Welf*	*Green*
	(1)	(2)	(3)	(4)	(5)	(6)
Maggl	0.110*** (0.034)	0.064** (0.026)	0.174* (0.099)	0.092*** (0.016)	0.099 (0.089)	0.048 (0.040)
Urban	0.156** (0.075)	0.108* (0.060)	0.505** (0.196)	0.262*** (0.026)	0.293** (0.117)	0.121* (0.063)
Trade	0.078*** (0.015)	-0.045*** (0.017)	-0.088 (0.081)	-0.031*** (0.010)	0.010 (0.011)	-0.023 (0.021)
Fdi	0.914* (0.548)	-0.257 (0.346)	0.861 (1.048)	0.875*** (0.198)	-0.701 (0.642)	0.551** (0.258)
Pop	0.081*** (0.009)	-0.007 (0.007)	0.214*** (0.048)	0.017*** (0.005)	0.035* (0.019)	-0.095*** (0.010)
Gov	-0.332*** (0.116)	0.037 (0.040)	-0.135 (0.215)	0.004 (0.050)	-0.163* (0.099)	-0.342*** (0.096)
Hum	0.024*** (0.005)	0.010*** (0.003)	-0.048*** (0.014)	-0.001 (0.002)	0.009 (0.007)	-0.003 (0.004)
L. Quality	0.181*** (0.050)					
L. Effi		1.013*** (0.032)				
L. Stab			0.017 (0.035)			
L. Stru				0.676*** (0.046)		
L. Welf					0.670*** (0.046)	
L. Green						0.635*** (0.033)

续表

变量	*Quality*	*Effi*	*Stab*	*Stru*	*Welf*	*Green*
	(1)	(2)	(3)	(4)	(5)	(6)
Constant	0. 778 *** (0. 110)	−0. 192 *** (0. 047)	1. 420 *** (0. 128)	0. 235 *** (0. 053)	0. 179 * (0. 092)	0. 660 *** (0. 099)
AR (1)	0. 000	0. 001	0. 000	0. 004	0. 000	0. 001
AR (2)	0. 607	0. 245	0. 262	0. 709	0. 544	0. 863
Sargan	1. 000	1. 000	0. 999	1. 000	1. 000	1. 000
样本数	450	450	450	450	450	450

2. 服务业集聚与中国经济增长质量

表4－16报告了服务业集聚对中国经济增长质量的影响及影响渠道检验结果。结果显示，服务业集聚的系数显著为正，说明服务业集聚程度的提高能够显著改善中国的经济增长质量，同样与国际经验一致。进一步观察影响渠道检验结果，经济增长效率和社会福利两个渠道的系数显著为正；经济增长稳定性和绿色发展两个渠道的系数不显著；经济结构优化渠道的系数显著为负。这表明服务业集聚对中国经济增长质量的促进作用主要源于其对经济增长效率和社会福利两个方面的改善。

表4－16　　服务业集聚对中国经济增长质量的影响

变量	*Quality*	*Effi*	*Stab*	*Stru*	*Welf*	*Green*
	(1)	(2)	(3)	(4)	(5)	(6)
Saggl	0. 191 *** (0. 043)	0. 169 *** (0. 027)	0. 021 (0. 181)	−0. 067 *** (0. 025)	0. 118 ** (0. 059)	−0. 021 (0. 035)
Urban	0. 127 (0. 096)	0. 049 (0. 047)	0. 279 (0. 413)	0. 379 *** (0. 040)	0. 306 *** (0. 080)	−0. 010 (0. 089)
Trade	0. 073 ** (0. 037)	−0. 065 *** (0. 014)	−0. 092 (0. 070)	0. 004 (0. 011)	−0. 025 * (0. 014)	−0. 024 * (0. 014)
Fdi	0. 760 (0. 791)	−0. 280 (0. 265)	1. 548 (2. 267)	0. 973 ** (0. 395)	−0. 150 (0. 388)	0. 670 (0. 495)
Pop	0. 106 *** (0. 010)	0. 0113 (0. 008)	0. 232 *** (0. 039)	0. 026 *** (0. 007)	0. 068 *** (0. 013)	−0. 104 *** (0. 012)
Gov	−0. 349 *** (0. 109)	0. 090 (0. 075)	−0. 038 (0. 301)	−0. 059 (0. 060)	−0. 032 (0. 131)	−0. 208 ** (0. 093)

续表

变量	*Quality*	*Effi*	*Stab*	*Stru*	*Welf*	*Green*
	(1)	(2)	(3)	(4)	(5)	(6)
Hum	0.040 *** (0.006)	0.011 *** (0.003)	-0.022 (0.016)	-0.009 *** (0.002)	0.005 (0.008)	0.002 (0.007)
L. Quality	0.162 *** (0.060)					
L. Effi		0.990 *** (0.017)				
L. Stab			-0.007 (0.061)			
L. Stru				0.664 *** (0.056)		
L. Welf					0.707 *** (0.059)	
L. Green						0.701 *** (0.059)
Constant	0.588 *** (0.104)	-0.268 *** (0.045)	1.442 *** (0.372)	0.408 *** (0.095)	0.0645 (0.155)	0.605 *** (0.141)
AR（1）	0.000	0.001	0.000	0.003	0.000	0.001
AR（2）	0.756	0.590	0.193	0.652	0.832	0.962
Sargan	1.000	1.000	1.000	1.000	0.999	1.000
样本数	450	450	450	450	450	450

4.5.3　制造业和服务业集聚影响中国经济增长质量的稳健性检验

为保证研究结果的可靠性，采用核心解释变量滞后一期、改变经济增长质量指数测算方法和对原始样本数据进行双侧缩尾处理三种方法进行稳健性检验。从表 4 - 17 的稳健性检验结果中可以看出，无论采取哪种方法，制造业集聚和服务业集聚的系数符号和显著性均保持不变，进一步证明了制造业集聚和服务业集聚程度的提高能够有效改善中国的经济增长质量。这充分说明了本书研究结论具有较强的稳健性。

表 4－17　制造业和服务业集聚影响中国经济增长质量的稳健性检验

变量	核心解释变量滞后一期	核心解释变量滞后一期	主成分分析法	主成分分析法	双侧缩尾处理	双侧缩尾处理
	(1)	(2)	(3)	(4)	(5)	(6)
Maggl	0.194 *** (0.068)		0.501 ** (0.222)		0.118 *** (0.042)	
Saggl		0.196 *** (0.057)		1.802 *** (0.510)		0.202 *** (0.071)
Urban	0.343 *** (0.101)	0.084 (0.110)	1.841 *** (0.485)	1.663 ** (0.792)	0.177 ** (0.077)	0.253 * (0.151)
Trade	0.079 *** (0.015)	0.080 ** (0.035)	1.189 *** (0.138)	1.055 *** (0.166)	0.075 * (0.040)	0.085 ** (0.038)
Fdi	1.136 ** (0.540)	0.678 (0.786)	6.145 *** (1.098)	5.486 (3.767)	0.751 (0.734)	0.987 (0.809)
Pop	0.079 *** (0.009)	0.108 *** (0.012)	0.221 (0.139)	0.508 *** (0.130)	0.090 *** (0.012)	0.116 *** (0.015)
Gov	－0.306 *** (0.096)	－0.252 * (0.131)	－1.582 ** (0.682)	－2.050 * (1.048)	－0.353 *** (0.127)	－0.328 *** (0.103)
Hum	0.017 *** (0.006)	0.036 *** (0.005)	0.078 * (0.046)	0.181 *** (0.057)	0.021 *** (0.004)	0.030 *** (0.007)
L. Quality	0.162 *** (0.054)	0.136 ** (0.062)	0.459 *** (0.027)	0.341 *** (0.047)	0.172 *** (0.035)	0.187 *** (0.047)
Constant	0.695 *** (0.138)	0.658 *** (0.139)	－2.394 *** (0.234)	－4.592 *** (0.561)	0.807 *** (0.085)	0.542 *** (0.133)
AR（1）	0.000	0.000	0.000	0.000	0.000	0.000
AR（2）	0.741	1.000	0.228	0.747	0.434	0.403
Sargan	1.000	1.000	1.000	1.000	1.000	1.000
样本数	450	450	450	450	450	450

4.5.4　制造业和服务业集聚在不同时间段对中国经济增长质量的影响

在不同的发展阶段，产业集聚所带来的经济效益和社会效益会有所不同，产业集聚对经济增长质量的影响可能存在时间上的异质性。因此，我们将中国省级面板数据按不同的时间段进行分类，以验证这种异质性是否存在。考虑到2008 年金融危机给世界经济造成了广泛而深远的影响，中国经济也因国际外部环境的恶化而遭受严峻挑战，出口和利用外资增速明显下降，再加上国内结构性矛盾的日益凸显，经济渐渐进入新常态，迫使我国加快了转变经济增长模式的步伐。因此，我们以 2008 金融危机年这个重要时间点为界，将总样本分为金融危机年以前和金融危机年以后两个子样本分别进行回归。考虑到金融危机存在滞后效应，2008 年金融危机的负面影响可能要到 2009 年才能显现，因此我们以 2009 年作为分界点。

从表 4－18 可以看出，在 2009 年以前，制造业集聚和服务业集聚的系数均显著为正；到了 2009 年以后，服务业集聚的系数依然显著为正，而制造业集聚的系数却不再显著。这说明，制造业集聚对中国经济增长质量的影响存在时间异质性，即在金融危机以前，制造业集聚能够显著改善中国的经济增长质量；但到了金融危机以后，这种影响效果变得不再显著。这是因为：首先，2008 年的金融危机使世界经济遭受重创，外部需求的疲软对我国的出口造成了较大影响，我国的制造业特别是面向出口的加工制造业受到严重冲击。其次，随着人口红利的逐渐消失和劳动力成本的不断攀升，我国制造业的比较优势遭受巨大挑战，企业净利润增长放缓，制造业投资和利用外资不断承压，这在一定程度上抑制了制造业集聚效应的进一步发挥。最后，我国制造业结构性矛盾日益突出，供给侧与需求侧不匹配，中低端制造业严重过剩，而高端制造业明显不足，这成为制约中国经济可持续发展的一大包袱，也就减弱了制造业集聚的经济增长质量提升效应。

表 4－18　制造业和服务业集聚在不同时间段对中国经济增长质量的影响

变量	Year < 2009	Year≥2009	Year < 2009	Year≥2009
	(1)	(2)	(3)	(4)
Maggl	0.222*** (0.043)	−0.064 (0.051)		
Saggl			0.156*** (0.046)	0.220*** (0.023)

续表

变量	Year < 2009	Year≥2009	Year < 2009	Year≥2009
	(1)	(2)	(3)	(4)
Urban	0.345*** (0.089)	0.154 (0.153)	-0.099 (0.080)	0.245*** (0.087)
Trade	-0.046 (0.052)	0.255*** (0.042)	0.084** (0.035)	0.098*** (0.021)
Fdi	0.935* (0.505)	0.757 (0.519)	1.133** (0.485)	0.706 (0.734)
Pop	0.044 (0.027)	0.113*** (0.018)	-0.044 (0.039)	0.144*** (0.016)
Gov	-0.109 (0.131)	-0.235*** (0.073)	-0.262*** (0.099)	-0.206** (0.100)
Hum	0.029*** (0.008)	0.032*** (0.013)	0.015* (0.008)	0.026*** (0.008)
L. Quality	0.317*** (0.045)	0.025* (0.013)	0.408*** (0.057)	0.180*** (0.033)
Constant	0.384*** (0.140)	1.014*** (0.053)	0.639*** (0.117)	0.537*** (0.064)
AR (1)	0.000	0.000	0.000	0.000
AR (2)	0.967	0.970	0.858	0.424
Sargan	0.937	0.498	0.802	0.445
样本数	240	210	240	210

4.6 进一步拓展分析：制造业与服务业协同集聚对经济增长质量的影响

近年来，世界经济形态呈现出由“工业经济”向“服务经济”转化的趋势，制造业与服务业逐渐深度融合，两者之间的界限也越来越模糊（Eberts & Randall，1998；Goe，2002），制造业与服务业之间的互动关系及其协同集聚效应日益受到学界的关注。服务业与制造业不仅是“供应商—需求者”的关系（Andersson，2006），同时也是相互作用、相互依赖和协同发展的关系（Kelle，2012）。服务业为制造业的生产和产品销售提供服务支撑，而制造业的不断发展也会通过增加服务需求而推动服务业规模的逐渐壮大。制造业与服务业在空间范围内的互动融合，将带动两者的协同集聚，进而发挥产业协同效应，以促进地区经济社会协调发展。因此，接下来进一步从产业协同视角来考察制造业与服务业协同集聚对经济增长质量的影响，从而构建如下形式的动态回归模型：

$$Quality_{it} = \beta_0 + \gamma_1 Quality_{i,t-1} + \beta_1 Coaggl_{it} + \lambda_1 Control_{it} + \varepsilon_{it} \quad (4-15)$$

其中，*Coaggl* 表示制造业与服务业协同集聚程度。借鉴有关学者（Ellison et al.，2010；陈建军等，2016；张虎，2017）的测算方法，构建衡量制造业与服务业协同集聚程度的指标，具体公式如下：

$$Coaggl_{it} = \left(1 - \frac{\left|Maggl_{it} - Saggl_{it}\right|}{Maggl_{it} + Saggl_{it}}\right) + \left|Maggl_{it} + Saggl_{it}\right| \quad (4-16)$$

其中，*Maggl* 表示制造业集聚程度；*Saggl* 表示服务业集聚程度。

在表 4-19 中，第（1）列、（2）列报告了基于熵值法测算经济增长质量指数的回归结果。结果显示，无论是对于国际经验还是中国经验，制造业与服务业协同集聚的系数均显著为正，说明制造业与服务业协同集聚程度的提高能够显著改善经济增长质量。为了考察研究结果的稳健性，通过改变经济增长质量指数的测算方法和对原始样本数据进行双侧缩尾处理两种方法来进行稳健性检验，检验结果如表 4-19 第(3)~(6)列所示。很显然，第(3)~(6)列中 *Coaggl* 的系数符号与显著性均保持不变，这完全支持了本章的该项研究结论。

表 4-19　制造业与服务业协同集聚对经济增长质量的影响

变量	熵值法	熵值法	主成分分析法	主成分分析法	双侧缩尾处理	双侧缩尾处理
	国际经验	中国经验	国际经验	中国经验	国际经验	中国经验
	(1)	(2)	(3)	(4)	(5)	(6)
Coaggl	0.034***	0.079**	0.477***	0.858***	0.037***	0.092***
	(0.003)	(0.034)	(0.023)	(0.161)	(0.002)	(0.035)
Urban	0.194***	-0.013	5.560***	1.575**	0.157***	0.148
	(0.011)	(0.134)	(0.197)	(0.625)	(0.006)	(0.114)

续表

变量	熵值法	熵值法	主成分分析法	主成分分析法	双侧缩尾处理	双侧缩尾处理
	国际经验	中国经验	国际经验	中国经验	国际经验	中国经验
	(1)	(2)	(3)	(4)	(5)	(6)
Trade	-0.017*** (0.002)	0.116*** (0.015)	1.39e-04 (0.028)	0.988*** (0.146)	-0.022*** (0.002)	0.051 (0.045)
Fdi	-0.013*** (0.001)	0.916 (0.575)	-0.035*** (0.002)	3.718 (4.725)	0.009* (0.005)	0.668 (0.734)
Pop	-0.033*** (0.012)	0.068*** (0.015)	4.252*** (0.143)	0.373*** (0.103)	-0.050*** (0.011)	0.100*** (0.014)
Gov	0.022*** (0.006)	-0.161 (0.124)	-0.857*** (0.090)	-0.369 (0.651)	0.032*** (0.010)	-0.456*** (0.144)
Hum	0.014*** (0.004)	0.041*** (0.007)	1.415*** (0.048)	0.176*** (0.058)	0.006* (0.003)	0.028*** (0.007)
L. Quality	0.668*** (0.007)	0.273*** (0.072)	0.364*** (0.004)	0.441*** (0.032)	0.680*** (0.008)	0.136*** (0.048)
L2. Quality	0.120*** (0.007)				0.156*** (0.010)	
Constant	0.085*** (0.019)	0.437*** (0.131)	-11.010*** (0.175)	-5.207*** (0.556)	0.060*** (0.011)	0.767*** (0.086)
AR (1)	0.000	0.000	0.000	0.000	0.000	0.000
AR (2)	0.321	0.451	0.990	0.267	0.423	0.728
Sargan	0.847	1.000	0.391	1.000	0.293	1.000
样本数	906	450	967	450	906	450

4.7 本章小结

本章根据经济增长质量的内涵构建了经济增长质量指标体系，以此测算了各国和中国各省份的经济增长质量指数，并利用2000~2014年的国际面板数据和2000~2015年的中国省级面板数据实证考察了制造业和服务业集聚对经济增长质量的影响，得到以下几个主要结论：

国际经验：制造业集聚和服务业集聚水平的提高能够改善一国的经济增长质量；制造业集聚对一国经济增长质量的提升作用主要来源于其对经济增长稳定性、经济结构优化和绿色发展三个方面的改善，服务业集聚对一国经济增长质量的提升作用主要来源于其对经济增长效率、社会福利和绿色发展三个方面的改善；服务业集聚对经济增长质量的影响在不同类型国家之间存在异质性，即服务业集聚程度的增加能够改善非 OECD 国家的经济增长质量，但对 OECD 国家的经济增长质量影响不显著。FDI 的增加能够促进制造业集聚对一国经济增长质量的提升作用，但会抑制服务业集聚对一国经济增长质量的提升作用，而人力资本水平的提高有助于推动制造业集聚和服务业集聚对经济增长质量的改善作用。中国经验：制造业集聚和服务业集聚水平的提高能够改善中国的经济增长质量；制造业集聚对中国经济增长质量的提升作用主要来源于其对经济增长效率、经济增长稳定性和经济结构优化三个方面的改善，服务业集聚对中国经济增长质量的提升作用主要来源于其对经济增长效率和社会福利两个方面的改善；制造业集聚对中国经济增长质量的影响存在时间异质性，即在金融危机以前制造业集聚能够显著改善中国的经济增长质量，在金融危机以后则影响不显著。此外，无论对于国际经验还是中国经验，制造业与服务业协同集聚对经济增长质量均具有促进作用。

本章基于国际经验和国内经验考察了产业集聚的多重集聚效应和综合集聚效应，验证了制造业集聚和服务业集聚对一国或地区经济增长质量的改善作用，这对于我国转变经济增长方式、推动经济高质量发展具有重要的政策启示。首先，政府部门应鼓励和引导制造业和服务业在特定地区范围内的集聚，加强产业集聚区的基础设施建设，提高地区产业承载能力；更加注重产业集聚区的软环境建设，把“简政放权、放管结合、优化服务”真正落到实处，不断强化集聚区的吸引力和竞争力。同时，还要加大教育和职业培训投入力度，充分挖掘人力资本潜能，为产业集聚驱动高质量发展提供相匹配的人力资本数量、质量和结构。其次，产业集聚对经济增长质量具有正负两方面影响，应因地制宜地推动产业集聚发展。一方面，加快地区产业结构转型升级，培育新兴产业集群，鼓励新技术的突破与应用和新产业、新商业模式的产生与成长，为地区经济高质量发展提供新动能；另一方面，建立和完善区域协调发展机制，促进东部与中西部地区之间的产业梯度转移，通过区域间的市场资源置换、要素流动与优势互补，优化地区产业集聚程度和资源配置效率，形成健康、稳定和可持续发展的良好局面。再次，在加强产业集聚带动地区经济发展和福利水平的同时，要注重对社会财富的合理分配，保障社会公平与稳定。一是要调整社会财富分配体系，切实增加普通劳动者的收入份额；二是要建立补偿与协调机制，通过财政支出政策和税收政策来调节社会财富分配；三是要提升资源分配效率，促进基本公共服务均等化。最后，将产业集聚与环境管制相结合，以高质量的产业集群推动绿色发展。严格控制区域内的企业数量和质量，限制高能耗、高污染、低附加值企业的进一步扩张，引导低能耗、低污染、高科技含量和高附加值企业在地区内的集聚。充分发挥产业集聚的创新效应，推动清洁技术的发展和能源结构的改善，创建绿色低碳循环发展的经济体系。逐步优化利用外资的产业结构，重点引进具有技术优势和环保优势的外资企业，从而实现经济效益与环境效益的统一。

第 5 章　制造业和服务业集聚对经济增长质量的影响

——基于中国 285 个城市的实证分析

5.1 引　　言

第 4 章基于 82 个国家和中国省级层面的数据考察了制造业和服务业集聚对经济增长质量的影响，发现无论是制造业集聚还是服务业集聚都可以明显改善经济增长质量。考虑到制造业和服务业都需要依托城市服务功能来实现集聚，即城市是制造业和服务业集聚的最主要载体，那么，利用国家层面和省级层面的数据考察产业集聚的经济增长质量效应所得出的结果可能不够可靠。因此，为了更加全面、更加准确地认识制造业和服务业集聚对经济增长质量的影响，我们有必要将研究样本细分至城市层面。本章基于中国 285 个城市的面板数据来进一步检验制造业和服务业集聚对城市经济增长质量的影响。

随着我国城市化进程的逐步推进，城市功能分区越来越细，地区内的专业化和规模化发展趋势愈发明显，进一步增强了产业集聚效应，这对城市经济增长质量造成了广泛而深远的影响。产业在空间范围内的集中能够吸引人才、资本、技术等要素的流入，促进企业的生产分工与协作，加速知识溢出和提高创新活力，这种空间上的集聚效应将明显提升城市经济增长质量。与此同时，产业集聚程度的提高也会产生拥挤效应，加剧交通拥堵、公共资源短缺和环境恶化等问题，从而对城市经济增长质量产生负面影响。那么，总体而言，产业集聚对城市经济增长质量的影响到底是促进还是抑制？不同类型城市之间是否存在差异性？本地区产业集聚对其他城市的经济增长质量存在怎样的空间溢出效应？研究这些问题有助于我们更好地认识产业集聚与城市经济增长质量的关系，这对于我国实现经济高质量发展目标具有重要的现实意义。

近年来，有关城市经济增长质量方面的研究已取得一定进展，各学者从多种角度探讨了城市经济增长质量的影响因素。例如，文丰安（2018）研究了生产性服务业集聚与城市经济增长质量的关系，发现生产性服务业集聚会恶化一个城市的经济增长质量，但人力资本、经济发展水平和政府干预可以起到一定缓解作用。同时，不同的区域、城市规模和行业特征会影响生产性服务业集聚对城市经济增长质量的作用。曾艺等（2019）也考察了生产性服务业集聚对城市经济增长质量的作用，得出了不同的结论：生产性服务业集聚能够改善本城市的经济增长质量，但是对邻近城市的经济增长质量会产生负向空间溢出效应，同时这种影响效应在不同的细分行业和不同的规模等级城市存在明显的差异性。郭文伟和李嘉琪（2019）基于我国13个经济圈的城市面板数据，探讨了房价泡沫如何对城市经济增长质量产生影响。结果显示，从总体上来看，房价泡沫不利于城市经济增长质量的提升，但在不同的地区之间存在一些差异性。黄文和张羽瑶（2019）基于2007~2016年长江经济带111个城市的面板数据，运用DID模型考察了区域一体化战略对城市经济增长质量的影响。结果显示，区域一体化战略的实施有助于改善城市经济增长质量，但在不同的区域存在一定异质性。进一步地，经过门槛效应检验，当生产性服务业集聚程度较高或较低时，一体化战略均有助于提升城市经济增长质量水平，但在中等生产性服务业集聚度地区则存在抑制作用。高春亮和李善同（2019）基于2003~2016年城市面板数据，检验了财政分权、人力资本积累与经济增长质量的关系，发现提高财政分权程度有助于改善城市经济增长质量，而且在人力资本积累水平高的地区，这种影响效应会更加明显。

综合上述介绍，现有文献的研究视角还有待拓展，缺乏制造业集聚以及制造业与服务业协同集聚对城市经济增长质量的影响研究；整体研究层次也较单薄，需要进一步丰富和深入。基于此，本章试图在以下几个方面作出贡献：（1）从制造业和服务业角度考察产业集聚与城市经济增长质量之间的关系；（2）将285个城市按地理位置和规模大小分类，研究产业集聚对不同区位和不同规模等级城市经济增长质量的差异化影响；（3）构建面板门槛回归模型，检验并探讨产业集聚对城市经济增长质量影响的门槛效应；（4）进一步检验制造业与生产性服务业协同集聚对城市经济增长质量的作用；（5）基于地理距离和经济距离两个视角考察产业集聚对城市经济增长质量的空间溢出效应。

5.2　模型、变量与数据

5.2.1　模型设定

为考察产业集聚对城市经济增长质量的影响，本章构建如下固定效应模型：

$$Quality_{it} = \beta_0 + \beta_1 Maggl_{it} + \lambda Control_{it} + \mu_i + \eta_t + \varepsilon_{it} \quad (5-1)$$

$$Quality_{it} = \beta_0 + \beta_1 Saggl_{it} + \lambda Control_{it} + \mu_i + \eta_t + \varepsilon_{it} \quad (5-2)$$

其中，$Quality_{it}$代表城市经济增长质量水平；$Maggl_{it}$代表制造业集聚水平；$Saggl_{it}$代表服务业集聚水平；$Control_{it}$表示一系列的控制变量，主要包括经济发展水平（$\ln PGDP_{it}$）、固定资产投资水平（Inv_{it}）、政府干预程度（Gov_{it}）、人力资本水平（$\ln Human_{it}$）、信息化水平（$\ln Inform_{it}$）和基础设施水平（$\ln Infras_{it}$）；μ_i和η_t分别表示个体固定效应和时间固定效应；ε_{it}为随机扰动项。

5.2.2　变量选择

1. 被解释变量

经济增长质量（quality）：经济增长质量是在经济数量增长基础上数量与质量的协调统一，不仅关注短期经济效果，更加强调中长期的可持续发展前景，综合表现为经济效率的提升、创新能力的进步、经济结构的优化、经济稳定性的提高、社会福利分配的改善和生态环境代价的降低（任保平，2013）。本章根据经济增长质量的内涵，并参考钞小静和惠康（2009）、随洪光等（2017）、何兴邦（2018）、郭卫军和黄繁华（2019）等学者的研究，从经济增长效率、经济增长稳定性、经济结构优化、社会福利和绿色发展五个维度来构建市级层面的经济增长质量指标体系。具体指标构成如表 5 – 1 所示。

表 5-1　市级层面经济增长质量指标体系的构建

一级指标	二级指标	基础指标	单位	指标属性
经济增长质量综合指数	经济增长效率	资本生产率	%	正向指标
		劳动生产率	元/人	正向指标
		全要素生产率	%	正向指标
	经济增长稳定性	经济增长波动率	%	逆向指标
		消费者物价指数	%	逆向指标
		城镇登记失业率	%	逆向指标
	经济结构优化	第二产业占 GDP 比重	%	正向指标
		第三产业占 GDP 比重	%	正向指标
		高端服务业占服务业比重	%	正向指标
		非国有经济比重	%	正向指标
	社会福利	职工平均工资	元	正向指标
		人均教育支出	万元/人	正向指标
		每千人口病床位数	张/千人	正向指标
		每万人拥有公共交通车辆	辆/万人	正向指标
		人均绿地面积	m^2	正向指标
	绿色发展	单位 GDP 电耗	千瓦小时/万元	逆向指标
		单位 GDP 工业废水排放量	吨/万元	逆向指标
		单位 GDP 工业二氧化硫排放量	吨/万元	逆向指标
		单位 GDP 工业烟尘排放量	吨/万元	逆向指标

本章采用熵值法测算经济增长质量指数，首先将基础指标生成经济增长效率、经济增长稳定性、经济结构优化、社会福利和绿色发展五个维度的经济增长质量指数，然后基于这五个维度的指数生成经济增长质量综合指数。

根据熵值法可以测算出 2003～2016 年各城市的经济增长质量指数，从而能够对不同地区、不同规模等级城市的平均经济增长质量水平进行比较分析。图 5-1 为各地区城市经济增长质量指数变动趋势，可以看出，我国各地区城市的经济增长质量水平存在较大差异。具体而言，东部地区城市明显高于中部和西部地区，中部地区稍高于西部地区，而且中西部地区城市的经济增长质量变动趋势较为相似。图 5-2 为各规模等级城市经济增长质量指数变动趋势，同样表现出较明显的差异。总体来看，大城市的经济增长质量水平最高，中等城市次之，小城市最低。这充分表明，经济发展程度与经济增长质量水平成正比，即经济较发达的地区，经济增长质量水平也较高。

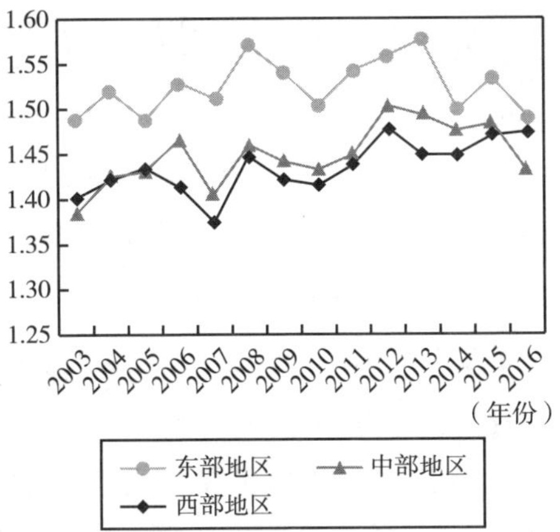

图 5－1　2003～2016 年各地区城市经济增长质量指数变动趋势

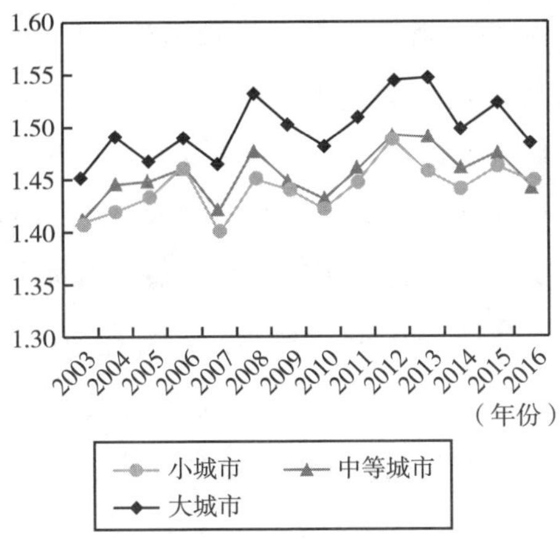

图 5－2　2003～2016 年各规模等级城市经济增长质量指数变动趋势

2. 核心解释变量

产业集聚水平（*Aggl*）：参考有关学者（Keeble & Bryson，1991；Donoghue & Gleave，2004；程大中和陈福炯，2005；孙浦阳等，2012）的研究，采用区位熵法来测算产业集聚水平，公式如下：

$$Aggl_{ij} = \frac{E_{ij} / \sum_i E_{ij}}{\sum_j E_{ij} / \sum_i \sum_j E_{ij}} \tag{5-3}$$

其中，E_{ij}表示 i 城市 j 产业就业人数；$\sum_i E_{ij}$ 表示 i 城市所有产业就业人数；

$\sum_j E_{ij}$ 表示全部城市 j 产业就业人数；$\sum_i \sum_j E_{ij}$ 表示全部城市所有产业就业人数。

根据（5-3）式，可以测算出2003~2016年各城市的制造业集聚指数，并对不同地区、不同规模等级城市的平均制造业集聚程度进行比较分析。图5-3为各地区城市制造业集聚指数变动趋势，显而易见，各地区城市的制造业集聚指数变化在大部分年份都比较平稳，到2014年之后呈现出了较为明显的上升趋势。具体来看，东部地区城市的制造业集聚指数在1.00~1.40，明显高于中西部地区的城市，这比较符合东部地区作为我国最重要的制造业基地的事实。中部地区城市的制造业集聚指数在0.70~1.00，总体上稍高于西部地区城市，不过在2010年之后，这种差距在逐渐扩大，同时中部与东部地区的差距在缩小。西部地区城市的制造业集聚指数最低，整体位于0.60~0.80，并且在近年来与东部和中部地区的差距有所扩大。图5-4为各规模等级城市制造业集聚指数变动趋势，可以看出，小城市的制造业集聚指数最低，但总体变化趋势较为平稳，整体在0.70~0.80之间徘徊。中等城市的制造业集聚指数位于大城市和小城市之间，并且呈现出先下降后上升的变化趋势。大城市的制造业集聚指数最高，总体位于0.95~1.20，而且在2014年之前的变化比较平稳，2014年之后呈现出明显上升趋势。这表明，我国的制造业主要集中在大城市，中小城市的制造业发展缓慢，制造业集聚程度一直都处于较低水平。

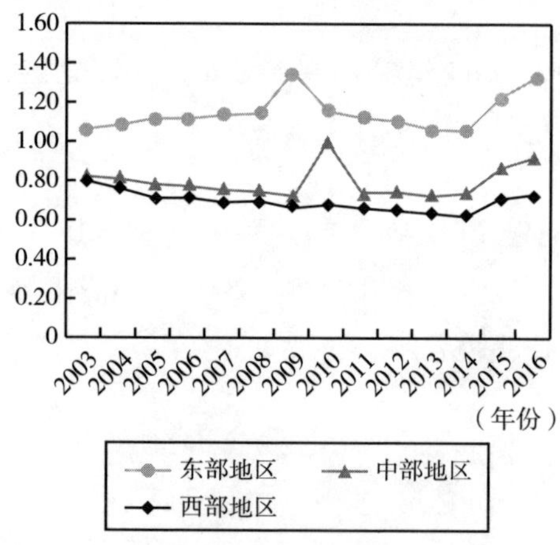

图5-3　2003~2016年各地区城市制造业集聚指数变动趋势

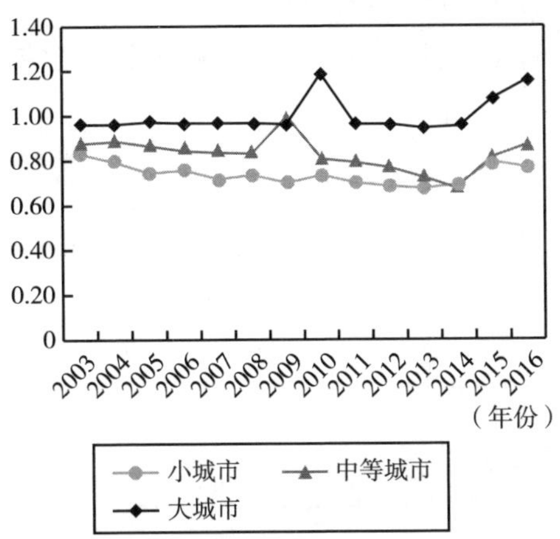

图 5－4　2003～2016 年各规模等级城市制造业集聚指数变动趋势

根据（5－3）式，同样可以测算出 2003～2016 年各城市的服务业集聚指数，并对不同地区、不同规模等级城市的平均服务业集聚程度进行比较分析。图 5－5 为各地区城市服务业集聚指数变动趋势，从中发现，东中西部城市的服务业集聚指数变动趋势较为相似，均表现出先平稳后上升的趋势。其中，西部地区城市的服务业集聚指数最高，中部地区居中，东部地区最低，这说明我国西部地区的服务业集聚程度最高，东部地区的服务业集聚程度最低。但是这并不意味着西部地区的发展水平高于东部地区，因为东部地区城市的产业结构比较丰富，并且产业发展层次较高，是我国最重要的先进制造业基

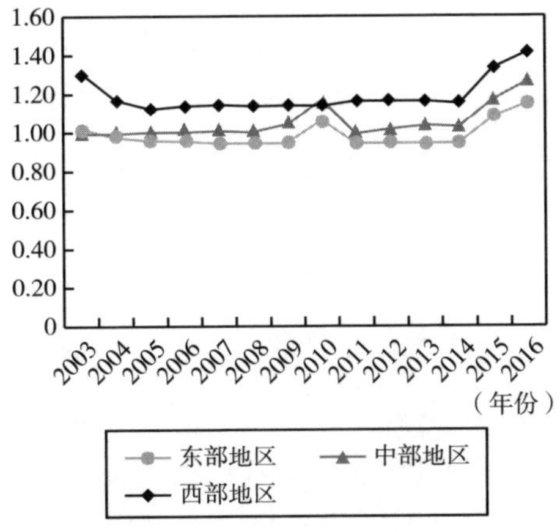

图 5－5　2003～2016 年各地区城市服务业集聚指数变动趋势

地和现代服务业基地，而西部地区城市的产业结构相对单一，大多以中低端服务业为主。图5－6为各地区城市服务业集聚指数变动趋势，具体而言，大中小城市的服务业集聚指数在2014年之前的波动都很小；在2014年之后又均呈现出明显上升趋势。其中，小城市的服务业集聚程度最高，其次为中等城市，大城市最低。当然，这也并不意味着小城市的发展水平高于大城市，理由同上。

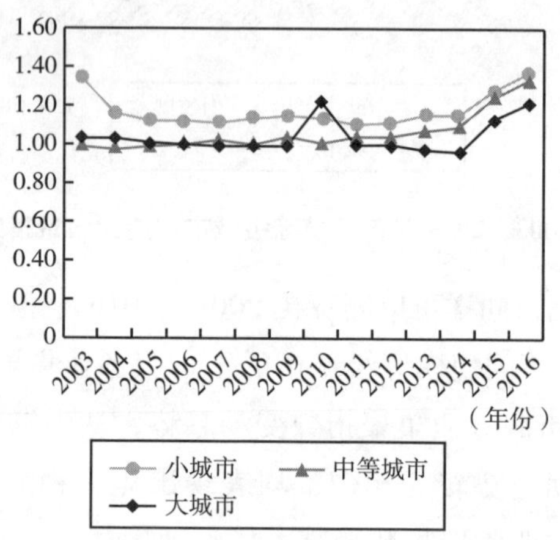

图5－6　2003～2016年各规模等级城市服务业集聚指数变动趋势

3. 控制变量

经济发展水平（ln*PGDP*）：用各城市人均地区生产总值的对数来表示，用以控制地区经济发展水平对经济增长质量的影响。固定资产投资水平（*Inv*）：用各市固定资产投资总额占GDP的比重来衡量，用以控制固定资产投资对经济增长质量的作用。政府干预程度（*Gov*）：用各市的政府支出总额与GDP的比值来表示，用以控制政府支出规模对经济增长质量的作用。人力资本水平（ln*Human*）：用各市每万人在校大学生人数的对数来作为代理变量，用以控制人力资源素质对经济增长质量的影响。信息化水平（ln*Inform*）：用人均邮电量的对数来作为代理变量，用以控制地区信息化程度对经济增长质量的影响。基础设施水平（ln*Infras*）：用人均道路面积的对数来衡量，用以控制交通基础设施水平对经济增长质量的影响。本章的主要变量描述与说明如表5－2所示。

表 5 - 2　　变量描述与说明

变量类型	变量名称	变量符号	变量说明
被解释变量	经济增长质量	*Quality*	经济增长质量指数
	经济增长效率	*Effi*	经济增长效率指数
	经济增长稳定性	*Stab*	经济增长稳定性指数
	经济结构优化	*Stru*	经济结构优化指数
	社会福利	*Welf*	社会福利指数
	绿色发展	*Green*	绿色发展指数
核心解释变量	制造业集聚	*Maggl*	制造业集聚度
	服务业集聚	*Saggl*	服务业集聚度
	制造业与服务业协同集聚	*Coaggl*	制造业与服务业协同集聚度
	制造业与生产性服务业协同集聚	*Coaggl_1*	制造业与生产性服务业协同集聚度
	制造业与生活性服务业协同集聚	*Coaggl_2*	制造业与生活性服务业协同集聚度
	制造业与公共性服务业协同集聚	*Coaggl_3*	制造业与公共性服务业协同集聚度
控制变量	经济发展水平	ln*PGDP*	人均地区生产总值对数
	固定资产投资水平	*Inv*	固定资产投资总额/地区生产总值
	政府干预程度	*Gov*	财政支出总额/地区生产总值
	人力资本水平	ln*Human*	每万人在校大学生人数对数
	信息化水平	ln*Inform*	人均邮电量对数
	基础设施水平	ln*Infras*	人均道路面积对数

5.2.3　数据说明

本章的所有原始数据均来源于《中国统计年鉴》《中国城市统计年鉴》和各省份统计年鉴。一些数据处理说明如下：（1）本章样本数据的时间跨度为 2003 ~ 2016 年，主要原因在于个别指标的分类和统计口径在 2003 年前后发生了变动，而 2016 年之后的某些指标数据出现严重缺失。（2）本章的原始数据主要采用市辖区层面的数据。其中，鉴于个别市辖区数据指标的缺失，我们用省级层面的消费者物价指数代替市辖区层面的消费者物价指数，用全市层面的绿色发展指数代替市辖区层面的绿色发展指数。（3）为了提高数据质量和实证结果的稳健性，剔除各变量数据缺失较为严重的样本，从而得到 285 个地级及以上城市的样本数据，并以此为基础对部分缺失值进行合理填充。表 5 - 3 为变量的描述性统计信息。

表 5-3　　变量的描述性统计

变量	观测值	均值	标准差	最小值	最大值
Quality	3990	1.472	0.0983	1.158	1.882
Effi	3990	1.274	0.129	1	1.987
Stab	3990	1.675	0.166	1.088	1.998
Stru	3990	1.493	0.0776	1.177	1.735
Welf	3990	1.233	0.107	1.006	1.940
Green	3990	1.891	0.0953	1	1.999
Maggl	3990	0.891	0.727	0.0137	26.24
Saggl	3990	1.068	0.523	0.281	17.88
Coaggl	3990	2.651	0.980	0.729	44.93
Coaggl_1	3990	2.577	1.051	0.630	44.66
Coaggl_2	3990	2.360	1.225	0.518	55.45
Coaggl_3	3990	2.944	0.889	0.897	40.61
ln*PGDP*	3990	10.39	0.782	7.521	13.06
Inv	3990	0.659	0.303	0.0238	5.595
Gov	3990	0.147	0.0939	0.015	2.702
ln*Human*	3990	5.560	1.127	0	9.260
ln*Inform*	3990	6.365	0.859	3.426	10.35
ln*Infras*	3990	2.145	0.641	-3.912	4.686

5.3　实证检验与分析

5.3.1　制造业和服务业集聚影响城市经济增长质量的基本回归

表 5-4 报告了本章的基本回归结果。可以看出，第（1）列中制造业集聚（*Maggl*）的估计系数为正，但并没有通过显著性检验，这表明制造业集聚对经济增长质量的影响不明显。可能的原因：一是我国制造业总体呈现出大而不强的特点，长期处于全球价值链中低端，转型升级步伐又较为缓慢，这导致制造业集聚对经济增长质量的提升作用在递减；二是各地区、各类型城市的制造业发展水平差异较大，制造业集聚对地区经济增长质量所产生的影响会因边

际作用的大小而不同，这种异质性可能使得制造业集聚对经济增长质量的影响变得不显著。第（2）列中服务业集聚（*Saggl*）的估计系数为 0.014，且在 1% 的显著性水平下显著。这说明服务业集聚有利于改善城市经济增长质量，即服务业集聚程度增加 1 个单位，将有助于城市经济增长质量提升 0.014 个单位。此外，进一步将服务业细分为生产性服务业（*Saggl_1*）、生活性服务业（*Saggl_2*）和公共性服务业（*Saggl_3*）①，以考察服务业细分行业集聚对经济增长质量的影响。第(3) ~ (5)列的结果显示，三个服务业细分行业集聚的系数均显著为正，这进一步证实了服务业集聚水平的提升对经济增长质量具有明显改善作用。对于其他控制变量，经济发展水平和基础设施水平对经济增长质量具有显著促进作用，固定资产投资对经济增长质量存在显著负向影响，而政府干预程度、人力资本水平和信息化水平对经济增长质量的影响均不显著。

表 5-4　制造业和服务业集聚影响城市经济增长质量的基本回归

变量	*Quality*	*Quality*	*Quality*	*Quality*	*Quality*
	(1)	(2)	(3)	(4)	(5)
Maggl	0.002 (0.002)				
Saggl		0.014*** (0.002)			
Saggl_1			0.009*** (0.002)		
Saggl_2				0.004*** (0.002)	
Saggl_3					0.027*** (0.003)
ln*PGDP*	0.052*** (0.005)	0.053*** (0.005)	0.053*** (0.005)	0.052*** (0.005)	0.053*** (0.005)
Inv	-0.022*** (0.005)	-0.022*** (0.005)	-0.022*** (0.005)	-0.022*** (0.005)	-0.024*** (0.005)

① 生产性服务业：交通仓储邮电业，信息传输、计算机服务和软件业，批发零售贸易业，金融业，租赁和商业服务业，科研、技术服务和地质勘查业，教育业。生活性服务业：住宿餐饮业，房地产业，文化、体育和娱乐业，居民服务和其他服务业。公共性服务业：水利、环境和公共设施管理业，卫生、社会保险和社会福利业，公共管理和社会组织。

续表

变量	*Quality*	*Quality*	*Quality*	*Quality*	*Quality*
	(1)	(2)	(3)	(4)	(5)
Gov	-0.008 (0.016)	-0.010 (0.016)	-0.009 (0.016)	-0.008 (0.016)	-0.019 (0.016)
ln*Human*	-0.003 (0.003)	-0.004 (0.003)	-0.004 (0.003)	-0.004 (0.003)	-0.004 (0.003)
ln*Inform*	0.003 (0.003)	0.004 (0.003)	0.004 (0.003)	0.003 (0.003)	0.004 (0.003)
ln*Infras*	0.009** (0.004)	0.009** (0.004)	0.009** (0.004)	0.008** (0.004)	0.008** (0.004)
Constant	0.925*** (0.049)	0.903*** (0.049)	0.910*** (0.049)	0.922*** (0.049)	0.888*** (0.048)
时间固定效应	Yes	Yes	Yes	Yes	Yes
个体固定效应	Yes	Yes	Yes	Yes	Yes
样本数	3990	3990	3990	3990	3990
R^2	0.199	0.208	0.205	0.201	0.216

5.3.2 制造业和服务业集聚影响城市经济增长质量的稳健性检验

上面实证检验了制造业集聚和服务业集聚对经济增长质量的影响，发现两者与经济增长质量的关系存在一定异质性。为了保证结果的可靠性，本章从以下三个方面进行稳健性检验。

（1）分时间段回归。将全样本按年份分为2003~2009年和2010~2016年两个子样本，以考察研究结论在时序上的稳健性。表5-5的回归结果显示，第（1）和（3）列中制造业集聚系数均不显著，第（2）和（4）列中服务业集聚系数均显著为正，与基本回归的结果一致。这表明，通过时间分组进行回归，研究结论依然是稳健可靠的。

（2）替换被解释变量。将经济增长质量指数的测算方法由熵值法变换为主成分分析法，重新对285个城市的经济增长质量指数进行测算，并在此基础上对模型进行回归。表5-5第（5）列和（6）列的结果显示，制造业集聚和服务业集聚系数的显著性均未发生改变，说明研究结果是稳健的。

（3）核心解释变量滞后一期。考虑到产业集聚和经济增长质量之间可能具有双向因果关系，即可能存在内生性问题，因此将核心解释变量滞后一期进行回归，以克服潜在的内生性问题。表 5－5 第（7）列和（8）列的结果显示，制造业集聚和服务业集聚的显著性依然保持不变，再次验证了研究结论的可靠性。

表 5－5　制造业和服务业集聚影响城市经济增长质量的稳健性检验

变量	2003～2009 年		2010～2016 年		主成分分析法		核心解释变量滞后一期	
	（1）	（2）	（3）	（4）	（5）	（6）	（7）	（8）
Maggl	0.003 （0.003）		0.003 （0.002）		－0.017 （0.014）		－0.003 （0.002）	
Saggl		0.009** （0.004）		0.015*** （0.003）		0.074*** （0.019）		0.006*** （0.002）
ln*PGDP*	0.072*** （0.010）	0.073*** （0.010）	0.009 （0.007）	0.011 （0.007）	0.010 （0.042）	0.013 （0.042）	0.048*** （0.005）	0.048*** （0.005）
Inv	－0.024** （0.011）	－0.024** （0.011）	－0.013** （0.006）	－0.013** （0.006）	－0.181*** （0.040）	－0.182*** （0.040）	－0.019*** （0.005）	－0.019*** （0.005）
Gov	－0.071 （0.046）	－0.071 （0.045）	－0.006 （0.018）	－0.009 （0.017）	0.060 （0.131）	0.051 （0.131）	－0.007 （0.015）	－0.007 （0.015）
ln*Human*	－0.002 （0.005）	－0.002 （0.005）	0.009* （0.005）	0.009* （0.005）	0.059** （0.024）	0.057** （0.024）	4.23e－04 （0.003）	1.65e－04 （0.003）
ln*Inform*	0.002 （0.005）	0.002 （0.005）	0.002 （0.004）	0.001 （0.004）	－0.016 （0.024）	－0.013 （0.024）	0.005* （0.003）	0.005* （0.003）
ln*Infras*	0.014** （0.006）	0.015*** （0.006）	－0.004 （0.006）	－0.004 （0.006）	－0.013 （0.030）	－0.012 （0.030）	0.003 （0.004）	0.004 （0.004）
Constant	0.727*** （0.100）	0.718*** （0.100）	1.303*** （0.082）	1.286*** （0.082）	－0.190 （0.408）	－0.312 （0.408）	0.970*** （0.051）	0.958*** （0.051）
时间固定效应	Yes	Yes	Yes	Yes	Yes	Yes	Yes	Yes
个体固定效应	Yes	Yes	Yes	Yes	Yes	Yes	Yes	Yes
样本数	1995	1995	1995	1995	3990	3990	3705	3705
R^2	0.174	0.176	0.176	0.191	0.007	0.011	0.177	0.178

5.3.3 制造业和服务业集聚影响城市经济增长质量的异质性检验

1. 地区异质性

为考察制造业和服务业集聚对城市经济增长质量影响的地区异质性，将全样本按地理区位分为东部、中部和西部地区三个子样本，回归结果如表5-6所示。可以看出，东部和西部地区制造业集聚的系数均不显著，而中部地区制造业集聚的系数显著为正。这说明制造业集聚对经济增长质量的影响在地区之间存在明显的异质性，即制造业集聚程度的增加能够显著改善中部地区的经济增长质量，但在东部和西部地区并没有出现这种影响效果。原因在于：东部地区作为我国重要的制造业基地，在推动地区乃至全国经济发展过程中发挥了至关重要的作用，但随着劳动力成本的不断攀升，众多传统制造业企业利润逐渐被压缩，而整体产业升级步伐又较为缓慢，这导致制造业集聚对带动地区经济社会发展的边际作用在递减。同时，随着东部地区制造业规模的逐渐扩大，土地、能源等资源要素日益紧张，道路交通拥堵现象愈发严重，劳动力价格也在不断攀升，最终导致拥挤效应的产生，从而引发一定的非经济性（周圣强和朱卫平，2013）。西部地区受政策、资金、人才、地理位置和交通等因素的限制，制造业集聚程度较低，还不足以产生明显的规模经济效应，并且西部地区的制造业发展水平也相对落后，大部分为中低端制造业，制造业增长方式以“内向型”“粗放型”“投资驱动型”为主，制造业单位生产能耗也明显高于全国平均水平（毛中根和武优勐，2019），这都极大地制约了西部地区制造业集聚对经济增长质量的改善作用。中部地区在近年来凭借优越的交通区位、日渐完善的基础设施、较为明显的人口红利和劳动力成本优势，逐渐成为我国制造业发展的又一重要基地和东部地区制造业转移的主要承接地，大大激发了中部地区的发展活力，社会面貌也随之焕然一新，进而显著增强了制造业集聚的经济增长质量效应。

东部、中部和西部地区的服务业集聚系数均显著为正，表明服务业集聚对经济增长质量的影响在地区之间不存在明显异质性，即服务业集聚水平的提高对这三个地区的经济增长质量均具有显著促进作用。不过进一步观察系数大小，发现西部地区城市服务业集聚对经济增长质量的提升作用要远低于东部和中部地区。这是因为西部地区的服务业发展水平较低，特别是科学研究、技术服务等高端服务业在总体服务业中所占的比重还比较小，这在一定程度上限制了服务业集聚对经济增长质量的提升作用。

表 5-6　制造业和服务业集聚影响城市经济增长质量的地区异质性检验

变量	东部地区		中部地区		西部地区	
	(1)	(2)	(3)	(4)	(5)	(6)
Maggl	-0.002 (0.002)		0.006*** (0.002)		-0.014 (0.011)	
Saggl		0.016*** (0.004)		0.016*** (0.003)		0.009** (0.004)
ln*PGDP*	0.038*** (0.008)	0.040*** (0.008)	0.033*** (0.008)	0.034*** (0.007)	0.076*** (0.012)	0.075*** (0.011)
Inv	-0.015** (0.007)	-0.016** (0.007)	-0.024*** (0.008)	-0.024*** (0.008)	-0.044*** (0.010)	-0.046*** (0.010)
Gov	-0.068 (0.051)	-0.071 (0.050)	-0.034* (0.017)	-0.036** (0.017)	0.056 (0.037)	0.060 (0.037)
ln*Human*	-0.013*** (0.004)	-0.013*** (0.004)	0.001 (0.005)	0.002 (0.005)	-0.003 (0.005)	-0.004 (0.005)
ln*Inform*	0.011** (0.005)	0.010** (0.005)	0.008* (0.005)	0.008* (0.005)	-0.010* (0.005)	-0.008* (0.005)
ln*Infras*	-0.002 (0.007)	-0.002 (0.007)	0.004 (0.006)	0.004 (0.006)	0.008 (0.006)	0.008 (0.006)
Constant	1.136*** (0.086)	1.104*** (0.086)	1.028*** (0.075)	1.001*** (0.074)	0.786*** (0.107)	0.765*** (0.107)
时间固定效应	Yes	Yes	Yes	Yes	Yes	Yes
个体固定效应	Yes	Yes	Yes	Yes	Yes	Yes
样本数	1414	1414	1400	1400	1176	1176
R^2	0.263	0.271	0.312	0.322	0.221	0.223

2. 城市规模异质性

为考察制造业和服务业集聚对经济增长质量影响的城市规模异质性，将全样本按市辖区人口规模分为大城市、中等城市和小城市。其中，市辖区人口数在 100 万人以上的为大城市；50 万～100 万人之间的为中等城市；50 万人以下的为小城市。

表5－7的回归结果显示，制造业集聚对不同规模城市的经济增长质量具有明显的差异化影响。具体而言，制造业集聚程度的增强能够显著改善大城市的经济增长质量；但对中等城市经济增长质量的影响不显著；对小城市的经济增长质量则存在显著的负面影响。这表明，制造业集聚对经济增长质量的影响因城市规模的不同而呈现出较强的异质性。对此可能的解释为：大城市的制造业规模大、结构丰富且发展水平高，易于产生明显的规模经济，释放出较大的产业集聚效应，对城市经济高质量发展形成较强的驱动作用。中小城市的制造业规模小、结构单一且发展水平较低，所能发挥出的产业集聚效应有限。特别是对于小城市来说，其对人才和产业的吸引力和集聚力较弱，主要发展较为低端和高排放、高污染型的制造业，这虽然在一定时期有助于推动当地GDP的增长，但在总体上是低质量的增长，不利于当地的长期可持续发展。

表5－7　制造业和服务业集聚影响城市经济增长质量的城市规模异质性检验

变量	大城市		中等城市		小城市	
	(1)	(2)	(3)	(4)	(5)	(6)
Maggl	0.004* (0.002)		0.001 (0.003)		－0.024** (0.011)	
Saggl		0.016*** (0.003)		0.035*** (0.012)		0.009** (0.004)
ln*PGDP*	0.059*** (0.009)	0.059*** (0.009)	0.047*** (0.008)	0.048*** (0.008)	0.070*** (0.014)	0.069*** (0.014)
Inv	－0.032*** (0.010)	－0.033*** (0.010)	－0.023*** (0.007)	－0.024*** (0.007)	－0.010 (0.010)	－0.009 (0.010)
Gov	0.007 (0.022)	0.004 (0.021)	－0.084** (0.033)	－0.090*** (0.033)	0.056* (0.033)	0.056* (0.033)
ln*Human*	－0.008 (0.005)	－0.007 (0.005)	－0.008* (0.005)	－0.008* (0.005)	0.008 (0.006)	0.006 (0.006)
ln*Inform*	0.012** (0.005)	0.012** (0.005)	－0.003 (0.005)	－0.003 (0.005)	－0.006 (0.006)	－0.003 (0.006)
ln*Infras*	0.015** (0.007)	0.015** (0.007)	－0.002 (0.006)	－0.002 (0.006)	0.027*** (0.008)	0.029*** (0.008)
Constant	0.827*** (0.085)	0.811*** (0.085)	1.042*** (0.078)	0.989*** (0.080)	0.725*** (0.135)	0.692*** (0.135)

续表

变量	大城市		中等城市		小城市	
	(1)	(2)	(3)	(4)	(5)	(6)
时间固定效应	Yes	Yes	Yes	Yes	Yes	Yes
个体固定效应	Yes	Yes	Yes	Yes	Yes	Yes
样本数	1757	1757	1467	1467	763	763
R^2	0.252	0.266	0.215	0.220	0.182	0.182

各类规模城市的服务业集聚系数均显著为正，说明服务业集聚对经济增长质量的影响在不同规模城市之间不存在明显的异质性。但是，通过观察系数大小，发现小城市服务业集聚的系数最小，明显小于大城市和中等城市，这表明服务业集聚对小城市经济增长质量的提升作用相对有限。主要原因在于：城市规模对服务业结构具有重要影响，而服务业结构的优劣程度将在一定程度上决定服务业集聚效应的发挥。一般来说，新兴的、高附加值的现代服务业主要集中于大城市，再加上大城市的服务业体系比较完善，这不仅能够充分发挥服务业的集聚效应，而且能够对其他产业产生较强的正向溢出效应，从而更加有效地促进经济提质增效。小城市的服务业发展水平较低，服务业结构也相对单一，主要以传统的生活性服务业和公共性服务业为主，产生的集聚效应有限，因而对经济增长质量的改善效果较小。

5.3.4　制造业和服务业集聚影响城市经济增长质量的门槛效应检验

由于各城市的产业集聚程度差异较大，产业集聚对经济增长质量的影响或许存在门槛效应。因此，进一步将制造业集聚和服务业集聚作为门槛变量，构建面板门槛模型进行回归分析，以考察产业集聚对经济增长质量影响的门槛效应。

1. 门槛效应检验

在进行门槛回归分析时，要先进行门槛效应检验和确定具体的门槛值。首先，我们分别以制造业集聚程度和服务业集聚程度作为门槛变量，检验制造业集聚和服务业集聚的门槛效应是否存在。从表 5－8 的门槛效应检验结果可以看出，制造业集聚的单一门槛效应在 5% 的显著性水平下显著，双重门槛效应和三重门槛效应都没有通过显著性检验；而服务业集聚的单一门槛效应、双重门槛效应和三重门槛效应均不显著。这说明制造业集聚对经济增长质量的影响存在单一门槛效应，服务业集聚对经济增长质量的影响不存在门槛效应。其次，在通过门槛效应检验确定门槛个数后，表5－9的门槛估计结果报告了制造业集聚程度的门槛值0.5695及其95%的置信区间。图5－7为似然比函数图，LR图中的最低点是所对应的真实门槛值，从图中可以看出，门槛值明显在虚线（临界值）以下，说明这个门槛值是真实有效的。最后，根据这个门槛值，将全样本分为低制造业集聚程度（*Maggl*≤0.5695）和高制造业集聚程度（*Maggl*>0.5695）两个子样本。

表5－8　制造业和服务业集聚影响城市经济增长质量的门槛效应检验

门槛变量	门槛类型	F值	P值	Bootsrop次数	10%	5%	1%
Maggl	单一门槛	20.38	0.0133	300	13.4878	15.6015	20.8987
	双重门槛	6.99	0.4900	300	12.2301	14.4165	18.3221
	三重门槛	8.57	0.4000	300	16.5400	21.7644	29.8848
Saggl	单一门槛	6.61	0.6233	300	14.7298	17.5436	21.3945
	双重门槛	8.19	0.2200	300	10.7600	12.2964	16.6697
	三重门槛	5.83	0.4733	300	9.8080	11.7847	15.0919

表5－9　制造业集聚影响城市经济增长质量的门槛估计结果

门槛变量	检验	门槛估计值	95%置信区间
Maggl	门槛值	0.5695	[0.5565，0.5815]

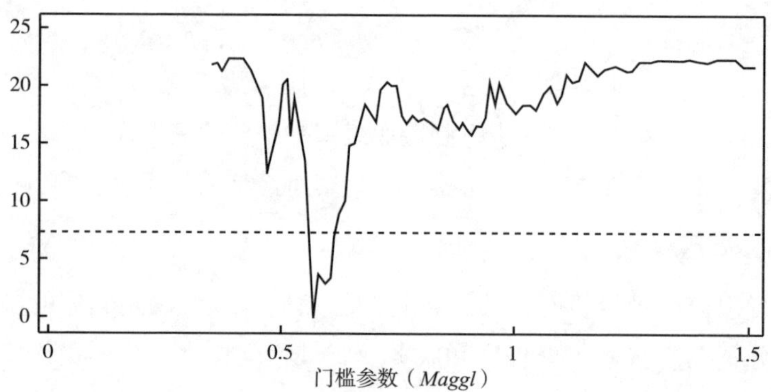

图5－7　*Maggl*门槛值的LR图

2. 门槛回归分析

表 5－10 报告了制造业集聚程度门槛回归模型回归结果。结果表明：当制造业集聚程度低于门槛值 0. 5695 时，制造业集聚的系数不显著；当制造业集聚程度超过门槛值 0. 5695 时，制造业集聚的系数为正，且在 5% 的显著性水平下显著，即制造业集聚程度每增加 1 个单位，将使经济增长质量改善 0. 004 个单位。这表明，制造业集聚度只有超过一定临界值时，才能有效提升经济增长质量水平，证明了制造业集聚对城市经济增长质量的影响确实存在门槛效应。原因在于：制造业集聚效应的发挥与制造业集聚程度密切相关，不同的制造业集聚水平所产生的集聚效应不同，进而对经济增长质量的改善效果也会有所不同。当制造业集聚程度较低时，其所能带来的外部规模经济、知识溢出和创新效应都较小，产生的集聚效应有限，不足以对经济增长质量产生明显的促进作用。具体来讲，当制造业集聚程度较低时，释放出的规模经济效应有限，劳动生产率较低，生产成本偏高。同时，较低的产业集聚度一般也意味着产业关联度较低、产业链条较短，企业上下游产品很难得到较好的配套，无法形成覆盖产业链各环节的产业集群，弱化了地区产业集聚吸引力和产业竞争力。另外，在制造业集聚程度低的地区，市场竞争与合作的氛围不足，不利于整个地区的创新激励，知识、技术的溢出效应也将受到限制。因此，只有当制造业集聚达到一定程度时，制造业的集聚效应才能得到充分发挥，从而对城市经济增长质量的改善效果才会显著。

表 5－10　　制造业集聚影响城市经济增长质量的门槛回归

变量	低制造业集聚程度	高制造业集聚程度
	(1)	(2)
Maggl	－0. 018 (0. 024)	0. 004 ** (0. 002)
ln*PGDP*	0. 054 *** (0. 010)	0. 048 *** (0. 006)
Inv	－0. 027 *** (0. 007)	－0. 018 *** (0. 007)
Gov	0. 006 (0. 027)	－0. 006 (0. 020)

续表

变量	低制造业集聚程度	高制造业集聚程度
	(1)	(2)
ln*Human*	-0.010** (0.005)	-3.91e-04 (0.004)
ln*Inform*	-0.001 (0.005)	0.004 (0.004)
ln*Infras*	0.012* (0.007)	0.003 (0.005)
Constant	0.970*** (0.091)	0.950*** (0.061)
时间固定效应	Yes	Yes
个体固定效应	Yes	Yes
样本数	1227	2763
R^2	0.192	0.206

5.3.5 制造业与服务业协同集聚对城市经济增长质量的影响

接下来，从产业协同视角来考察制造业与服务业协同集聚对城市经济增长质量的影响，从而构建如下形式的回归模型：

$$Quality_{it} = \beta_0 + \beta_1 Coaggl_{it} + \lambda Control_{it} + \varepsilon_{it} \tag{5-4}$$

其中，*Coaggl* 表示制造业与服务业协同集聚程度。本章借鉴埃里森等（Ellison et al.，2010）、陈建军等（2016）、张虎（2017）等学者的测算方法，构建衡量制造业与服务业协同集聚程度的指标，具体公式如下：

$$Coaggl_{it} = \left(1 - \frac{\left|Maggl_{it} - Saggl_{it}\right|}{Maggl_{it} + Saggl_{it}}\right) + \left|Maggl_{it} + Saggl_{it}\right| \tag{5-5}$$

其中，*Maggl* 表示制造业集聚程度；*Saggl* 表示服务业集聚程度。

1. 制造业与服务业协同集聚对城市经济增长质量的影响概述

表5-11报告了产业协同集聚对经济增长质量影响的回归结果，其中，*Coaggl*_1、*Coaggl*_2 和 *Coaggl*_3 分别表示制造业与生产性服务业协同集聚、

制造业与生活性服务业协同集聚和制造业与公共性服务业协同集聚。回归结果显示，制造业与服务业协同集聚的系数为正，且在 1% 的显著性水平下显著，这表明制造业与服务业协同集聚有利于改善城市经济增长质量。进一步考察制造业与服务业各细分行业协同集聚的影响，发现无论是制造业与生产性服务业协同集聚，还是制造业与生活性服务业协同集聚，抑或是制造业与公共性服务业协同集聚，均能有效改善一个城市的经济增长质量。具体原因可见前文理论分析部分，在此不再赘述。

表 5-11　　制造业与服务业协同集聚对城市经济增长质量的影响

变量	(1)	(2)	(3)	(4)
Coaggl	0.004*** (0.001)			
Coaggl_1		0.004*** (0.001)		
Coaggl_2			0.002** (9.24e-04)	
Coaggl_3				0.005*** (0.001)
ln*PGDP*	0.052*** (0.005)	0.052*** (0.005)	0.052*** (0.005)	0.051*** (0.005)
Inv	-0.022*** (0.005)	-0.022*** (0.005)	-0.022*** (0.005)	-0.022*** (0.005)
Gov	-0.009 (0.016)	-0.009 (0.016)	-0.008 (0.016)	-0.010 (0.016)
ln*Human*	-0.003 (0.003)	-0.003 (0.003)	-0.004 (0.003)	-0.003 (0.003)
ln*Inform*	0.004 (0.003)	0.004 (0.003)	0.004 (0.003)	0.004 (0.003)
ln*Infras*	0.009** (0.004)	0.009** (0.004)	0.009** (0.004)	0.009** (0.004)
Constant	0.915*** (0.049)	0.915*** (0.049)	0.922*** (0.049)	0.915*** (0.049)
时间固定效应	Yes	Yes	Yes	Yes

续表

变量	(1)	(2)	(3)	(4)
个体固定效应	Yes	Yes	Yes	Yes
样本数	3990	3990	3990	3990
R^2	0.202	0.202	0.200	0.202

2. 制造业与生产性服务业协同集聚影响的异质性分析

进一步地，考察制造业与服务业协同集聚对经济增长质量的影响在不同地区和不同规模等级城市之间有何差异性。由于在服务业细分领域中，生产性服务业与制造业的联系最为广泛和紧密，两者的协同集聚效应更加令人关注，因此鉴于篇幅所限，仅报告和分析制造业与生产性服务业协同集聚对经济增长质量影响的异质性回归结果。

（1）制造业与生产性服务业协同集聚影响的地区异质性。表5-12第(1)~(3)列报告了不同地区制造业与生产性服务业协同集聚对经济增长质量影响的回归结果。可以看出，前者对后者的影响效应在不同地区之间呈现出明显的异质性特征。具体而言，东部地区制造业与生产性服务业协同集聚的系数为正，且在10%的显著性水平下显著；中部地区制造业与生产性服务业协同集聚的系数同样为正，且达到了1%的显著性水平；西部地区制造业与生产性服务业协同集聚的系数虽然也为正，但并没有通过显著性检验。这表明中部地区城市的改善效应最强；东部地区次之；而西部地区的这种影响效果不明显。可能的解释为：东部地区制造业与生产性服务业已经进入结构转型升级阶段，传统资源要素拥塞现象日益突出，而具有提质增效作用的资源要素还在不断孕育当中，这在一定程度上限制了集聚效应的发挥，从而影响到制造业与生产性服务业协同集聚对本地区经济增长质量的改善效果。中部地区在近年来成为了东部地区产业转移的主要承接地，资源要素配置得到进一步优化，产业协同集聚效应不断增强，从而强化了其对经济增长质量的改善作用。而西部地区的制造业与生产性服务业发展仍然比较落后，并且在空间范围内的集聚程度较低，产业协同效应得不到有效发挥，因此无法显著改善地区经济增长质量。

（2）制造业与生产性服务业协同集聚影响的城市规模异质性。表5-12第(4)~(6)列报告了不同规模城市的制造业与生产性服务业协同集聚对经济增长质量影响的回归结果。结果显示，对于不同规模城市，制造业与生产性服务业协同集聚对经济增长质量的影响也具有明显异质性。其中，大城市制造业与生产性服务业协同集聚的系数在 1% 的水平下显著为正；而中等城市和小城市制造业与生产性服务业协同集聚的系数均不显著。这意味着只有大城市的制造业与生产性服务业协同集聚能够有效改善经济增长质量，中等城市和小城市的这种影响效应并不明显。可能的原因为：大城市的制造业和生产性服务业发展水平较高，产业集聚规模优势和多样化特征都较为明显，有助于加速产业间的互动融合，提高地区创新效率，因此能够提升经济增长质量水平。中等城市和小城市的制造业与生产性服务业竞争力较低，而且集聚规模相对有限和产业结构比较单一，这导致制造业与生产性服务业的协同集聚效应很难得到充分发挥，从而限制其对经济增长质量的促进作用。

表 5-12　　制造业与生产性服务业协同集聚影响的异质性检验

变量	分地区			分城市规模		
	东部地区	中部地区	西部地区	大城市	中等城市	小城市
	(1)	(2)	(3)	(4)	(5)	(6)
Coaggl_1	0.003*	0.004***	0.003	0.005***	1.75e-04	0.002
	(0.002)	(0.001)	(0.003)	(0.001)	(0.003)	(0.002)
ln*PGDP*	0.037***	0.033***	0.075***	0.059***	0.047***	0.067***
	(0.008)	(0.007)	(0.012)	(0.009)	(0.008)	(0.014)
Inv	-0.015**	-0.024***	-0.047***	-0.032***	-0.023***	-0.009
	(0.007)	(0.008)	(0.010)	(0.010)	(0.007)	(0.010)
Gov	-0.073	-0.035**	0.061*	0.006	-0.084**	0.055
	(0.051)	(0.017)	(0.037)	(0.021)	(0.033)	(0.034)
ln*Human*	-0.013***	0.002	-0.003	-0.008	-0.008*	0.007
	(0.004)	(0.005)	(0.005)	(0.005)	(0.005)	(0.006)
ln*Inform*	0.011**	0.008*	-0.008*	0.012**	-0.003	-0.003
	(0.005)	(0.005)	(0.005)	(0.005)	(0.005)	(0.006)
ln*Infras*	-0.002	0.004	0.008	0.015**	-0.002	0.028***
	(0.007)	(0.006)	(0.006)	(0.007)	(0.006)	(0.008)
Constant	1.126***	1.017***	0.772***	0.817***	1.041***	0 705***
	(0.086)	(0.075)	(0.107)	(0.085)	(0.078)	(0.135)

续表

变量	分地区			分城市规模		
	东部地区	中部地区	西部地区	大城市	中等城市	小城市
	(1)	(2)	(3)	(4)	(5)	(6)
时间固定效应	Yes	Yes	Yes	Yes	Yes	Yes
个体固定效应	Yes	Yes	Yes	Yes	Yes	Yes
样本数	1414	1400	1176	1757	1467	763
R^2	0.265	0.314	0.220	0.259	0.215	0.177

5.3.6 制造业和服务业集聚对城市经济增长质量的空间溢出效应

在进行空间计量模型估计之前，首先需要判断各地区经济增长质量之间是否存在空间相关性，本章采用 *Moran's I* 指数进行检验。*Moran's I* 指数的取值介于［-1，1］之间，当指数大于 0 时，说明各地区的经济增长质量之间存在正向的空间相关性；当指数小于 0 时，说明各地区的经济增长质量之间存在负向的空间相关性。表 5-13 报告了 2003~2016 年各地区经济增长质量的 *Moran's I* 指数检验结果。结果显示，2003~2016 年 285 个城市经济增长质量的 *Moran's I* 指数均在 1% 的水平下显著为正，这表明这 285 个城市的经济增长质量之间存在较强的正向空间相关性。因此，应该采用空间计量模型估计。

表 5-13　2003~2016 年城市经济增长质量的 *Moran's I* 指数

年份	*Moran's I*	Z 统计值	*P-value*	年份	*Moran's I*	Z 统计值	*P-value*
2003	0.156***	31.127	0.000	2010	0.078***	16.058	0.000
2004	0.114***	22.938	0.000	2011	0.110***	22.220	0.000
2005	0.058***	12.124	0.000	2012	0.085***	17.317	0.000
2006	0.156***	31.130	0.000	2013	0.173***	34.541	0.000
2007	0.139***	27.895	0.000	2014	0.040***	8.569	0.000
2008	0.135***	27.040	0.000	2015	0.052***	10.926	0.000
2009	0.161***	32.170	0.000	2016	0.042***	8.913	0.000

为更加直观地反映空间集聚现象，通过选取 2016 年的 *Moran's I* 散点图来分析城市集聚效应。图 5-8 为 2016 年城市经济增长质量的 *Moran's I* 散点图，

可以看出，第一和第三象限的城市较多，第二和第四象限的城市较少，这说明城市经济增长质量在全局上表现出明显的空间依赖性，具有较高经济增长质量的城市聚集在一起，具有较低经济增长质量的城市也聚集在一起。

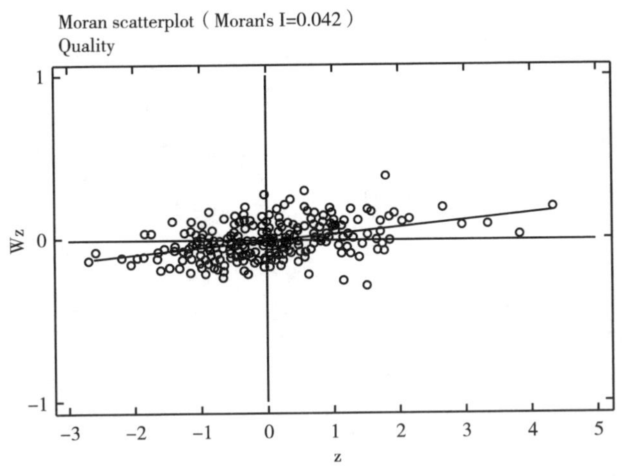

图 5-8　城市经济增长质量 *Moran's I* 散点图

通过相关检验，采用时空双重固定效应的空间杜宾模型（SDM）进行估计，并且从地理和经济两个角度来构建空间权重矩阵。表 5-14 报告了地理距离空间权重矩阵和经济距离空间权重矩阵下的空间杜宾模型估计结果。首先，我们看地理距离空间权重矩阵下的估计结果。*Maggl* 的系数不显著，*Saggl* 和 *Coaggl_1* 的系数均显著为正，这与前面的回归结果完全一致。但三者的空间滞后项 *WMaggl*、*WSaggl* 和 *WCoaggl_1* 的系数均没有通过显著性检验，这意味着城市间空间溢出效应的存在性存疑。不过在检验地区内溢出效应的存在性时，应该关注解释变量的直接效应，而不是解释变量的系数。在判断有无空间溢出效应时，应该重点观察解释变量的间接效应，而不是空间自相关系数或解释变量的空间滞后项系数（Pace and Lesage，2009）。其次，可以重点关注产业集聚对经济增长质量影响的直接效应和间接效应。可以看出，*Maggl* 的直接效应为正，但并不显著；*Saggl* 和 *Coaggl_1* 的直接效应均显著为正。这说明服务业集聚程度和制造业与生产性服务业协同集聚程度的提高能够促进所在地区的经济增长质量水平，即具有明显的地区内溢出效应。而制造业集聚则不存在明显的地区内溢出效应，因而对本地区经济增长质量的改善作用不显著。*Maggl* 的间接效应为负，同样也不显著；*Saggl* 和 *Coaggl*_1 的间接效应均显著为负。这表明制造业集聚对城市经济增长质量不存在空间溢出效应；而服务业集聚和制造业与生产性服务业协同集聚对城市经济增长质量具有明显的负向空间溢出效应，即服务业集聚程度和制造业与生产性服务业协同集聚程度的提高会对邻近城市的经济增长质量产生负面影响。这是因为：本地区服务业集聚程度和制造业与生产性服务业协同集聚程度的提高增强了自身的集聚效应，促进了本地区的产业竞争力和经济发展活力，从而吸引周边地区的资源要素进一步向本地区流动，这种“虹吸效应”的出现对邻近地区的经济增长质量形成一定的抑制作用。

表 5－14　制造业和服务业集聚影响城市经济增长质量的空间杜宾模型回归

变量	地理距离空间权重矩阵			经济距离空间权重矩阵		
	(1)	(2)	(3)	(4)	(5)	(6)
Maggl	0.001 (0.001)			0.002 (0.002)		
Saggl		0.013*** (0.002)			0.014*** (0.002)	
*Coaggl*_1			0.004*** (8.2e－04)			0.004*** (0.001)
ln*PGDP*	0.045*** (0.004)	0.046*** (0.004)	0.045*** (0.004)	0.053*** (0.005)	0.054*** (0.005)	0.053*** (0.005)
Inv	－0.029*** (0.004)	－0.029*** (0.004)	－0.029*** (0.004)	－0.021*** (0.005)	－0.022*** (0.005)	－0.021*** (0.005)
Gov	－0.014 (0.013)	－0.016 (0.013)	－0.015 (0.013)	－0.007 (0.015)	－0.008 (0.015)	－0.007 (0.015)
ln*Human*	－0.004* (0.002)	－0.004* (0.002)	－0.004* (0.002)	－0.003 (0.003)	－0.003 (0.003)	－0.003 (0.003)
ln*Inform*	0.002 (0.002)	0.002 (0.002)	0.002 (0.002)	0.004 (0.003)	0.004 (0.003)	0.004 (0.003)
ln*Infras*	0.006** (0.003)	0.006** (0.003)	0.007** (0.003)	0.008** (0.003)	0.009** (0.003)	0.009** (0.003)
WMaggl	0.022 (0.022)			0.004 (0.005)		0.005* (0.003)

续表

变量	地理距离空间权重矩阵			经济距离空间权重矩阵		
	(1)	(2)	(3)	(4)	(5)	(6)
WSaggl		0.050 (0.033)			0.009 (0.007)	
WCoaggl_1			0.025 (0.016)			0.005 * (0.003)
ϱ	2.713 *** (0.029)	2.715 *** (0.029)	2.710 *** (0.029)	0.011 (0.034)	0.005 (0.034)	0.006 (0.034)
时间固定效应	Yes	Yes	Yes	Yes	Yes	Yes
个体固定效应	Yes	Yes	Yes	Yes	Yes	Yes
直接效应	0.002 (0.002)	0.016 *** (0.002)	0.005 *** (0.001)	0.002 (0.002)	0.014 *** (0.002)	0.004 *** (0.001)
间接效应	−0.016 (0.013)	−0.053 *** (0.020)	−0.021 ** (0.010)	0.004 (0.005)	0.008 (0.006)	0.005 * (0.003)
样本数	3990	3990	3990	3990	3990	3990
R^2	0.038	0.067	0.038	0.340	0.340	0.346

接下来，进一步观察经济距离空间权重矩阵下的估计结果。与地理距离空间权重矩阵下的估计结果一样，*Maggl* 的直接效应不显著；*Saggl* 和 *Coaggl_1* 的直接效应均显著为正。不同的是，*Maggl* 和 *Saggl* 的间接效应均不显著；但 *Coaggl_1* 的间接效应显著为正。这说明制造业集聚和服务业集聚对经济发展水平相近城市的空间溢出效应并不明显；而制造业与生产性服务业协同集聚对经济发展水平相近城市存在明显的空间溢出效应，即本地区制造业与生产性服务业协同集聚程度的提高能够显著改善经济发展水平相近城市的经济增长质量。对此可能的解释为：经济发展水平相近的城市具有相似的产业结构和相近水平的资源要素，易于形成广泛而密切的产业关联，彼此之间既竞争又合作，相互影响、相互促进。制造业与生产性服务业协同集聚程度的提高，有利于扩大相似经济发展水平城市间的产业关联效应，促进资源要素配置的进一步优化，推动城市间的多产业融合发展，使产业的集聚效应及其空间溢出效应得到更加充分的发挥。

5.4 本章小结

本章根据经济增长质量的内涵构建了城市层面的经济增长质量指标体系，通过熵值法测算了 2003～2016 年中国 285 个城市的经济增长质量指数，并在此基础上实证研究了制造业和服务业集聚对城市经济增长质量的影响，从而得出以下主要结论：

首先，制造业集聚和服务业集聚对城市经济增长质量的影响存在明显差异。其中，服务业集聚程度的提高对经济增长质量具有显著的正向作用，并且这种影响效应在各地区城市和各规模等级城市之间均无较大差异性。而制造业集聚对经济增长质量的影响在各地区城市之间和各类规模城市之间都存在明显异质性，即制造业集聚程度的提高仅仅能够改善中部地区城市和大城市的经济增长质量，而对小城市则具有负面作用。其次，制造业集聚对经济增长质量的影响存在门槛效应，只有当制造业集聚程度高于门槛值 0.5695 时，才能显著提升一个城市的经济增长质量水平。而服务业集聚对经济增长质量的作用不存在门槛效应。再次，制造业与生产性服务业协同集聚对经济增长质量的影响在不同地区也存在明显异质性，前者对后者的改善作用只存在于东部地区、中部地区和大城市。最后，制造业集聚对经济增长质量的空间溢出效应不显著；服务业集聚和制造业与生产性服务业协同集聚均对邻近城市的经济增长质量具有负向空间溢出效应；制造业与生产性服务业协同集聚对经济发展水平相近城市的经济增长质量具有正向空间溢出效应。

本章的研究结论对启迪城市发展思路，贯彻高质量发展理念提供了重要启示。首先，应进一步强化城市特色产业和优势产业的集聚度，充分发挥和释放产业集聚效应。认真研究城市产业布局，科学合理地制定产业发展规划，加快相关产业的要素配套和基础设施建设，为地区内特色产业和优势产业的进一步集聚提供发展空间。其次，各地区城市应因地制宜地制定本地区的产业发展政策，实现城市更具合理的功能分区，不可盲目追求某一产业集聚度的提升。东部地区城市应加快产业转型升级步伐，整合或转移传统落后产业，重点发展先进制造业和现代服务业，并推动两者之间的深度融合。中部地区城市要做好东部地区产业转移特别是制造业转移的承接工作，并大力发展相关服务业，加快制造业和服务业的互动融合与协同发展。西部地区城市应根据自身的地理特色和资源优势，重点发展能源矿产业、特色旅游业和特色农业，进一步推动本地区特色和优势产业集群的培育和发展。再次，不同规模等级的城市也要根据自身的资源要素配置、产业承载能力和空间拓展能力，探索合理的产业规划方案和经济发展模式。大城市的高端资源要素充沛，可以成为先进制造业和高端服务业的集聚区。中小城市的资源要素条件相对落后，可以重点发展符合自身特色和具有比较优势的制造业和相关服务业。最后，加快实施区域发展总体战略，推动城市群内以及城市群之间的互动融合发展。城市群是经济发展到一定程度的重要标志，是推进经济高质量发展的主要载体。一方面，应科学规划城市群分布格局，建立健全城市群一体化沟通协调模式与合作机制，避免资源错配和同质化的恶性竞争，以城市群带动区域共同发展。另一方面，要加快城市之间基础设施的互联互通，着力提升城市群整体运行效率，不断推动和完善产业分工与协作体系，从而实现优势互补、资源共享、协同共进的经济高质量发展模式。

第 6 章　知识密集型产业集聚对经济增长质量的影响

——基于中国高技术产业的实证分析

6.1　引　　言

第 4 章和第 5 章从国家层面、省级层面和市级层面考察了制造业和服务业集聚对经济增长质量的影响，本章则主要探讨知识密集型产业集聚对经济增长质量的影响。知识密集型产业是以智力资本为主要投入品，重点提供以智力、知识、技术、信息、经验、技能为核心生产要素的产品和服务的产业，其发展程度是衡量一个国家和地区科学技术水平和产业竞争力的重要标志。纵观全球经济的发展历程，必然与产业升级之路密切相关，正是持续的产业升级为国家和地区经济增长注入了不竭动力。现代经济发展的一个重要趋势是制造业在逐渐向知识密集型产业部门转移，知识技术的持续创新是知识密集型产业发展的基础，不断推动着制造业向高技术产业发展，从而催生出物联网、云计算、5G、人工智能等新兴产业，并已成为推动经济社会发展的新动能。因此，面对这新一轮的产业革命和科技革命，我们有必要进一步考察，代表未来发展趋势的高技术产业在空间范围内的集聚，对经济增长质量所产生的影响效果。

高技术产业是典型的知识密集型产业，是推动科技创新，进而引领高质量发展的重要力量。近年来，中国经济发展面临人口红利和成本优势的衰竭及资源、环境的约束，经济增长速度明显放缓，如何转变经济发展方式，促进产业结构转型升级，实现稳定可持续的高质量经济增长成为我国现阶段以及今后的重要目标。习近平总书记曾在多个重要场合反复强调，科技进步是突破发展瓶颈，解决我国深层次矛盾和问题的关键，科技创新是提高经济发展质量和效益的核心驱动力。要着力实施创新驱动发展战略，抓住了创新，就抓住了牵动经济社会发展全局的“牛鼻子”。这是党和国家在新时代对我国经济发展作出的一个重大判断和指示，从全局高度强调了引领高质量发展的核心驱动力就是“科技创新”，科技创新为我国实现高质量发展提供了新的成长空间、关键着力点和主要支撑体系。与此同时，全国各地都颁布了一系列推动高技术产业发展的相关政策，大力引进科技创新型人才，集中资源打造高技术产业群。随着科技创新要素的不断投入，高技术产业集聚水平也在逐渐提高，但高技术产业集聚是否在一定程度上改善了经济增长质量还不得而知。因此，本章的重点在于探讨高技术产业集聚能否提升经济增长质量，并具体通过哪些渠道起作用。这是关乎我国转变经济发展方式，培育经济发展新动能和创造新的经济增长点的重大现实问题，对于探索和贯彻落实高质量发展理念具有重大的理论与现实意义。

目前，学界对高技术产业集聚与经济增长质量的关系研究还比较缺乏，基于对现有研究的补充，本章重点探讨高技术产业集聚对经济增长质量的影响，并尝试从以下几个方面开展研究：第一，从理论上分析高技术产业集聚对经济增长质量的作用机理；第二，实证检验高技术产业集聚与经济增长质量的关系，并考察在不同地理区位和不同经济发展水平的地区，高技术产业集聚对经济增长质量的影响效果是否存在差异；第三，分别采用替换核心解释变量、变换经济增长质量指数的测算方法、改变计量方法等方式进行稳健性检验，以验证本书的核心结论是否可靠和准确；第四，进一步考察高技术产业集聚通过哪些渠道来对经济增长质量产生作用，从而使本章的研究结果更加丰富和令人信服。

6.2　高技术产业集聚影响经济增长质量的理论机制

高新技术产业是指以高新技术为基础，从事一种或多种高新技术及其产品的研究、开发、生产和技术服务的企业集合。高技术产业是知识密集型和技术密集型产业，这些产业开发出的重大技术创新或技术积累到一定程度和规模往往会产生巨大的经济效益和社会效益。有研究结果表明，地方专业化集聚使众多同行业企业聚集在某一地区，可以使该地区的同行业企业共享庞大的熟练劳动力市场和知识外溢所带来的成本降低和技术进步（Ciccone，2002）。这种公共知识的正外部性将使整个社会获得规模经济效应（Arrow，1962）。由此可知，高技术产业集聚作为知识密集型和技术密集型产业所产生的知识外溢效应会更明显，技术进步的扩散速度更快，从而会产生更大规模的外部经济效应。而且，高技术产业劳动力市场的共享和知识外溢将吸引更多高技术产业要素的集聚，由此带来的正外部经济效应得到不断增强，影响的范围和领域逐步扩大，从而对整个地区的经济增长质量产生积极作用。

高技术产业集聚对经济增长质量的影响机制主要通过以下五个渠道：经济增长效率、经济增长稳定性、经济结构优化、社会福利和绿色发展。

1. 高技术产业集聚对经济增长效率的影响机制

经济增长效率是指产出与投入的比例，一定时期内在给定要素投入约束下产出越多，说明经济增长效率越高。经济增长效率主要由资本生产率、劳动生产率和全要素生产率来体现。高技术产业集聚能够促进技术的创新，推动技术进步，进而提升经济增长效率。首先，高技术产业集聚引起的技术进步直接导致全要素生产率的提高，因为全要素生产率是由除去所有有形生产要素以外的纯技术进步的生产率来衡量的。其次，利用现代化的先进技术手段，可以提高企业管理水平，合理组织生产要素，降低生产成本，提高单位资本投入所带来的产出。最后，高技术产业集聚程度的增强能够明显提高该行业的劳动生产率（Henderson，2001），而高技术产业劳动生产率的提高又会进一步提升技术创新和扩散的速度，从而带动全社会劳动生产率的同步提升。

2. 高技术产业集聚对经济增长稳定性的影响机制

随着中国经济进入新常态，经济增长速度逐渐放缓，从过去的高速增长转向中速增长。目前，我国在经济转轨过程中存在诸多扭曲性和结构性问题，而且人口红利和成本优势在不断减弱，同时又面临严重的资源瓶颈和环境约束，稳增长、防风险成为经济工作的重心。发展高技术产业能够缓解现阶段中国经济发展过程中的困境，以创新驱动为核心的新动能将在平抑经济波动、实现经济稳定可持续发展中的作用不断壮大。一方面，高技术产业培育出的革命性创新是新兴产业形成和发展的核心驱动力，逐渐将资源从过剩产业中解放出来，从而为中国经济提供新的增长点。另一方面，高技术产业集聚带来的技术扩散和边际创新将对推动传统产业改造升级、强化工业基础和提升“中国制造”品质形成强有力的支撑，不断突破发展瓶颈，为中国经济增长注入旺盛活力。

3. 高技术产业集聚对经济结构优化的影响机制

技术创新和进步是优化经济结构，实现产业转型升级的重要途径。人类所经历的每一次工业革命，都是技术进步推动经济结构变革的过程，新兴产业的不断涌现持续推动着经济结构的丰富和优化。经济发展的核心是产业结构的高级化，经济发展的过程也是产业结构不断优化升级的过程。一方面，利用先进技术对传统产业和基础设施进行改造和升级，可以推动机械化和自动化生产的大规模普及，使更多劳动力从初级产业和劳动密集型产业中解脱，从而转移到高新技术产业和现代化服务业。另一方面，由产业集聚催生的技术进步有助于加快我国由劳动密集型增长方式向资本密集型、知识密集型增长方式转变，由高消耗、高污染的粗放型增长模式向低消耗、低污染的集约型增长模式转变，使经济增长动力由要素驱动向创新驱动转变。此外，高技术产业集聚水平的提高能够增强我国的自主创新能力，增加产品科技含量，改善产品质量结构，从而提升我国各产业在全球价值链中的地位。

4. 高技术产业集聚对社会福利的影响机制

高技术产业集聚所带来的技术进步对社会福利具有正反两方面的作用。首先，技术进步会增加社会财富，改善公共服务。大规模新技术的创新与应用，会大幅提高经济增长效率，创造更多社会财富和更丰富的生活条件，从而改善教育、医疗、基础设施等公共服务水平。其次，技术进步会使财富更加集中，加速贫富分化。技术进步将使越来越多的工作岗位被机器取代，其带来的劳动力过剩进一步压低劳动力价格，而从事技术研发、管理和资本运作的人将更加富裕，结果导致贫富差距的进一步扩大。因此，高技术产业集聚对社会福利的总体影响效果关键在于技术进步所带来的额外财富能否合理分配。如果分配得当，那么科技创造的财富将普惠社会大众；如果分配不当，将加剧整个社会的两极分化。

5. 高技术产业集聚对绿色发展的影响机制

高技术产业集聚有利于我国发展低碳经济，即依靠技术和制度创新，从根本上改变我们人类对化石能源的依赖，减少以二氧化碳为表征的温室气体的排放，走以低能耗、低排放、低污染为特征的可持续发展道路（庄贵阳，2005；

赵昕和郭晶，2011）。一方面，高技术产业集聚可以优化产业结构，促进产业结构转型升级，减少资源、能源消耗和环境污染。另一方面，技术创新和进步是发展低碳经济的核心和动力，在产业结构调整对节能减排的正面影响不断弱化的情况下，技术进步成为实现节能减排目标的基本依靠（程云鹤等，2013）。技术创新所带来的可替代能源和清洁能源的增加能够改善能源消费结构，提高资源、能源利用率，缓解经济增长与环境保护之间的尖锐矛盾，突破能源供给和环境承载力对经济发展的制约。

6.3 模型、变量与数据

6.3.1 模型设定

为实证检验高技术产业集聚对中国经济增长质量的影响，本章构建如下回归模型：

$$Quality_{it} = \beta_0 + \beta_1 Haggl_{it} + \lambda Control_{it} + \mu_i + \eta_t + \varepsilon_{it} \tag{6-1}$$

其中，$Quality_{it}$是 i 地区 t 年的经济增长质量综合指数；$Haggl_{it}$为 i 地区 t 年的高技术产业集聚度；$Control_{it}$表示一系列的控制变量，主要包括城镇化水平（$Urban_{it}$）、贸易开放水平（$Trade_{it}$）、外商直接投资（Fdi_{it}）人口抚养比（Pop_{it}）、政府干预程度（Gov_{it}）和人力资本水平（Hum_{it}）；μ_i 表示不可观测的地区效应，η_t 表示不可观测的时间效应，ε_{it}为随机误差项。

为了克服可能存在的内生性问题，本章利用两步系统 GMM 法，进行动态面板模型估计。因此，进一步建立如下动态回归模型：

$$Quality_{it} = \beta_0 + \gamma Quality_{i,t-1} + \beta_1 Haggl_{it} + \lambda Control_{it} + \varepsilon_{it} \tag{6-2}$$

分别以经济增长效率（$Effi_{it}$）、经济增长稳定性（$Stab_{it}$）、经济结构优化（$Stru_{it}$）、社会福利（$Welf_{it}$）和绿色发展（$Green_{it}$）5 个分项指标为因变量，考察高技术产业集聚对经济增长质量影响的作用渠道，模型设定如下：

$$Qua_{it} = \beta_0 + \gamma Qua_{i,t-1} + \beta_1 Haggl_{it} + \lambda Control_{it} + \varepsilon_{it} \tag{6-3}$$

6.3.2　变量选择

1. 被解释变量

经济增长质量。经济增长质量是一个复合概念，不局限于经济范畴，还应考虑社会发展、资源分配、生态环境、地区协调、可持续发展等方方面面。因此，本章从经济增长效率、经济增长稳定性、经济结构优化、社会福利和绿色发展五个维度构建经济增长质量综合指标体系，具体可见第 4 章表 4 – 13。

2. 核心解释变量

高技术产业集聚（*Haggl*）。本章借鉴国外学者（Keeble & Bryson，1991；Donoghue & Gleave，2004）和国内学者（程大中和陈福炯，2005；孙浦阳等，2012；杨仁发，2013）的做法，采用区位熵指标来衡量高技术产业的集聚程度，具体计算公式如下：

$$Haggl_{ij} = \frac{E_{ij} / \sum_i E_{ij}}{\sum_j E_{ij} / \sum_i \sum_j E_{ij}} \tag{6-4}$$

其中，E_{ij}表示 i 地区在产业 j 上的就业人口；$\sum_i E_{ij}$ 表示 i 地区所有产业的就业人口；$\sum_j E_{ij}$ 表示全国 j 产业的总就业人口；$\sum_i \sum_j E_{ij}$ 表示全国所有产业的就业人口之和。区位熵指数代表一个地区某个产业的集聚程度在全国范围内的相对水平（孙浦阳等，2012）。$Haggl_{ij}$值越大，说明该地区的产业集聚程度越高；反之则越低。一般来说，当 $Haggl_{ij} > 1$ 时，该地区的某一产业在全国具有集聚优势；当 $Haggl_{ij} < 1$ 时，该地区的某一产业在全国处于劣势。可以说，区位熵指标能够在一定程度上合理地衡量一个地区的产业集聚水平。

由于篇幅有限，表 6 – 1 报告了我国各地区 2015 年的高技术产业集聚状况。可以看出，广东、江苏两省的高技术产业集聚程度最高，分别达到了 2.6633 和 2.1259；天津、上海两省紧随其后，高技术产业集聚指数都大于 1；西部地区的高技术产业集聚程度普遍都很低，大部分都在 0.4 以下。这说明到了 2015 年，我国高技术产业依然主要分布在长三角和珠三角地区，中西部地区的高技术产业发展仍然相对滞后。高技术产业是资本密集型和技术密集型相结合的产业，需要强有力的资本和人才作为支撑，东部地区在金融支持、投资环境、人力资本和基础设施等方面都具有绝对优势，能够为高技术产业的发展提供全方位的保障。因此我们可以推断，在未来很长一段时期，东部地区特别是长三角和珠三角地区的高技术产业集聚水平还将不断提高。

表 6-1　2015 年各地区高技术产业集聚状况

地区	高技术产业集聚度	地区	高技术产业集聚度
广东	2.6633	吉林	0.6245
江苏	2.1259	广西	0.4720
天津	1.2479	北京	0.4636
上海	1.1955	河北	0.4414
江西	1.0181	辽宁	0.4205
河南	0.9074	山西	0.4068
重庆	0.8797	贵州	0.3957
四川	0.8631	黑龙江	0.2436
浙江	0.8517	海南	0.2236
山东	0.7892	宁夏	0.2056
福建	0.7578	青海	0.1772
湖南	0.7231	内蒙古	0.1750
安徽	0.6931	甘肃	0.1408
湖北	0.6550	云南	0.1402
陕西	0.6293	新疆	0.0466

3. 控制变量

城镇化水平（*Urban*）：用各地区的城镇人口占该地区总人口的比重来衡量，用于控制城市化水平对经济增长质量的影响；贸易开放度（*Trade*）：用各地区的进出口贸易总额与该地区 GDP 的比值来衡量，用于控制贸易开放水平对经济增长质量的影响；外商直接投资（*Fdi*）：用各地区的外商直接投资额与该地区 GDP 之比来衡量，用于控制利用外商直接投资规模对于经济增长质量的影响；人口抚养比（*Pop*）：用各地区少年儿童（14 岁以下）人口抚养比与老年（65 岁以上）人口抚养比之和来衡量，用于控制人口结构因素对经济增长质量的影响；政府干预程度（*Gov*）：用各地区财政支出/该地区 GDP 来衡量，比值越大，说明政府干预程度越高，反之则越低，用于控制政府支出规模对经济增长质量的影响；人力资本水平（*Hum*）：用人均教育年限来衡量，用于控制劳动力素质对经济增长质量的影响，具体计算公式为：$A\times6+B\times9+C\times12+D\times16$，其中，$A$、$B$、$C$、$D$ 分别是指小学、初中、高中、大专及以上受教育人口占 6 岁及以上人口的比例。表 6-2 是主要变量说明及描述性统计。

表 6-2　变量描述性统计

变量类型	变量	变量含义	观测值	平均值	标准差	最小值	最大值
被解释变量	*Quality*	经济增长质量综合指数	480	1.462	0.174	1.089	1.929
	Effi	经济增长效率指数	480	1.403	0.202	1.028	1.977
	Stab	经济增长稳定性指数	480	1.547	0.149	1.137	2.019
	Stru	经济结构优化指数	480	1.412	0.164	1.101	1.844
	Welf	社会福利指数	480	1.384	0.160	1.075	2
	Green	绿色发展指数	480	1.709	0.193	1.105	2
核心解释变量	*Haggl*	高技术产业集聚度	480	0.746	0.796	0.016	4.413
控制变量	*Urban*	城镇化水平	480	0.489	0.153	0.233	0.896
	Trade	贸易开放度	480	0.318	0.373	0.0152	1.876
	Fdi	外商直接投资	480	0.0268	0.0232	0.000682	0.154
	Pop	人口抚养比	480	0.591	0.196	0.209	1.357
	Gov	政府干预程度	480	0.193	0.0882	0.0468	0.627
	Labor	人力资本水平	480	8.358	1.050	5.438	12.28

6.3.3　数据说明

鉴于数据的可得性和完整性，本章的研究对象涵盖了中国内地除西藏以外的 30 个省份，时间跨度为 2000～2015 年。本章所使用的原始数据均来源于《中国统计年鉴》《中国工业统计年鉴》《中国环境统计年鉴》《中国高技术产业统计年鉴》、各地区统计年鉴以及国家统计局网站。此外，为了保证面板数据的平衡性，对于极个别缺失的数据采用均值或零值填补。

6.4　实证检验与分析

6.4.1　高技术产业集聚影响经济增长质量的基本回归

表6－3报告了基本回归结果。首先，单独将核心解释变量高技术产业集聚（*Haggl*）代入模型进行回归，第（1）列和（2）列是分别采用随机效应模型和固定效应模型的回归结果。结果显示，高技术产业集聚的系数为正，且达到了1%的显著性水平，说明高技术产业集聚水平的提高能够有效改善经济增长质量。第（3）列和（4）列分别是在第（1）列和（2）列的基础上加入其他控制变量后的回归结果。可以看出，在加入了其他控制变量后，高技术产业集聚的系数依然显著为正，只是系数大小有所下降。

表6－3　　高技术产业集聚影响经济增长质量的基本回归

变量	Re	Fe	Re	Fe
	(1)	(2)	(3)	(4)
Haggl	0.061*** (0.011)	0.047*** (0.011)	0.033*** (0.011)	0.024** (0.012)
Urban			0.380*** (0.097)	0.585*** (0.128)
Trade			0.074*** (0.028)	0.081*** (0.031)
Fdi			0.459** (0.222)	0.446* (0.228)
Pop			－0.010 (0.033)	－0.013 (0.035)
Gov			－0.432*** (0.079)	－0.387*** (0.090)
Hum			0.055*** (0.013)	0.068*** (0.015)

续表

变量	Re	Fe	Re	Fe
	(1)	(2)	(3)	(4)
Constant	1.429 *** (0.026)	1.441 *** (0.015)	0.939 *** (0.090)	0.768 *** (0.117)
地区效应	Yes	Yes	Yes	Yes
时间效应	Yes	Yes	Yes	Yes
样本数	480	480	480	480
R^2	0.115	0.116	0.251	0.258

对于其他控制变量。城镇化水平（*Urban*）对经济增长质量的影响显著为正。城镇化的发展能创造出较多的工作机会，吸收大量农村剩余劳动力，并通过资源优化配置、产业结构调整、科技进步推动整体社会经济迈向更高效率和更高质量的发展阶段。贸易开放度（*Trade*）和外商直接投资（*Fdi*）的系数同样显著为正，说明经济开放水平的提高能够改善经济增长质量。这是由于扩大经济开放能够为经济稳定持续发展提供有力支撑。贸易开放可以与各国互通有无，并充分发挥我国的劳动力和市场优势；而外商直接投资可以拉动投资和就业，吸收国外的高端要素、先进技术和管理经验。人口抚养比（*Pop*）对经济增长质量的影响不显著，说明人口结构因素对于我国前期经济增长质量的影响作用还相对有限。政府干预程度（*Gov*）对经济增长质量具有显著的负面影响，这可能是由于政府的大规模支出会挤占私人投资，同时可能会产生许多重复投资，造成资源浪费或投资效益偏低。人力资本水平（*Hum*）对经济增长质量具有非常显著的积极影响，因为人力资本水平的提高能够全面提升我国的劳动力素质，提高劳动效率，并为我国经济结构转型升级提供人才支撑，因此对经济增长质量的改善至关重要。

6.4.2　高技术产业集聚影响经济增长质量的地区异质性检验

1. 按地理区位划分

为考察高技术产业集聚对经济增长质量影响的地区异质性，我们将 30 个省份按地理区位分为东部、中部和西部地区①三个样本组，分别进行回归后的结果如表6－4所示。可以看出，高技术产业集聚对经济增长质量的影响存在较为明显的地区异质性，东部地区的高技术产业集聚能够明显改善经济增长质量水平，但这种效应在中西部地区并没有体现出来。原因可能在于：中西部地区的高技术产业集聚程度还比较低，无法产生一定的外部经济效应，技术进步经济效应不太明显，因而对经济增长质量的改善作用有限。而东部地区依靠自身的区位优势、人才优势、技术优势和创新环境优势，对高技术产业有关的各种要素和资源有很强的吸引力和集聚能力，使自身的高技术产业集聚水平得到不断强化。当高技术产业集聚到一定程度，由技术创新和技术进步所产生的外部经济效应必然会提高经济效率和推动产业结构转型升级，从而显著提升整体经济增长质量。

表6－4　按地理区位分组回归结果

变量	东部地区		中部地区		西部地区	
	Re	Fe	Re	Fe	Re	Fe
	(1)	(2)	(3)	(4)	(5)	(6)
Haggl	0.044*** (0.012)	0.047*** (0.014)	0.053 (0.043)	0.012 (0.073)	0.019 (0.027)	−0.008 (0.032)
Urban	0.062 (0.129)	−0.014 (0.181)	0.284 (0.175)	0.914*** (0.256)	0.428* (0.227)	1.600*** (0.408)
Trade	0.072** (0.034)	0.090** (0.038)	−0.173 (0.244)	−0.070 (0.205)	0.023 (0.115)	0.059 (0.126)
Fdi	−0.133 (0.300)	0.291 (0.301)	2.251*** (0.800)	−0.988 (0.810)	1.278* (0.751)	1.175 (0.769)
Pop	−0.006 (0.056)	−0.037 (0.055)	−0.087 (0.081)	−0.048 (0.073)	−0.002 (0.067)	−0.006 (0.073)
Gov	−0.705*** (0.182)	−0.636*** (0.230)	−1.073*** (0.333)	−0.415 (0.522)	−0.481*** (0.117)	−0.239* (0.143)

① 东部地区包括北京、天津、河北、辽宁、上海、江苏、浙江、福建、山东、广东和海南11个省份；中部地区包括山西、吉林、黑龙江、安徽、江西、河南、湖北和湖南8个省份；西部地区包括内蒙古、广西、重庆、四川、贵州、云南、山西、甘肃、青海、宁夏和新疆11个省份。

续表

变量	东部地区		中部地区		西部地区	
	Re	Fe	Re	Fe	Re	Fe
	(1)	(2)	(3)	(4)	(5)	(6)
Hum	0.089 *** (0.018)	0.079 *** (0.024)	-0.013 (0.023)	0.054 * (0.031)	0.028 (0.022)	0.033 (0.028)
Constant	0.905 *** (0.107)	0.995 *** (0.216)	1.548 *** (0.185)	0.796 *** (0.234)	1.101 *** (0.163)	0.680 *** (0.227)
地区效应	Yes	Yes	Yes	Yes	Yes	Yes
时间效应	Yes	Yes	Yes	Yes	Yes	Yes
样本数	176	176	128	128	176	176
R^2	0.366	0.381	0.149	0.354	0.316	0.360

2. 按经济发展水平划分

（1）按集聚水平划分。各地区的高技术产业集聚水平差异较大，产生的技术外溢程度也会有所不同，因此高技术产业集聚的经济增长质量效应在不同地区可能存在一定的异质性。将 30 个省份划分为高低两个层次的高技术产业集聚区域，划分标准根据所计算的各地区高技术产业平均集聚指数大小来决定，高于 0.8 为高集聚水平的地区；低于 0.8 为低集聚水平的地区。表 6－5 为按集聚水平分组后的回归结果。

表 6－5　　按集聚水平分组回归结果

变量	高集聚水平		低集聚水平	
	Re	Fe	Re	Fe
	(1)	(2)	(3)	(4)
Haggl	0.033 *** (0.011)	0.036 *** (0.013)	0.021 (0.028)	0.005 (0.031)
Urban	0.238 * (0.125)	0.368 ** (0.177)	0.320 ** (0.137)	0.810 *** (0.187)
Trade	0.053 * (0.032)	0.077 ** (0.036)	-0.054 (0.076)	-0.026 (0.088)
Fdi	0.498 * (0.295)	0.696 ** (0.311)	0.727 * (0.413)	0.518 (0.454)

续表

变量	高集聚水平		低集聚水平	
	Re	Fe	Re	Fe
	(1)	(2)	(3)	(4)
Pop	0.025 (0.054)	0.013 (0.052)	-0.019 (0.045)	-0.025 (0.048)
Gov	-0.537*** (0.194)	-0.413 (0.272)	-0.401*** (0.094)	-0.330*** (0.115)
Hum	0.064*** (0.018)	0.061** (0.023)	0.045*** (0.016)	0.064*** (0.020)
Constant	0.960*** (0.111)	0.883*** (0.194)	1.040*** (0.124)	0.741*** (0.155)
地区效应	Yes	Yes	Yes	Yes
时间效应	Yes	Yes	Yes	Yes
样本数	176	176	304	304
R^2	0.329	0.344	0.243	0.270

表6-5的回归结果显示，高技术产业集聚在高集聚水平地区的估计系数为正，且在1%的水平下显著，即高技术产业集聚水平每提高1个单位，经济增长质量将改善0.035个单位；而在低集聚地区，高技术产业集聚的系数符号虽然为正，但并没有通过显著性检验。这说明高技术产业集聚在低集聚水平的地区对经济增长质量的提升作用有限，当高技术产业集聚达到一定程度时，才能显著促进经济增长质量的改善。这是因为：高集聚水平的地区拥有一定的产业基础和人才市场，再加上在要素禀赋、地理区位、高等教育、资本支持和公共服务等方面的优势，会在高技术产业竞争中长期保持领先地位，强大的“虹吸效应”会进一步增强该地区的高技术产业集聚程度。这样，拥有高集聚水平的地区将不断强化自身的高技术产业集聚优势，形成良性的循环累积因果效应，更加提升高技术产业集聚对经济增长质量的正向作用。低集聚水平的地区由于受“马太效应”的影响，高技术产业集聚水平很难在短期内得到明显提升，因此对该地区经济增长质量的促进作用有限。

（2）按城镇化水平划分。城镇化水平可能会对高技术产业集聚的作用产生一定影响。城镇化的发展加快了区域内的要素流动，提高了资源的利用效率。不同程度的城镇化水平在对人才的吸引力、产业集聚能力和资源优化配置能力等方面都存在较大差异，从而带来的正外部性和规模经济效应具有非常明显的异质性。

以中位数为基准将30个省份分为高城镇化水平和低城镇化水平地区，以考察城镇化水平对于高技术产业集聚与经济增长质量关系的影响。从表6－6的回归结果看，城镇化水平的作用比较明显，高技术产业集聚的系数在高城镇化水平的地区显著为正；而在低城镇化水平的地区则不显著。这是由于城镇化的发展会吸引人才、资本、技术等各种要素不断向城镇集中，带动区域内的人口集聚、资本集聚和技术集聚，并通过资本乘数效应和物流、信息流的加速效应进一步增强产业集群效应。而产业集聚效应的不断增强会产生一定的外部规模经济，使区域内的人力、信息、物流、技术等资源和要素得到充分共享，进而提升区域经济增长效率，推动产业结构优化和实现稳定可持续的高质量经济增长（见表6－6）。

表6－6　按城镇化水平分组回归结果

变量	高城镇化水平		低城镇化水平	
	Re	Fe	Re	Fe
	(1)	(2)	(3)	(4)
Haggl	0.045*** (0.013)	0.041*** (0.014)	0.011 (0.020)	－0.028 (0.023)
Urban	0.331** (0.139)	0.561*** (0.164)	－0.141 (0.199)	0.928*** (0.349)
Trade	0.082** (0.033)	0.098*** (0.036)	－0.226** (0.100)	－0.186 (0.119)
Fdi	0.513* (0.273)	0.698** (0.282)	1.327** (0.535)	0.767 (0.575)
Pop	－0.002 (0.049)	－0.026 (0.051)	－0.081 (0.051)	－0.027 (0.057)
Gov	－0.564*** (0.165)	－0.491*** (0.187)	－0.557*** (0.089)	－0.264** (0.130)
Hum	0.071*** (0.020)	0.089*** (0.023)	0.037** (0.015)	0.037* (0.021)

续表

变量	高城镇化水平		低城镇化水平	
	Re	Fe	Re	Fe
	(1)	(2)	(3)	(4)
Constant	0.834 *** (0.135)	0.565 *** (0.182)	1.294 *** (0.120)	0.946 *** (0.201)
地区效应	Yes	Yes	Yes	Yes
时间效应	Yes	Yes	Yes	Yes
样本数	240	240	240	240
R^2	0.367	0.377	0.234	0.279

（3）按经济开放水平划分。经济开放水平也会对高技术产业集聚的经济增长质量效应造成影响。在开放经济中，要素、商品与服务的跨国自由流动，促进资源的优化配置和国外新知识、新技术的迅速传播。这有利于形成专业化分工和产业集群优势，随之产生外部规模经济，从而降低经营成本和提高经济效率。

我们用贸易开放度和外商直接投资水平来衡量经济开放水平，以中位数为基准将30个省份分为高贸易开放度和低贸易开放度地区、高FDI水平和低FDI水平地区，进行检验后的结果如表6-7和表6-8所示。结果显示，在高经济开放水平地区，高技术产业集聚的系数显著为正；而在低经济开放水平地区则不显著。这说明高技术产业集聚在高经济开放水平地区对经济增长质量的作用明显高于低经济开放水平地区。原因在于：经济开放水平高的地区能利用贸易进出口和外商直接投资加快人力资本及技术积累，推动国外先进知识和技术在本地区的扩散，使本地区的科技人员得到一定的培训和激励，从而增加人力资本累积效应（肖建清，2009）。伴随着要素积累和技术进步，产业关联度较高或者有相似人力资本需求的企业就会在该地区集聚。这种集聚效应达到一定程度，将使该地区获得市场优势和成本优势，从而吸引更多企业和要素聚集到该地区。可以说，经济开放将有效提升区域内的高技术产业集聚水平，从而使高技术产业集聚对经济增长质量的正向促进作用得到进一步强化。

表 6-7 按贸易开放度分组回归结果

变量	高贸易开放度		低贸易开放度	
	Re	Fe	Re	Fe
	(1)	(2)	(3)	(4)
Haggl	0.048*** (0.013)	0.045*** (0.014)	0.022 (0.021)	-0.026 (0.024)
Urban	0.165 (0.127)	0.289* (0.160)	0.297* (0.157)	1.278*** (0.256)
Trade	0.077** (0.034)	0.085** (0.037)	-0.275** (0.136)	-0.141 (0.139)
Fdi	0.491* (0.283)	0.616** (0.303)	0.990* (0.540)	0.390 (0.560)
Pop	0.016 (0.049)	4.39e-04 (0.052)	-0.037 (0.051)	-0.027 (0.054)
Gov	-0.573*** (0.146)	-0.512*** (0.170)	-0.543*** (0.096)	-0.340*** (0.120)
Hum	0.086*** (0.019)	0.101*** (0.022)	0.025 (0.016)	0.028 (0.021)
Constant	0.804*** (0.130)	0.621*** (0.184)	1.220*** (0.124)	0.880*** (0.170)
地区效应	Yes	Yes	Yes	Yes
时间效应	Yes	Yes	Yes	Yes
样本数	224	224	256	256
R^2	0.340	0.345	0.207	0.277

表 6-8 按 FDI 水平分组回归结果

变量	高 FDI 水平		低 FDI 水平	
	Re	Fe	Re	Fe
	(1)	(2)	(3)	(4)
Haggl	0.045*** (0.012)	0.041*** (0.013)	-0.001 (0.023)	-0.029 (0.027)
Urban	0.315*** (0.121)	0.504*** (0.157)	0.166 (0.166)	0.608** (0.236)

续表

变量	高 FDI 水平		低 FDI 水平	
	Re	Fe	Re	Fe
	(1)	(2)	(3)	(4)
Trade	0.078 *** (0.030)	0.101 *** (0.033)	-0.0225 (0.010)	0.009 (0.110)
Fdi	0.408 (0.242)	0.528 ** (0.249)	0.928 (0.676)	0.643 (0.698)
Pop	-0.008 (0.042)	-0.027 (0.044)	-0.031 (0.054)	-0.012 (0.059)
Gov	-0.550 *** (0.170)	-0.592 *** (0.195)	-0.466 *** (0.098)	-0.371 *** (0.121)
Hum	0.057 *** (0.017)	0.065 *** (0.020)	0.042 ** (0.018)	0.053 ** (0.023)
Constant	0.963 *** (0.122)	0.810 *** (0.165)	1.126 *** (0.136)	0.902 *** (0.180)
地区效应	Yes	Yes	Yes	Yes
时间效应	Yes	Yes	Yes	Yes
样本数	240	240	240	240
R^2	0.385	0.391	0.233	0.258

6.4.3 高技术产业集聚影响经济增长质量的稳健性检验

1. 替换核心解释变量

上面用就业人口数据来计算各地区高技术产业的集聚程度，为了确保估计结果的稳健性和可靠性，进一步采用产值数据来计算。由于 GDP 是各行业增加值之和，而各地区高技术产业增加值数据又缺失，因此我们利用高技术产业产值和工业产值数据所计算的结果来衡量各地区的高技术产业集聚水平。计算公式如下：

$$Haggl_{ij} = \frac{X_{ij} \Big/ \sum_{i} X_{ij}}{\sum_{j} X_{ij} \Big/ \sum_{i} \sum_{j} X_{ij}} \qquad (6-5)$$

其中，X_{ij}为 i 地区 j 产业的产值；$\sum_{i} X_{ij}$ 为 i 地区的工业总产值；$\sum_{j} X_{ij}$ 为全国 j 产业产值；$\sum_{i}\sum_{j} X_{ij}$ 为全国工业总产值。

表6－9中第（1）列、（2）列为替换核心解释变量后的回归结果，与表6－3相比较，高技术产业集聚（*Haggl*）的系数符号和显著性均未发生改变，并且其他控制变量的系数符号和显著性也都基本保持一致，说明本章的研究结果是非常稳健的。

2. 剔除甘肃、青海、宁夏、新疆样本

鉴于甘肃、青海、宁夏和新疆地理位置的特殊性，再加上各项经济指标对全国平均水平的偏离度较大，我们剔除这四个地区样本，然后重新进行回归。表6－9第（3）列、（4）列的结果显示，在剔除甘肃、青海、宁夏、新疆样本后，核心解释变量和其他控制变量的系数符号和显著性均无本质变化。

3. 采用主成分分析法测算经济增长质量指数

前面用熵值法测算了经济增长质量指数，为了保证计算结果的合理性和可靠性，进一步采用主成分分析法对经济增长质量指数进行合成，经过替换测算方法后的回归结果如表6－9第（5）列、（6）列所示。结果显示，与利用熵值法测算经济增长质量指数的回归结果作对比，除了政府干预程度的系数符号和显著性发生变化外，核心解释变量和其他控制变量的系数符号和显著性都基本一致。这表明，无论用熵值法还是主成分分析法来测算经济增长质量指数，最后得出的核心结论保持一致，即高技术产业集聚水平的提高有利于改善经济增长质量。

4. 采用两步系统 GMM 法进行回归

由于可能存在测量误差或遗漏变量，加上被解释变量与解释变量之间可能存在双向因果关系，因此会产生潜在的内生性问题，而内生性问题会导致估计结果出现偏误。在本章中，当期的解释变量高技术产业集聚和被解释变量经济增长质量可能存在双向因果关系，即高技术产业集聚会影响经济增长质量，而经济增长质量的变化反过来也会影响到高技术产业集聚水平。为克服这种内生性问题，进一步采用两步系统 GMM 法动态面板模型回归方法来进行实证检验。表6－9第（7）列显示，在变换计量方法后，除了外商直接投资（*Fdi*）

的系数符号和显著性发生改变外，核心解释变量高技术产业集聚（*Haggl*）和其他控制变量的系数符号和显著性依然保持不变，进一步验证了本章核心结论的可靠性。

表 6-9　　高技术产业集聚影响经济增长质量的稳健性检验

变量	替换核心解释变量		剔除甘肃、青海、宁夏、新疆样本		主成分分析法		两步系统GMM 法
	Re	Fe	Re	Fe	Re	Fe	
	(1)	(2)	(3)	(4)	(5)	(6)	(7)
Haggl	0.042*** (0.011)	0.035*** (0.012)	0.032*** (0.011)	0.023* (0.012)	0.318*** (0.107)	0.315*** (0.115)	0.028*** (0.005)
Urban	0.353*** (0.092)	0.640*** (0.124)	0.340*** (0.101)	0.528*** (0.131)	2.420** (0.983)	2.049* (1.228)	0.228*** (0.076)
Trade	0.080*** (0.027)	0.067** (0.032)	0.089*** (0.029)	0.093*** (0.032)	0.748*** (0.278)	0.649** (0.300)	0.090*** (0.010)
Fdi	0.524** (0.222)	0.506** (0.229)	0.415* (0.230)	0.389 (0.238)	3.927* (2.145)	3.837* (2.196)	-0.216 (0.331)
Pop	-0.003 (0.033)	-0.001 (0.035)	-0.005 (0.034)	-0.008 (0.036)	-0.093 (0.323)	-0.099 (0.334)	0.070*** (0.014)
Gov	-0.496*** (0.074)	-0.389*** (0.090)	-0.359*** (0.120)	-0.267* (0.141)	0.631 (0.783)	1.215 (0.868)	-0.463*** (0.096)
Hum	0.046*** (0.012)	0.068*** (0.015)	0.058*** (0.014)	0.073*** (0.016)	0.637*** (0.127)	0.550*** (0.143)	0.022*** (0.005)
L. Quality							0.119* (0.062)
Constant	1.014*** (0.083)	0.734*** (0.117)	0.922*** (0.100)	0.738*** (0.130)	-6.165*** (0.912)	-5.439*** (1.124)	1.001*** (0.112)
AR（1）							0.000
AR（2）							0.995
Sargan							1.000
地区效应	Yes	Yes	Yes	Yes	Yes	Yes	
时间效应	Yes	Yes	Yes	Yes	Yes	Yes	
样本数	480	480	416	416	480	480	450
R^2	0.248	0.265	0.247	0.255	0.118	0.119	

6.4.4　高技术产业集聚对经济增长质量的影响渠道检验

为进一步考察高技术产业集聚是通过哪些渠道来对经济增长质量产生影响的，分别以经济增长效率、经济增长稳定性、经济结构优化、社会福利和绿色发展五个维度的分项指标作为被解释变量，并采用两步系统 GMM 法进行回归，回归结果如表 6－10 所示。

表 6－10　　高技术产业集聚对经济增长质量的影响渠道检验

变量	*Effi*	*Stab*	*Stru*	*Welf*	*Green*
	(1)	(2)	(3)	(4)	(5)
Haggl	0.052 *** (0.004)	0.044 ** (0.022)	0.047 *** (0.004)	－0.003 (0.006)	0.030 *** (0.009)
Urban	0.086 ** (0.038)	0.181 (0.164)	0.353 *** (0.031)	0.272 *** (0.098)	0.081 (0.054)
Trade	－0.073 *** (0.007)	－0.055 ** (0.022)	－0.040 *** (0.010)	－0.051 * (0.027)	－0.031 *** (0.008)
Fdi	－0.105 (0.241)	－0.691 (0.632)	0.765 *** (0.093)	0.401 ** (0.169)	0.483 *** (0.175)
Pop	－0.018 * (0.010)	0.211 *** (0.032)	0.018 *** (0.005)	0.046 *** (0.011)	－0.107 *** (0.008)
Gov	0.042 (0.057)	－0.205 (0.286)	－0.025 (0.078)	－0.101 (0.108)	－0.351 *** (0.067)
Hum	0.010 *** (0.003)	－0.017 (0.012)	－0.002 (0.002)	0.009 ** (0.004)	0.002 (0.003)
L. Effi	0.971 *** (0.012)				
L. Stab		0.035 (0.073)			
L. Stru			0.586 *** (0.027)		
L. Welf				0.638 *** (0.050)	

续表

变量	Effi	Stab	Stru	Welf	Green
	(1)	(2)	(3)	(4)	(5)
L. Green					0.650 *** (0.033)
Constant	-0.092 *** (0.027)	1.462 *** (0.191)	0.386 *** (0.038)	0.290 *** (0.076)	0.648 *** (0.066)
AR (1)	0.001	0.000	0.003	0.000	0.001
AR (2)	0.293	0.252	0.700	0.994	0.896
Sargan	1.000	1.000	1.000	1.000	1.000
样本数	450	450	450	450	450

从表6-10可以看出，经济增长效率、经济增长稳定性、经济结构优化和绿色发展四个渠道的估计系数显著为正；而社会福利渠道的系数不显著。这说明高技术产业集聚水平的提高通过提高经济增长效率、增加经济增长稳定性、优化经济结构和促进绿色发展等方面来推动经济增长质量的提升。进一步观察各渠道的系数值大小，发现高技术产业集聚对经济增长效率的正向影响效果最大，即高技术产业集聚水平每提升1个单位，将会使经济增长效率提升0.052个单位；对经济增长稳定性和经济结构优化的积极影响效果其次，而对于绿色发展的促进作用较小。

究其原因，不难理解：高技术产业集聚水平的提高能够在一定程度上使经济结构得到进一步优化，还可以利用技术手段改造传统产业和基础产业，使这些产业的生产效率得到较大提升，从而促进整体经济的协调稳定发展。但是，目前我国的高技术产业地区分布极不平衡，而且整体规模和水平所引发的外溢效应仍然相对有限，再加上技术进步有可能引发贫富差距拉大的抵消作用，因此对整个社会福利状况的改善效果不确定。

6.5 本章小结

本章首先从经济增长效率、经济增长稳定性、经济结构优化、社会福利和绿色发展五个维度构建了经济增长质量综合评价体系，采用熵值法测算了各地区经济增长质量综合指数，并在这五个维度的基础上分析了高技术产业集聚改善经济增长质量的理论机制。其次，利用2000～2015年除西藏以外中国30个省份的面板数据，实证检验了高技术产业集聚对经济增长质量的影响。主要得出以下几个结论：

（1）高技术产业集聚对经济增长质量的影响显著为正，即高技术产业集聚能够明显改善经济增长质量。随后通过替换核心解释变量和更换计量方法进行稳健性检验，变量的系数符号和显著性基本保持不变，说明本章的核心结论是可靠的。

（2）高技术产业集聚对经济增长质量的影响渠道主要来自提高经济增长效率、增加经济增长稳定性、优化经济结构和促进绿色发展等四个方面，而社会福利的渠道作用不明显。进一步观察各影响渠道中高技术产业集聚的系数大小，发现高技术产业集聚通过提高经济增长效率而对经济增长质量产生积极影响的效果最大，而绿色发展的渠道作用较弱。

（3）高技术产业集聚对经济增长质量的影响在地区间具有明显的异质性。在高技术产业集聚水平高的地区，或者说高技术产业集聚只有达到一定门槛值，才能显著改善经济增长质量。此外，高技术产业集聚的系数在高城镇化水平和高经济开放水平的地区显著为正，而在低城镇化水平和低经济开放水平的地区不显著。这说明，高技术产业集聚对经济增长质量的影响效果与经济发展水平密切相关，经济发展水平越高的地区，高技术产业集聚对该地区经济增长质量的提升作用越明显。

综合以上研究结论，本章的政策启示为：科技创新为经济增长提供了新动能，是实现高质量发展的关键因素。随着内部条件和外部环境的变化，我国过去粗放型的经济增长模式已经不可持续，需要进行产业结构转型升级，重点由资源消耗型、劳动密集型和低附加值的产业向高技术产业转变，利用高技术产业集聚所带来的技术创新和技术扩散实现外部经济效应，进而推动我国整体经济增长质量的提升。所以，我国应注重营造有利于科技创新的软环境，吸引和培育更多的科技创新企业，集中更多的科技创新要素，进一步提升高技术产业集聚对经济增长质量的改善作用。此外，本章的另一个重要研究结果显示，高技术产业集聚水平在经济发展水平较高的地区，并达到一定集聚程度时才会对经济增长质量产生显著的促进作用，这说明高技术产业集聚对经济增长质量的实质改善需要一定的经济发展水平和集聚规模作支撑。因此，应从政策上重点支持东部较发达地区的高技术产业发展，使之率先实现产业结构转型升级和经济增长模式的转变，进而再带动其他地区共同发展。各地区要根据自身优势和发展阶段来明确主体功能定位，促进高技术产业相关要素的有序自由流动，提高资源的配置效率。从而实现因地制宜实施各地区协调发展，形成相互分工协作和共同推动高质量经济增长的良好局面。

第7章　知识密集型产业协同集聚对经济增长质量的影响

——基于中国高技术产业与生产性服务业的实证分析

7.1　引　言

第6章主要考察了知识密集型产业中的高技术产业集聚对经济增长质量的影响。与传统制造业相比，高技术产业具有较高的技术创新能力、较高的产品附加值和较强的市场竞争力，因此可以显著促进地区经济增长质量的提升。众所周知，高技术产业的发展主要依靠自身研发和外部支持，而外部支持主要源于生产性服务业。生产性服务业与高技术产业同属于知识密集型产业，都以人力资本和知识资本作为主要投入品，因此两者可以共享人才市场和中间产品，同时也成为了“供应商—需求者”的关系。两者的共同集聚有利于促进产业之间的互动融合，加速知识、技术溢出，从而进一步强化产业集聚效应。因此，本章在第6章的基础上进一步考察高技术产业与生产性服务业协同集聚对经济增长质量的影响。

当前，我国高质量发展着力点需放在实体经济上，而实体经济的重点和难点都在于制造业。我国已经积极推动先进制造业和现代服务业的深度融合，主要目标在于增强技术创新能力，为实现中国经济高质量发展奠定坚实基础。与传统制造业相比，高技术产业具有较高的技术创新能力、较高的产品附加值和较强的市场竞争力。生产性服务业作为制造业的服务提供商，为制造业的改造升级提供相关配套支持，生产性服务业与制造业特别是先进制造业的融合发展不仅是现代经济发展的方向，而且正逐渐成为优化产业结构、转变经济发展方式的重要驱动力。这两大产业的融合发展需要两者的协同集群作为平台载体，这有利于促进产业之间的互动交流、知识共享和分工协作，加快科技创新和技术外溢，进一步提高社会经济效益，从而提升地区经济增长质量。那么，高技术产业与生产性服务业协同集聚是否真的能够改善经济增长质量？通过哪些渠道来改善？背后的作用机制是什么？关于这一系列的问题都需要我们进行实证检验，这对于完整、准确、全面贯彻新发展理念和实现我国高质量发展目标都具有重要的理论与现实意义。

基于此，本章试图实证检验高技术产业与生产性服务业协同集聚和经济增长质量之间的关系，并考察前者对后者的影响渠道。同时，检验政府干预程度、人力资本水平对两者关系的调节效应。最后，建立中介效应模型，以考察高技术产业与生产性服务业协同集聚对经济增长质量的作用机制。

7.2 高技术产业与生产性服务业协同集聚影响经济增长质量的理论机制

高技术产业是指以高新技术为基础，从事一种或多种高新技术及产品的研究、开发、生产和技术服务的企业集合，这些高技术企业开发出的重大技术创新往往会产生巨大的经济效益和社会效益。生产性服务业是从制造业内部生产服务部门而独立发展起来的新兴产业，是为保持工业生产过程的连续性、促进工业技术进步、产业升级和提高生产效率提供保障服务的服务行业。高技术产业与生产性服务业都以人力资本和知识资本作为主要投入品，属于知识密集型产业和技术密集型产业。两者在一定空间范围内的协同集聚，有利于促进产业间的互动融合，加快知识共享和技术传播的速度，从而产生较大规模的外部经济效应。而且，生产性服务业和高技术产业是“供应商—需求者”的关系，生产性服务业可以为高技术产业提供大量中间产品和相关技术服务，不仅能够满足高技术产业的生产需求，还可以通过专业化外包服务降低生产成本。同时，高技术产业和生产性服务业对知识和技术的可共享性较高，这两个产业之间和对其他产业的技术外溢效应也更加明显。两者的这种特殊伙伴关系，会促使高技术产业和生产性服务业在地区内的协同集聚，形成累积性的循环发展趋势，更加激发地区创新活力，创造更大规模的经济效应和社会效应，从而有效改善地区经济增长质量水平。具体来讲，高技术产业与生产性服务业协同集聚主要通过以下五个渠道对经济增长质量产生影响。

1. 高技术产业－生产性服务业协同集聚与经济增长效率

有研究（Brulhart & Mathys，2008）表明，产业集聚能够促进地区生产率增长，并且随着时间的推移，这种集聚效应会愈发明显。对于高技术产业与生产性服务业协同集聚而言：一方面，高技术产业与生产性服务业在地区内的集聚会吸引资金、技术、资源等要素的集中，容易产生显著的规模经济效应，这将大大提升该地区的生产率水平。同时，高技术产业与生产性服务业协同集聚还有利于改善地区投资经营环境，吸引大规模高素质专业性人才在该地区集聚，从而进一步提高本地区劳动生产率（Eswaran & Kotwal，2002）。另一方面，高技术产业与生产性服务业协同集聚会使市场分工更加细化，专业化水平得到进一步提升，这将更有力地激发地区创新活力，推动技术、产品与服务持续升级，从而不断提高地区生产率。此外，高技术产业与生产性服务业的融合发展，进一步提高了高端生产要素流动速度和技术扩散效率，这对其他产业的外溢作用也会得到明显增强，从而推动地区整体经济增长效率的提升。

2. 高技术产业－生产性服务业协同集聚与经济增长稳定性

经济增长稳定性主要是指经济在一个较长时期内保持健康稳定的增长态势，具体表现为适度的经济增长速度、较低的失业率和稳定的物价水平。因此，从以下三个方面来探讨高技术产业与生产性服务业协同集聚对经济增长稳定性的影响。第一，高技术产业与生产性服务业协同集聚有利于产业之间的互动和融合，推动新行业、新业态和新模式的孕育成长，为经济发展提供新动能，从而平抑经济波动。第二，高技术产业和生产性服务业等新兴产业的不断壮大，能够创造大量就业岗位，吸引传统产业和产能过剩部门的员工向新兴产业转移，以缓解就业压力和降低社会失业率。第三，高技术产业与生产性服务业协同集聚，有利于提高劳动生产率，降低制造业生产成本，抑制成本推动型通货膨胀。

3. 高技术产业－生产性服务业协同集聚与经济结构优化

高技术产业与生产性服务业协同集聚对经济结构的优化作用主要体现在产业结构优化和出口结构优化两个方面。首先，高技术产业与生产性服务业协同集聚能够促进产业结构的合理化和高级化。高技术产业与生产性服务业内部各部门在空间范围内的融合有利于地区多样化经济发展，提升市场分工的细化水平，优化资源要素的配置状况，从而实现产业结构的合理化发展。同时，高技术产业与生产性服务业协同集聚将促进地区劳动密集型产业和资源密集型产业向知识密集型产业和技术密集型产业转变，推动地区产业结构优化升级。其次，高技术产业与生产性服务业协同集聚有利于优化地区出口结构。两个产业的协同集聚能够进一步增强技术创新效应，提高制造业产品的科技含量，推动产业在全球价值链中持续攀升，从而增加出口产品的附加值，促进地区出口结构升级。

4. 高技术产业－生产性服务业协同集聚与社会福利

高技术产业与生产性服务业协同集聚对社会福利的影响效果不确定。一方面，高技术产业与生产性服务业协同集聚对社会福利具有正面影响。第一，产业协同集聚能够推动城市化的发展，创造更多就业机会，转移大量农村剩余劳动力，缩小城乡居民收入差距（曾艺等，2019）。第二，高技术产业与生产性服务业协同集聚程度较高的地区，知识和技术溢出效应更加明显，这不仅能够有效提高地区劳动生产率，还可以大幅降低要素成本和交易成本，从而提高该地区的企业利润和工资水平（杨仁发，2013）。第三，高技术产业与生产性服务业协同集聚有利于推动地区产业价值链的提升，创造更多社会财富和更优越的生活环境，从而改善基础设施、教育、医疗等公共服务水平。另一方面，高技术产业与生产性服务业协同集聚对社会福利具有一定负面影响。高技术产业与生产性服务业协同集聚可以推动技术进步，这将为获得技术优势的企业带来超额利润，从而加剧行业垄断程度，使财富不断向少数人集中，进一步扩大社会贫富差距。

5. 高技术产业－生产性服务业协同集聚与绿色发展

产业集聚不仅可以通过技术进步来改善碳生产率，而且还能够有效促进企业间节能环保知识的溢出和共享，从而产生正的环境外部效应（沈能等，2013；原毅军和谢荣辉，2015）。具体来讲：首先，高技术产业与生产性服务业中聚集了大量专业技术人员，在集体学习和知识溢出效应的作用下，会加速推动绿色技术创新，不断孕育出新的环境污染治理技术和处理方法。其次，两大产业的协同集聚有助于推动清洁能源技术的研发和节能减排等先进生产技术在制造业中的应用，提高资源利用效率，改善能源利用结构。最后，积极推动高技术产业与生产性服务业协同集聚能够促进产业结构转型升级，使生产环节向低污染和高附加值的两端延伸，不断优化要素投入结构，从而降低能源消耗程度和碳排放水平（刘胜和顾乃华，2015）。

7.3　模型、变量与数据

7.3.1　模型设定

为实证检验高技术产业与生产性服务业协同集聚对经济增长质量的作用，并考虑到可能存在的内生性问题，本章采用两步系统 GMM 法动态面板模型估计。由此，我们构建如下形式的动态回归模型：

$$Quality_{it} = \beta_0 + \gamma_1 Quality_{i,t-1} + \beta_1 Coaggl_{it} + \lambda_1 Control_{it} + \varepsilon_{it} \qquad (7-1)$$

其中，$Quality_{it}$是 i 地区 t 年的经济增长质量综合指数；$Coaggl_{it}$为 i 地区 t 年的高技术产业与生产性服务业协同集聚度；$Control_{it}$表示一系列的控制变量，主要包括城镇化水平（$Urban_{it}$）、贸易开放水平（$Trade_{it}$）、外商直接投资（Fdi_{it}）、人口抚养比（Pop_{it}）、政府干预程度（Gov_{it}）和人力资本水平（$Labor_{it}$）；ε_{it}为随机误差项。

分别以经济增长效率（$Effi_{it}$）、经济增长稳定性（$Stab_{it}$）、经济结构优化（$Stru_{it}$）、社会福利（$Welf_{it}$）和绿色发展（$Green_{it}$）5 个分项指标为因变量，考察高技术产业与生产性服务业协同集聚对经济增长质量各分项指标的影响，模型设定如下：

$$Qua_{it} = \beta_0 + \gamma_2 Qua_{i,t-1} + \beta_2 Coaggl_{it} + \lambda_2 Control_{it} + \varepsilon_{it} \qquad (7-2)$$

7.3.2　变量选择

1. 被解释变量

经济增长质量（$Quality$）。本章根据经济增长质量的内涵，并参考相关学者的研究，从经济增长效率（*Effi*）、经济增长稳定性（*Stab*）、经济结构优化（*Stru*）、社会福利（*Welf*）和绿色发展（*Green*）五个维度来构建经济增长质量综合指标体系，具体可见第4章表4-13。

2. 核心解释变量

高技术产业与生产性服务业协同集聚（*Coaggl*）。参考埃里森等（Ellison et al.，2010）、陈建军等（2016）、张虎（2017）等学者的测算方法，构建衡量高技术产业与生产性服务业协同集聚程度的指标，具体公式如下：

$$Coaggl_{it} = \left(1 - \frac{\left|Haggl_{it} - Paggl_{it}\right|}{Haggl_{it} + Paggl_{it}}\right) + \left|Haggl_{it} + Paggl_{it}\right| \tag{7-3}$$

其中，*Haggl* 表示高技术产业集聚指数；*Paggl* 表示生产性服务业集聚指数。*Haggl* 和 *Paggl* 两个集聚指数都是采用区位熵法来计算，公式如下：

$$Aggl_{ij} = \frac{E_{ij} \Big/ \sum_{i} E_{ij}}{\sum_{j} E_{ij} \Big/ \sum_{i}\sum_{j} E_{ij}} \tag{7-4}$$

其中，$Aggl_{ij}$表示 i 地区 j 产业集聚度；E_{ij}表示 i 地区在产业 j 上的就业人数，$\sum_{i} E_{ij}$ 表示 i 地区所有产业的就业人数，$\sum_{j} E_{ij}$ 表示全国 j 产业的总就业人数，$\sum_{i}\sum_{j} E_{ij}$ 表示全国所有产业的就业人数之和。

受篇幅所限，表7-1仅列示了2015年各地区高技术产业与生产性服务业协同集聚状况。可以看出，广东、上海两地的高技术产业与生产性服务业协同集聚程度最高，均在4.0左右；北京、天津和江苏处于第二梯队，均在3.3～3.5；西部地区的高技术产业与生产性服务业协同集聚程度普遍较低，大部分均在2.0以下。这表明，我国高技术产业和生产性服务业的空间分布很不均衡，珠三角、长三角和京津地区成为这两大产业的主要集聚地；而中西部地区的高技术产业和生产性服务业发展依然比较滞后。这是由于高技术产业和生产性服务业的核心要素是人才和知识，需要充裕的人力资本和知识资本作支撑。珠三角、长三角和京津地区在这两方面具有明显优势，而且在未来较长的一段时期内，依靠其优良的综合环境还会对其他地区形成强烈的虹吸效应，从而使本身所具有的高技术产业与生产性服务业协同集聚优势得到不断强化。

表 7 - 1　　2015 年各地区高技术产业与生产性服务业协同集聚状况

地区	协同集聚度	地区	协同集聚度
广东	4. 0779	吉林	2. 3823
上海	3. 9033	湖北	2. 3763
北京	3. 4676	广西	2. 0941
天津	3. 3708	辽宁	2. 0851
江苏	3. 3443	河北	2. 0545
重庆	2. 8420	山西	1. 9605
四川	2. 7951	贵州	1. 8490
浙江	2. 6804	黑龙江	1. 7049
山东	2. 5807	海南	1. 6593
江西	2. 5600	宁夏	1. 6093
湖南	2. 5103	青海	1. 5583
福建	2. 4737	内蒙古	1. 5353
陕西	2. 4681	甘肃	1. 2664
安徽	2. 4375	云南	1. 2618
河南	2. 4345	新疆	1. 0627

3. 控制变量

（1）城镇化水平（*Urban*）：用各地区的城镇人口占该地区总人口的比重来衡量，用于控制城市化水平对经济增长质量的影响；（2）贸易开放度（*Trade*）：用各地区的进出口贸易总额与该地区 GDP 的比值来衡量，用于控制贸易开放水平对经济增长质量的影响；（3）外商直接投资（*Fdi*）：用各地区的外商直接投资额与该地区 GDP 之比来衡量，用于控制利用外商直接投资规模对于经济增长质量的影响；（4）人口抚养比（*Pop*）：用各地区少年儿童（14 岁以下）人口抚养比与老年（65 岁以上）人口抚养比之和来衡量，用于控制人口结构因素对经济增长质量的影响；（5）政府干预程度（*Gov*）：用各地区财政支出/该地区 GDP 来衡量，比值越大，说明政府干预程度越高，反之则越低，用于控制政府支出规模对经济增长质量的影响；（6）人力资本水平（*Hum*）：用人均教育年限来衡量，用于控制劳动力素质对经济增长质量的影响，具体计算公式为：$A\times6+B\times9+C\times12+D\times16$，其中，$A$、$B$、$C$、$D$ 分别是指小学、初中、高中、大专及以上受教育人口占 6 岁及以上人口的比例。各变量的定义与说明如表 7－2 所示。

表 7－2　变量的定义与说明

变量类型	变量名称	变量符号	变量说明
被解释变量	经济增长质量	*Quality*	经济增长质量指数
	经济增长效率	*Effi*	经济增长效率指数
	经济增长稳定性	*Stab*	经济增长稳定性指数
	经济结构优化	*Stru*	经济结构优化指数
	社会福利	*Welf*	社会福利指数
	绿色发展	*Green*	绿色发展指数
核心解释变量	高技术产业与生产性服务业协同集聚	*Coaggl*	高技术产业与生产性服务业协同集聚度
控制变量	城镇化水平	*Urban*	城镇人口数/总人口数
	贸易开放度	*Trade*	进出口总额/地区生产总值
	外商直接投资	*Fdi*	实际利用外资额/地区生产总值
	人口抚养比	*Pop*	少年儿童与老年人口抚养比之和
	政府干预程度	*Gov*	财政支出/地区生产总值
	人力资本水平	*Hum*	人均教育年限

7.3.3　数据说明

鉴于数据的可得性和完整性，本章选取 2003～2015 年中国内地除西藏以外 30 个省份的面板数据作为研究样本。其中，核心解释变量高技术产业与生产性服务协同集聚的原始数据主要来源于《中国统计年鉴》和《中国高技术产业统计年鉴》。这里需要指出的是，受产业统计分类和数据可得性的影响，高技术产业中也包含一少部分服务业，这可能会与生产性服务业有部分重合。被解释变量经济增长质量和其他控制变量的原始数据主要来源于国家统计局网站、《中国统计年鉴》《中国工业统计年鉴》《中国环境统计年鉴》和各地区统计年鉴。表 7－3 报告了本章主要变量的描述性统计信息。

表 7 – 3　　变量的描述性统计

变量	观测值	平均值	标准差	最小值	最大值
Quality	390	1.460	0.176	1.089	1.929
Effi	390	1.391	0.204	1.034	1.977
Stab	390	1.536	0.149	1.137	2.000
Stru	390	1.422	0.164	1.101	1.844
Welf	390	1.383	0.163	1.075	2.000
Green	390	1.701	0.197	1.105	2.000
Coaggl	390	2.321	0.969	0.890	5.781
Urban	390	0.507	0.146	0.257	0.896
Trade	390	0.326	0.380	0.0152	1.876
Fdi	390	0.0261	0.0209	0.000682	0.105
Pop	390	0.580	0.187	0.209	1.357
Gov	390	0.203	0.0900	0.0768	0.627
Hum	390	8.547	0.987	6.040	12.28

7.4　实证检验与分析

7.4.1　高技术产业与生产性服务业协同集聚影响经济增长质量的基本回归

为克服可能存在的内生性问题，本章采用两步系统 GMM 法对模型进行估计。“扰动项 $\{\varepsilon_{it}\}$ 无自相关”和“所有工具变量均有效”是可以使用系统 GMM 估计的两个前提条件，使用 Arellano – Bond 检验对回归结果进行扰动项自相关检验，并采用 Sargan 检验进行工具变量过度识别检验。表 7 – 4 中所有 AR（2）的 P 值均大于 0.05，故接受“扰动项 $\{\varepsilon_{it}\}$ 无自相关”的原假设；所有 Sargan 的 P 值也都大于 0.05，因此接受“所有工具变量均有效”的原假设。这说明模型的设定是合理的，可以进行系统 GMM 估计。

表 7－4　　高技术产业与生产性服务业协同集聚影响经济增长质量的基本回归

变量	*Quality*	*Quality*	*Quality*	*Quality*	*Quality*	*Quality*	*Quality*
	(1)	(2)	(3)	(4)	(5)	(6)	(7)
L. Quality	0.365*** (0.032)	0.353*** (0.035)	0.331*** (0.042)	0.291*** (0.038)	0.279*** (0.036)	0.133*** (0.047)	0.175*** (0.055)
Coaggl	0.107*** (0.003)	0.092*** (0.003)	0.047*** (0.006)	0.040*** (0.007)	0.042*** (0.011)	0.040*** (0.006)	0.035*** (0.007)
Urban		0.108*** (0.029)	0.166*** (0.029)	0.200*** (0.048)	0.261*** (0.042)	0.386*** (0.053)	0.182* (0.095)
Trade			0.101*** (0.012)	0.079*** (0.018)	0.070*** (0.019)	0.074*** (0.021)	0.097*** (0.016)
Fdi				1.289*** (0.405)	1.185** (0.598)	0.784** (0.365)	0.513 (0.405)
Pop					0.073*** (0.011)	0.063*** (0.012)	0.053*** (0.016)
Gov						−0.337*** (0.102)	−0.379*** (0.083)
Hum							0.029*** (0.008)
Constant	0.683*** (0.044)	0.675*** (0.043)	0.748*** (0.055)	0.781*** (0.060)	0.729*** (0.051)	0.962*** (0.067)	0.780*** (0.081)
AR (1)	0.000	0.000	0.000	0.000	0.000	0.000	0.000
AR (2)	0.415	0.436	0.447	0.413	0.358	0.820	0.738
Sargan	1.000	1.000	1.000	1.000	1.000	1.000	1.000
样本数	360	360	360	360	360	360	360

表 7－4 报告了基本回归结果。第（1）列为仅将高技术产业与生产性服务业协同集聚（*Coaggl*）带入模型的回归结果，结果显示，*Coaggl* 的系数在 1% 的水平下显著为正，这表明高技术产业与生产性服务业协同集聚有助于我国经济增长质量的提升。第(2)～(7)列为依次纳入各控制变量后的回归结果，可以看出核心解释变量 *Coaggl* 的系数符号和显著性均未发生变化，说明本章

的研究结论是比较稳健的。这证实了本章理论部分的分析，高技术产业与生产性服务业的融合发展有利于促进人才跨行业交流活动，加快知识溢出和技术传播的速度，进一步激发全社会的创新活力，从而以科技创新驱动经济高质量发展。

对于其他控制变量而言，城镇化水平（*Urban*）的系数显著为正，说明较高的城镇化水平有助于改善经济增长质量。这是因为城市是现代经济的主要载体，能够促进各种资源要素的集中，由此引发经济的集聚效应和规模效应，从而促进经济增长质量的提升。贸易开放度（*Trade*）的系数同样显著为正，说明贸易开放水平与经济增长质量呈显著正相关。发展对外贸易能够促进国家之间的互通有无，提高社会福利效应，同时也是拉动经济增长的“三驾马车”之一，因此对于经济增长质量的改善具有重要作用。外商直接投资（*Fdi*）的系数为正，但并不显著，这表明外商直接投资对于经济增长质量的改善作用不明显，原因在于外商直接投资对经济增长正负两方面作用的相互抵消。人口抚养比（*Pop*）的系数显著为正，意味着人口抚养比例的提高对经济增长质量具有正向作用，这似乎与现实不相符合。这是因为劳动力数量并不是决定经济社会发展的唯一因素，劳动力质量也尤为重要，劳动力供给数量红利的逐渐消失会倒逼劳动力供给质量的提升，从而大幅提高劳动效率并推动科技创新。政府干预程度（*Gov*）的系数显著为负，说明加强政府干预会抑制经济增长质量的改善。这是因为政府对经济的过多干预会扭曲市场机制，造成资源错配和效率损失，不利于经济的长期稳定发展。人力资本水平（*Hum*）的系数显著为正，表明人力资本水平的提升有助于改善经济增长质量。这不难解释：首先，较高的人力资本水平代表较高的劳动力素质，较高的劳动力素质将创造较高的生产力；其次，人力资本是推动科技创新与进步的核心要素，较高的人力资本水平有利于提高科技创新能力，从而优化经济增长质量。

7.4.2　高技术产业与生产性服务业协同集聚影响经济增长质量的异质性检验

接下来，检验高技术产业与不同类型生产性服务业协同集聚对经济增长质量的影响，以考察高技术产业与生产性服务业协同集聚对经济增长质量的影响在行业上的异质性。本章借鉴于斌斌（2017）对生产性服务业的划分方法，根据研发强度、人均产值等指标，将生产性服务业分为高端生产性服务业和低端生产性服务业两类。其中，高端生产性服务业包括“信息传输、计算机服务业和软件业”“金融业”和“科学研究、技术服务业和地质勘查业”；低端生产性服务业包括“交通运输、仓储和邮政业”和“租赁和商业服务业”。

表7-5的回归结果显示，高技术产业与高端生产性服务业协同集聚和高技术产业与低端生产性服务业协同集聚的估计系数均显著为正，这表明高技术产业无论与高端生产性服务业还是与低端生产性服务业的协同集聚都能够显著改善经济增长质量。这是因为：高端生产性服务业和低端生产性服务业都是保障国民经济健康运行的重要行业，对众多产业活动都起着关键性支撑作用。高端生产性服务业为高技术产业和其他产业提供融资服务和技术服务；低端生产性服务业可以为高技术产业和一般制造业的生产活动提供不可或缺的辅助支持。因此，高技术产业与高、低端生产性服务业的协同集聚都能够产生良好的社会经济效益。

表7-5　高技术产业与生产性服务业协同集聚影响经济增长质量的行业异质性检验

变量	高技术产业与高端 生产性服务业协同集聚	高技术产业与低端 生产性服务业协同集聚
	(1)	(2)
L. Quality	0.164*** (0.043)	0.174*** (0.045)
Coaggl	0.033*** (0.009)	0.026*** (0.010)
Urban	0.159 (0.098)	0.141 (0.101)
Trade	0.103*** (0.019)	0.117*** (0.019)
Fdi	0.603* (0.311)	0.689 (0.628)

续表

变量	高技术产业与高端生产性服务业协同集聚	高技术产业与低端生产性服务业协同集聚
	(1)	(2)
Pop	0. 056 *** (0. 015)	0. 051 *** (0. 014)
Gov	-0. 355 *** (0. 113)	-0. 356 *** (0. 093)
Hum	0. 030 *** (0. 007)	0. 033 *** (0. 007)
Constant	0. 800 *** (0. 074)	0. 774 *** (0. 089)
AR（1）	0. 000	0. 000
AR（2）	0. 763	0. 770
Sargan	1. 000	1. 000
样本数	360	360

7. 4. 3　政府干预程度、人力资本水平的调节效应检验

考虑到中国各地区的政府干预程度和人力资本水平存在较大差异，本章引入高技术产业与生产性服务业协同集聚和两者的交互项，以考察政府干预程度和人力资本水平对高技术产业与生产性服务业协同集聚改善经济增长质量的调节效应。由此，我们将模型扩展为如下形式：

$$Quality_{it} = \beta_0 + \gamma_1 Quality_{i,t-1} + \beta_1 Coaggl_{it} + \beta_2 Coaggl_{it} \times Gov_{it} + \lambda_1 Control_{it} + \varepsilon_{it} \quad (7-5)$$

$$Quality_{it} = \beta_0 + \gamma_1 Quality_{i,t-1} + \beta_1 Coaggl_{it} + \beta_2 Coaggl_{it} \times Hum_{it} + \lambda_1 Control_{it} + \varepsilon_{it} \quad (7-6)$$

$$Quality_{it} = \beta_0 + \gamma_1 Quality_{i,t-1} + \beta_1 Coaggl_{it} + \beta_2 Coaggl_{it} \times Gov_{it} + \beta_3 Coaggl_{it} \times Hum_{it} + \lambda_1 Control_{it} + \varepsilon_{it} \quad (7-7)$$

1. 政府干预程度的调节效应

在表7-6的回归结果中，高技术产业与生产性服务业协同集聚和政府干预程度的交互项系数显著为负，说明政府干预程度的增强会抑制高技术产业与生产性服务业协同集聚对经济增长质量的提升作用。这是因为：一方面，政府的过度或不当干预容易造成产能过剩。在国家产业政策和政绩考核体制的导向下，会使得地方政府不顾本地区的资源禀赋和经济基础条件，对高技术产业和生产性服务业等新兴产业采取过度干预或不当干预，引导企业的盲目投资和重复投资，从而造成了严重的产能过剩（余东华和吕逸楠，2015）。另一方面，政府过度或不当干预会阻碍市场的有效竞争。近年来，各地方政府为大力发展新兴产业，以配套资金、税收减免等形式对本地相关企业进行了大量补贴，这在一定程度上加重了企业对政府补贴的依赖，不利于形成有效的市场竞争环境。而且一些企业为了骗取各项补贴，投资了许多短平快的低技术项目，并没有带来良好的经济和社会效益，从而造成了资源配置效率的损失。

表7-6　　政府干预程度、人力资本水平的调节效应检验

变量	(1)	(2)	(3)
L. Quality	0.250*** (0.061)	0.183** (0.075)	0.132* (0.079)
Coaggl	0.070*** (0.021)	0.037** (0.017)	0.057** (0.027)
Coaggl × Gov	-0.355** (0.145)		-0.337** (0.142)
Coaggl × Hum		0.013* (0.007)	0.017* (0.009)
Urban	0.235** (0.109)	-0.180 (0.126)	0.083 (0.167)
Trade	0.081*** (0.023)	0.107*** (0.022)	0.033 (0.035)
Fdi	0.675 (0.520)	0.308 (1.376)	-0.218 (1.228)

续表

变量	(1)	(2)	(3)
Pop	0.093*** (0.023)	0.066*** (0.016)	0.090*** (0.019)
Gov	0.310 (0.244)	-0.172 (0.150)	-0.532** (0.238)
Hum	0.034*** (0.009)	0.048*** (0.009)	0.033*** (0.009)
Constant	0.514*** (0.089)	1.233*** (0.183)	1.148*** (0.176)
AR（1）	0.000	0.000	0.000
AR（2）	0.336	0.857	0.920
Sargan	1.000	1.000	1.000
样本数	360	360	360

2. 人力资本水平的调节效应

高技术产业与生产性服务业协同集聚和人力资本水平的交互项系数显著为正，说明人力资本水平的提高有助于促进高技术产业与生产性服务业协同集聚对经济增长质量的提升作用。原因在于：高技术产业和生产性服务业作为技术密集型和知识密集型产业，都以人力资本和知识资本为主要投入品，这决定了人力资本是高技术产业和生产性服务业的核心资源，也是科技创新与进步的动力源泉。因此，一个地区人力资本水平的提升将吸引更多高科技公司和生产性服务业公司在此集聚，而这两个产业集聚程度的增加将进一步推动该地区的科技创新与进步，从而更加促进经济增长质量的提升。

7.4.4　高技术产业与生产性服务业协同集聚对经济增长质量的影响渠道检验

为了考察高技术产业与生产性服务业协同集聚究竟是通过哪些渠道改善了经济增长质量，分别以经济增长效率、经济增长稳定性、经济结构优化、社会福利和绿色发展为因变量，进行影响渠道检验。结果如表7-7所示。

表7-7　高技术产业与生产性服务业协同集聚对经济增长质量的影响渠道检验

变量	*Effi*	*Stab*	*Stru*	*Welf*	*Green*
	(1)	(2)	(3)	(4)	(5)
Coaggl	0.034 *** (0.005)	0.130 *** (0.050)	0.029 *** (0.007)	0.004 (0.010)	0.012 ** (0.006)
Urban	0.098 (0.070)	0.615 ** (0.249)	-0.029 (0.047)	0.313 *** (0.076)	0.233 * (0.124)
Trade	-0.020 (0.014)	-0.158 *** (0.037)	-0.032 *** (0.010)	-0.047 *** (0.016)	-0.042 (0.026)
Fdi	-0.753 * (0.389)	0.363 (1.559)	0.636 ** (0.324)	-0.712 (0.465)	0.446 (0.540)
Pop	-0.051 *** (0.013)	0.215 *** (0.037)	0.008 (0.008)	0.062 *** (0.020)	-0.109 *** (0.013)
Gov	-0.085 (0.056)	-0.151 (0.304)	0.087 * (0.052)	-0.079 (0.071)	-0.238 ** (0.105)
Hum	0.019 *** (0.006)	-0.060 *** (0.018)	0.009 ** (0.004)	-0.006 (0.007)	-0.017 ** (0.007)
L. Effi	0.900 *** (0.022)				
L. Stab		0.122 ** (0.054)			
L. Stru			0.972 *** (0.050)		
L2. Stru			-0.522 *** (0.046)		
L3. Stru			0.334 *** (0.034)		
L. Welf				0.630 *** (0.066)	
L2. Welf				0.114 ** (0.047)	

续表

变量	*Effi*	*Stab*	*Stru*	*Welf*	*Green*
	(1)	(2)	(3)	(4)	(5)
L. Green					0.647 *** (0.037)
Constant	-0.083 * (0.047)	1.201 *** (0.143)	0.161 * (0.083)	0.256 *** (0.085)	0.708 *** (0.100)
AR（1）	0.000	0.000	0.000	0.000	0.001
AR（2）	0.068	0.177	0.393	0.135	0.782
Sargan	1.000	0.999	1.000	1.000	1.000
样本数	360	360	300	330	360

注：对于模型（7-3）式和（7-4）式，在对系统 GMM 扰动项的自相关进行检验时，因 AR（2）的 *P* 值小于 0.05，故在 5% 的显著性水平下拒绝了“扰动项 $\{\varepsilon_{it}\}$ 无自相关”的原假设，这导致系统 GMM 的适用性存疑。为了解决扰动项自相关问题，分别在模型（7-3）式和（7-4）式的解释变量中引入被解释变量的三阶滞后和二阶滞后。再次观察 AR（2）的 *P* 值，结果显示，可以接受扰动项无自相关的原假设。这表明，对于修正的模型设定，可以进行系统 GMM 估计。

从表 7-7 可以看出，在经济增长效率、经济增长稳定性、经济结构优化和绿色发展四个渠道中，高技术产业与生产性服务业协同集聚的估计系数均显著为正。这说明，高技术产业与生产性服务业协同集聚能够提高经济增长效率、增强经济增长稳定性、优化经济结构和促进绿色发展。也就是说，高技术产业与生产性服务业协同集聚对经济增长质量的改善主要源于其对经济增长效率、经济增长稳定性、经济结构优化和绿色发展等四个方面的优化。具体解释可见理论分析部分，在此不再赘述。在社会福利渠道中，高技术产业与生产性服务业协同集聚的估计系数虽然为正，但没有通过显著性检验。这说明，高技术产业与生产性服务业协同集聚对社会福利的提升效应并不明显。可能的原因是：随着产业在空间范围内的集聚，人口也在不断集中，而人口的增加将不可避免地造成公共资源的紧张。面对日益增长的公共服务需求，我国各地区对公共卫生、交通设施、生态景观等公共服务的供给却严重不足，这会造成社会福利覆盖面不够和社会福利受益群体有限的问题，因此也就影响了产业集聚对社会福利水平的改善效果。

7.4.5 高技术产业与生产性服务业协同集聚影响经济增长质量的稳健性检验

上面对高技术产业与生产性服务业协同集聚对经济增长质量及其各分项指标的影响进行了检验，结果比较符合预期。为了保证研究结论的可信性，需要进行相关稳健性检验，本章采用以下两种检验方法：变换变量的测算方法和双侧缩尾检验。

1. 变换经济增长质量指数的测算方法

上面用熵值法来测算经济增长质量指数，并在此基础上进行实证检验。为进一步验证研究结果的稳健性和可靠性，本章采用主成分分析法对各地区的经济增长质量指数重新进行测算，以观察在变换经济增长质量指数的测算方法后，前文的研究结论是否依然成立。表 7-8 报告了变换经济增长质量指数测算方法后的回归结果。结果显示，除了高技术产业与生产性服务业协同集聚对经济结构优化的影响效果从显著变得不显著外，其他结论依然完全成立。

表 7-8　　稳健性检验（一）：变换经济增长质量指数测算方法

变量	*Quality*	*Effi*	*Stab*	*Stru*	*Welf*	*Green*
	(1)	(2)	(3)	(4)	(5)	(6)
Coaggl	0.524*** (0.163)	0.388*** (0.072)	0.538** (0.237)	-0.041 (0.028)	-0.276 (0.202)	0.207** (0.092)
Urban	0.615 (0.657)	-0.681* (0.388)	-2.166 (3.528)	0.187 (0.264)	-0.299 (1.269)	1.312** (0.574)
Trade	0.171 (0.175)	0.038 (0.116)	0.075 (0.352)	-0.313*** (0.052)	-0.068 (0.271)	-0.072 (0.120)
Fdi	9.361*** (3.454)	-1.334 (1.539)	3.626 (8.241)	4.461*** (1.557)	8.232 (6.721)	-1.303 (2.550)
Pop	-0.058 (0.116)	-0.006 (0.082)	-0.668 (0.489)	0.184** (0.077)	-0.259*** (0.091)	-0.039 (0.070)
Gov	-0.662 (0.751)	1.650*** (0.570)	-3.595** (1.569)	0.387 (0.244)	-1.176 (1.166)	-1.098* (0.563)

续表

变量	*Quality*	*Effi*	*Stab*	*Stru*	*Welf*	*Green*
	(1)	(2)	(3)	(4)	(5)	(6)
Hum	0.118** (0.050)	-0.016 (0.034)	0.443 (0.274)	-0.022 (0.023)	0.103** (0.050)	-0.049 (0.031)
L. Quality	0.482*** (0.031)					
L. Effi		0.922*** (0.038)				
L. Stab			-0.210*** (0.029)			
L2. Stab			-0.304*** (0.038)			
L. Stru				1.141*** (0.030)		
L. Welf					0.677*** (0.042)	
L. Green						0.591*** (0.109)
Constant	-2.701*** (0.483)	-0.673** (0.271)	-2.862*** (0.628)	-0.014 (0.087)	0.115 (0.870)	-0.420** (0.205)
AR (1)	0.000	0.000	0.013	0.000	0.004	0.029
AR (2)	0.705	0.924	0.226	0.263	0.937	0.253
Sargan	0.999	1.000	0.999	1.000	1.000	1.000
样本数	360	360	330	360	360	360

2. 双侧缩尾检验

根据表 7-3 的变量描述性统计结果，可以看出各主要变量的最大值和最小值之差较大，样本中可能存在一些离群的异常值。鉴于此，为了提高模型估计结果的可靠性，本章对面板数据采取 1% 双侧缩尾处理，并在此基础上对模型重新进行回归。从表 7-9 可以看出，各模型的回归结果均未发生本质改变，再次验证了本章研究结论的稳健性。

表 7-9　　稳健性检验（二）：双侧缩尾检验

变量	*Quality*	*Effi*	*Stab*	*Stru*	*Welf*	*Green*
	(1)	(2)	(3)	(4)	(5)	(6)
Coaggl	0.037*** (0.007)	0.033*** (0.005)	0.151*** (0.056)	0.030*** (0.007)	0.012 (0.009)	0.012** (0.006)
Urban	0.170* (0.090)	0.110 (0.070)	0.573** (0.277)	-0.017 (0.044)	0.344 (0.227)	0.254 (0.157)
Trade	0.105*** (0.016)	-0.022 (0.014)	-0.148** (0.064)	-0.038*** (0.012)	-0.058*** (0.018)	-0.047* (0.028)
Fdi	0.426 (0.434)	-0.675* (0.346)	0.422 (1.816)	0.737** (0.373)	-0.022 (1.167)	0.263 (1.000)
Pop	0.062*** (0.015)	-0.049*** (0.012)	0.210*** (0.031)	0.007 (0.009)	0.064*** (0.020)	-0.110*** (0.015)
Gov	-0.355*** (0.091)	-0.132** (0.063)	-0.167 (0.279)	0.085* (0.049)	-0.078 (0.077)	-0.267*** (0.092)
Hum	0.029*** (0.008)	0.023*** (0.006)	-0.057*** (0.018)	0.008* (0.004)	-0.006 (0.010)	-0.019*** (0.005)
L. Quality	0.174*** (0.056)					
L. Effi		0.883*** (0.020)				
L. Stab			0.093* (0.051)			
L. Stru				0.962*** (0.049)		
L2. Stru				-0.502*** (0.049)		
L3. Stru				0.324*** (0.034)		
L. Welf					0.577*** (0.069)	
L2. Welf					0.125*** (0.041)	

续表

变量	*Quality*	*Effi*	*Stab*	*Stru*	*Welf*	*Green*
	(1)	(2)	(3)	(4)	(5)	(6)
L. Green						0.649 *** (0.049)
Constant	0.783 *** (0.088)	−0.087 ** (0.043)	1.192 *** (0.152)	0.160 * (0.083)	0.261 *** (0.095)	0.720 *** (0.141)
AR (1)	0.000	0.000	0.000	0.000	0.000	0.001
AR (2)	0.512	0.084	0.122	0.472	0.105	0.736
Sargan	1.000	1.000	0.999	0.998	1.000	1.000
样本数	360	360	360	300	330	360

7.5　中介效应检验

7.5.1　中介效应模型设定

为了进一步考察高技术产业与生产性服务业协同集聚对经济增长质量的传导机制，本章借助巴伦和肯尼（Baron & Kenny，1986）提出的中介效应模型，结合前面的理论分析，通过选取技术进步（*Tech*）[①] 作为中介变量来构建以下模型进行中介效应检验。

$$Quality_{it} = \beta_0 + \gamma_1 Quality_{i,t-1} + \beta_1 Coaggl_{it} + \lambda_1 Control_{it} + \varepsilon_{it} \quad (7-8)$$

$$Tech_{it} = \alpha_0 + \sigma Tech_{i,t-1} + \alpha_1 Coaggl_{it} + \delta Control_{it} + \varepsilon_{it} \quad (7-9)$$

$$Quality_{it} = \beta_0 + \gamma_1 Quality_{i,t-1} + \beta_3 Coaggl_{it} + \theta Tech_{it} + \lambda_3 Control_{it} + \varepsilon_{it} \quad (7-10)$$

其中，(7-8）式中的系数 β_1 用来衡量高技术产业与生产性服务业协同集聚对经济增长质量的总效应；(7-9）式中的 α_1 用来衡量高技术产业与生产性服务业协同集聚对技术进步的影响；(7-10）式中的 β_3 用来衡量高技术产业与生

① 本书采用各地区每万人专利申请授权数来衡量技术进步（*Tech*），数据来源于《中国统计年鉴》。

产性服务业协同集聚对经济增长质量的直接效应；$\alpha_1 \times \theta$ 是经过中介变量技术进步传导的间接效应，即中介效应。

7.5.2 中介效应检验结果

1. 基于熵值法测算经济增长质量指数的中介效应检验

表 7－10 报告了基于熵值法测算经济增长质量指数的中介效应检验结果。第（1）列的被解释变量为经济增长质量（*Quality*），核心解释变量高技术产业与生产性服务业协同集聚（*Coaggl*）的系数值为 0.0353，且在 1% 的水平下显著。第（2）列的被解释变量为技术进步（*Tech*），解释变量高技术产业与生产性服务业协同集聚（*Coaggl*）的系数显著为正，说明高技术产业与生产性服务业协同集聚程度的增加有助于推动技术进步。第（3）列的被解释变量为 *Quality*，中介变量 *Tech* 与核心解释变量 *Coaggl* 的系数均在 1% 的水平下显著为正，并且 *Coaggl* 的系数值（0.032）小于初始回归中 *Coaggl* 的系数值（0.035），下降了 7.93%，这表明技术进步是高技术产业与生产性服务业协同集聚对中国经济增长质量的中介变量，高技术产业与生产性服务业协同集聚的确通过推动技术进步这一传导机制促进了中国经济增长质量的提升。

表 7－10　　中介效应检验（一）

变量	*Quality*	*Tech*	*Quality*
	(1)	(2)	(3)
Coaggl	0.035*** (0.007)	3.862*** (0.161)	0.032*** (0.012)
Tech			0.002*** (0.001)
Urban	0.182* (0.095)	−1.113 (1.195)	−0.076 (0.139)
Trade	0.097*** (0.016)	−7.802*** (0.215)	0.126*** (0.020)
Fdi	0.513 (0.405)	−5.476 (4.075)	1.648** (0.763)

续表

变量	*Quality*	*Tech*	*Quality*
	(1)	(2)	(3)
Pop	0.053*** (0.016)	-1.464*** (0.374)	0.037** (0.018)
Gov	-0.379*** (0.083)	-4.135* (2.122)	-0.207 (0.184)
Hum	0.029*** (0.008)	1.530*** (0.155)	0.028*** (0.009)
L. Quality	0.175*** (0.055)		0.179*** (0.060)
L. Tech		0.932*** (0.005)	
Constant	0.780*** (0.081)	-15.290*** (0.863)	0.841*** (0.089)
AR (1)	0.000	0.095	0.000
AR (2)	0.738	0.639	0.646
Sargan	1.000	1.000	1.000
样本数	360	360	360

为检验中介效应的有效性，参考毛其淋和许家云（2016）的做法，检验原假设 $H_0=\alpha_1\times\theta=0$。如果拒绝原假设，说明中介效应显著；反之则不显著。首先参考索贝尔（Sobel，1987）的方法计算出 $\alpha_1\times\theta$ 的标准差 sd：

$$sd = \sqrt{\alpha_1^2 s_\theta^2 + \theta^2 s_{\alpha_1}^2} \tag{7-11}$$

其中，s_θ、s_{α_1} 分别为 θ、α_1 的标准差，由此可以计算出 t 值：$t=\alpha_1\theta/sd=2.74$，在 1% 的水平下显著，因此可以拒绝原假设，说明技术进步是高技术产业与生产性服务业协同集聚提升经济增长质量的中介变量。

2. 基于主成分分析法测算经济增长质量指数的中介效应检验

为了保证研究结果的稳健性，我们进一步进行基于主成分分析法测算经济增长质量指数的中介效应检验。表 7-11 的回归结果显示，第（1）列、（2）列、（3）列中 *Coaggl* 和 *Tech* 的系数均显著为正，并且第（3）列中 *Coaggl* 的系数值（0.483）小于初始回归中 *Coaggl* 的系数值（0.524），下降幅度为7.82%，与表7-10中介效应检验（一）中 *Coaggl* 的系数值7.93%的下降幅度大体相当。这说明本章的中介效应检验结果是比较稳健和可靠的，再次验证了技术进步在高技术产业与生产性服务业协同集聚提升中国经济增长质量过程中所起到的传导作用。同样，再次对中介效应的有效性进行检验，最后计算出的 *t* 值为2.07，在5%的显著性水平下显著，说明中介效应存在。

表7-11　中介效应检验（二）

变量	*Quality*	*Tech*	*Quality*
	(1)	(2)	(3)
Coaggl	0.524*** (0.163)	3.862*** (0.161)	0.483*** (0.115)
Tech			0.005** (0.002)
Urban	0.615 (0.657)	-1.113 (1.195)	-0.190 (0.579)
Trade	0.171 (0.175)	-7.802*** (0.215)	0.391* (0.202)
Fdi	9.361*** (3.454)	-5.476 (4.075)	5.807 (5.389)
Pop	-0.058 (0.116)	-1.464*** (0.374)	-0.079 (0.148)
Gov	-0.662 (0.751)	-4.135* (2.122)	-0.324 (0.466)
Hum	0.118** (0.050)	1.530*** (0.155)	0.087 (0.074)
L.Quality	0.482*** (0.031)		0.532*** (0.027)
L.Tech		0.932*** (0.005)	
Constant	-2.701*** (0.483)	-15.290*** (0.863)	-2.008*** (0.605)

续表

变量	*Quality*	*Tech*	*Quality*
	(1)	(2)	(3)
AR (1)	0.000	0.095	0.000
AR (2)	0.705	0.639	0.633
Sargan	0.999	1.000	0.984
样本数	360	360	360

7.6　本章小结

本章首先从经济增长效率、经济增长稳定性、经济结构优化、社会福利和绿色发展五个维度构建了经济增长质量指标体系，并利用熵值法和主成分分析法对其进行测算。其次，基于 2003 ~ 2015 年中国内地除西藏以外 30 个省份的面板数据，实证研究与分析了高技术产业与生产性服务业协同集聚对经济增长质量的影响，而且对高技术产业与生产性服务协同集聚的作用机制进行了中介效应检验，最终得出以下几个主要结论。

(1) 高技术产业与生产性服务业协同集聚有利于促进我国经济增长质量的提升；(2) 无论是高技术产业与高端生产性服务业协同集聚还是高技术产业与低端生产性服务业协同集聚，都对经济增长质量的改善具有显著正向作用；(3) 政府干预程度的增强对高技术产业与生产性服务业协同集聚改善经济增长质量具有负向调节效应，人力资本水平的提高对高技术产业与生产性服务业协同集聚改善经济增长质量具有正向调节效应；(4) 高技术产业与生产性服务业协同集聚对经济增长质量的改善主要源于其对经济增长效率、经济增长稳定性、经济结构优化和绿色发展等四个方面的优化；(5) 技术进步是高技术产业与生产性服务业协同集聚影响经济增长质量的中介变量，高技术产业与生产性服务业协同集聚通过推动技术进步这一传导机制促进了中国经济增长质量的提升。此外，我们还通过变换经济增长质量指数的测算方法和双侧缩尾检验两个方面对本章的核心结论进行稳健性检验，这两种检验方法均验证了本章的研究结果是比较稳健的。

综合以上分析，本章的政策启示为：（1）统筹优化区域内的产业空间布局，增强高技术产业与生产性服务业的协同集聚程度。各级政府应制定相应政策，引导高技术产业与生产性服务业在一定空间范围内的协同集聚；减少相关资源要素在区域间和产业间的流动限制，促进产业融合发展，培育和释放协同创新效应。（2）正确处理政府与市场的关系，防止政府对高技术产业和生产性服务业的过度或不当干预。首先，应重点对具有核心技术和竞争潜力的企业给予政策优惠和财政扶持，避免重复低端建设和产能过剩，提高资源配置效率；其次，不断完善市场经济体制，加强知识产权保护力度，维护公平公正和健康有序的市场竞争环境。（3）全面提升人力资本水平，激发经济增长新动能。一方面，要大力培养和引进科技创新人才和经营管理人才，逐步突破高新技术产业发展瓶颈；另一方面，要加大对教育培训的投入力度，为高技术产业和生产性服务业提供更加匹配的劳动力素质结构。（4）进一步推进大众创业、万众创新，以科技创新驱动高质量发展。首先，要做好顶层设计，为“双创”活动营造良好的环境，激发全社会的创造活力；其次，有效推动科技创新与实体经济发展需求相结合，加快科技创新成果的转化步伐；最后，推动建设创新产业集聚区，促进高技术产业与生产性服务业的协同集聚和深度融合，充分发挥创新资源要素集聚对经济高质量发展的驱动效应。

第 8 章　研究结论与政策建议

在中国经济进入新常态，亟须转变经济发展模式和转换经济增长动力，从而由高速度增长阶段转向高质量发展阶段的现实背景下，结合相关经济学理论，从产业集聚视角出发，通过构建产业集聚与经济增长质量的理论分析框架，分别利用国际面板数据、中国省级面板数据和地级及以上城市面板数据实证研究了产业集聚对经济增长质量的影响。首先，根据高质量发展的内涵，构建了经济增长质量综合评价体系，并利用熵值法和主成分分析法对此进行测算。其次，利用国内外数据实证检验了产业集聚与经济增长质量之间的关系，并通过分样本回归，对比和分析了产业集聚对不同国家、不同地区、不同规模城市的经济增长质量的影响差异及其原因。再次，基于城市面板数据，分别构建门槛回归模型和空间杜宾模型，以检验产业集聚对经济增长质量影响的门槛效应和空间溢出效应。进一步地，从产业协同视角研究了产业协同集聚对经济增长质量的影响。最后，根据研究结论提出了具有针对性和重要现实意义的政策建议。

主要研究结论与政策建议如下：

8.1　研究结论

第一，基于 2000 ~ 2014 年 82 个国家的国际面板数据，实证研究了制造业和服务业集聚对一个国家经济增长质量水平的影响。首先，通过经济增长效率、经济增长稳定性、经济结构优化、社会福利和绿色发展五个维度构建了国家层面的经济增长质量综合评价体系，并采用熵值法测算了全球 82 个国家的经济增长质量指数，发现自 2000 年以来，全球平均经济增长质量指数总体上呈平稳上升趋势，而且 OECD 国家的平均经济增长质量指数在各年度均明显高于非 OECD 国家。其次，通过实证检验发现制造业集聚与服务业集聚程度的提高能够有效改善一国的经济增长质量，但制造业集聚和服务业集聚对经济增长质量的影响渠道有所不同。具体而言，制造业集聚对一国经济增长质量的改善作用主要来源于其对经济增长稳定性、经济结构优化和绿色发展三个方面的改善，服务业集聚对一国经济增长质量的改善作用主要来源于其对经济增长效率、社会福利两个方面的改善。再次，通过分国家样本回归，发现制造业集聚水平的提高对 OECD 国家和非 OECD 国家的经济增长质量均具有明显的促进作用；而服务业集聚对经济增长质量的影响在不同类型国家之间存在较为明显的异质性特征，即服务业集聚水平的提高能够显著改善非 OECD 国家的经济增长质量，但对于 OECD 国家经济增长质量的影响并不显著。进一步地，引入产业集聚分别与 FDI 和人力资本水平的交互项，认识到 FDI 对制造业集聚与一国经济增长质量的关系和服务业集聚与一国经济增长质量的关系分别具有正向调节效应和负向调节效应；而人力资本水平对两者与一国经济增长质量的关系均具有正向调节效应。最后，从产业协同视角考察了制造业与服务业协同集聚对经济增长质量的影响，发现制造业与服务业协同集聚程度的提高同样能够显著改善一个国家的经济增长质量水平。

第二，基于 2000 ~ 2015 年中国内地除西藏以外 30 个省份的面板数据，实证研究了制造业和服务业集聚对中国经济增长质量水平的影响。研究发现，制造业集聚水平和服务业集聚水平的提高均能够对中国的经济增长质量产生显著的促进作用。进一步检验其影响渠道，可知制造业集聚主要通过提升经济增长效率、增强经济增长稳定性和优化经济结构来改善中国的经济增长质量；而服务业集聚对中国经济增长质量的促进作用主要源于其对经济增长效率和社会福利两个方面的改善。分时段回归结果显示，制造业集聚对中国经济增长质量的影响存在明显的时间异质性特征，即在 2008 年金融危机以前，制造业集聚能够显著改善中国的经济增长质量；但到了 2008 年金融危机以后，这种影响效果变得不再显著。此外，还发现制造业与服务业协同集聚水平的提升也能够对中国的经济增长质量产生显著推动作用。

第三，基于 2003 ~ 2015 年中国内地 285 个地级及以上城市的面板数据，实证研究了制造业和服务业集聚对城市经济增长质量水平的影响。结果显示，服务业集聚水平的提高对城市经济增长质量具有显著正向作用；而制造业集聚对经济增长质量的影响在不同城市之间存在明显的异质性特征，即制造业集聚水平的提高只能够改善中部地区城市和大城市的经济增长质量，而对小城市的经济增长质量则具有一定的负向作用。将制造业集聚和服务业集聚作为门槛变量，构建面板门槛模型进行回归分析，认识到制造业集聚对经济增长质量的影响存在门槛效应，只有超过一定门槛值时，才能显著提升一个城市的经济增长质量水平。进一步从产业协同视角进行研究，发现制造业与生产性服务业协同集聚对经济增长质量的影响在不同地区存在异质性，前者对后者的改善作用只存在于东部地区、中部地区和大城市，而在其他地区或其他规模类型的城市则不存在这种效应。最后，基于地理距离空间权重矩阵和经济距离空间权重矩阵构建空间杜宾模型，从而考察产业集聚对经济增长质量的空间溢出效应，发现服务业集聚和制造业与生产性服务业协同集聚均对邻近城市的经济增长质量存在负向空间溢出效应；制造业与生产性服务业协同集聚对经济发展水平相近城市的经济增长质量存在正向空间溢出效应。

第四，基于 2000 ~ 2015 年中国内地除西藏外 30 个省份的面板数据，实证研究了高技术产业集聚对中国经济增长质量水平的影响。结果表明，高技术产业集聚对经济增长质量的影响显著为正。进一步检验影响渠道，可知高技术产业集聚主要通过提升经济增长效率、增加经济增长稳定性、提高社会福利和促进绿色发展等渠道对经济增长质量产生积极作用。根据地理区位、产业集聚水平、城镇化水平、经济开放水平将样本分类进行回归，发现高技术产业集聚对经济增长质量的影响在各地区间存在明显的异质性特征，高技术产业集聚只有达到一定“门槛值”才能对经济增长质量具有显著改善作用。而且，只有在城镇化水平和经济开放水平高的地区，高技术产业集聚才能对经济增长质量产生显著改善作用；而在低城镇化水平和低经济开放水平的地区则不存在这种影响效应。这说明，高技术产业集聚对经济增长质量的影响与经济发展水平密切相关，当经济发展水平达到一定程度时，高技术产业集聚水平的提高有利于改善经济增长质量。

第五，基于 2003 ~ 2015 年中国内地除西藏以外 30 个省份的面板数据，实证检验了高技术产业与生产性服务业协同集聚对中国经济增长质量水平的影响。结果显示，高技术产业与生产性服务业协同集聚有助于改善经济增长质量。将样本按不同产业分类进行回归，得知无论是高技术产业与高端生产性服务业协同集聚还是高技术产业与低端生产性服务业协同集聚，都能够显著促进经济增长质量的提升。引入高技术产业与生产性服务业协同集聚分别与政府干预程度和人力资本水平的交互项，发现政府干预程度的增强会抑制高技术产业与生产性服务业协同集聚对经济增长质量的改善作用，人力资本水平的提高能够促进高技术产业与生产性服务业协同集聚对经济增长质量的改善作用。进一步地，分别以构成经济增长质量综合评价体系的五个维度指标为因变量进行影响渠道检验，认识到高技术产业与生产性服务业协同集聚对经济增长质量的改善主要源于其对经济增长效率、经济增长稳定性、经济结构优化和绿色发展等四个方面的优化。最后，为考察高技术产业与生产性服务业协同集聚对经济增长质量的传导机制，同时还进行了中介效应检验，发现技术进步是高技术产业与生产性服务业协同集聚影响经济增长质量的中介变量，从而证实了技术进步效应是高技术产业与生产性服务业协同集聚影响经济增长质量的主要机制。

8.2 政策建议

1. 推动产业集聚发展，厘清政府与市场的关系

相关部门应统筹规划产业政策以促进产业集聚发展，鼓励各地区根据自身特色和优势建立产业集聚区，并正确处理好政府和市场在产业集聚过程中的关系。改革开放 40 多年的发展经验表明，一个国家或地区想要获得高质量发展，必须具有培育和吸引产业集群的能力和优势。长三角和珠三角地区作为我国外贸加工集聚地、先进制造业集聚地和现代服务业集聚地，成为我国乃至世界经济发展强劲活跃的增长极，也是引领我国经济高质量发展的排头兵，这个典型事实很好地说明了产业集聚对地区经济社会发展的重要推动作用。而且，利用国内外经验数据，检验了产业集聚与经济增长质量的关系，证实了产业集聚对经济增长质量提升作用的普遍性，为我国高质量发展道路提供了十分重要的理论依据。因此，政府应从宏观和微观层面着手推进产业集聚区的建设，为产业集聚的发展提供良好的软硬件环境。具体来讲：（1）要因地制宜，科学地制定相关政策鼓励具备条件的地区根据自身优势打造产业集聚区，建立地区分工

与合作机制，避免同质化和恶性竞争现象的发生。各地区根据自身的要素禀赋、基础条件、地理区位和产业定位，实施科学的产业规划和政策指导，合理进行资源要素配置。按照集约化、差异化和现代化要求，从体制机制上引导相关产业所需资源要素在地区范围内的集聚，形成一批具有鲜明特色、规模优势和高竞争力的产业集群。（2）不断改善城市基础设施建设和政务服务体系建设，为产业集聚的发展提供适宜的硬环境和软环境。一方面，不断完善交通基础设施，为产业集聚区的企业提供便利的交通和运输条件，提高资源要素流动效率，节省运营和交易成本；不断完善能源基础设施，为产业集聚的规模化提供安全、充足、清洁的能源保障；不断完善相关产业配套基础设施，提高产业集聚区的承载能力和综合竞争力，持续强化自身的集聚优势和吸引力。另一方面，加快建立高效的行政管理体系，逐步提高政务服务水平。这需要转变政府职能，革新工作方式，减少行政审批手续和流程，提高服务意识和服务水平，为产业集聚区的企业创造高效、轻松、便捷的政务环境。（3）要正确认识和处理政府与市场的关系，在坚持以市场为主体的前提下，更好地发挥政府的作用。把“简政放权、放管结合、优化服务”的理念落到实处，打破行政边界的壁垒，促进资源要素在地区间的自由流动，真正使市场在资源配置中发挥决定性作用。政府和市场在产业集聚发展中各司其职，维护公平竞争的市场秩序，遵循市场规律和市场机制，不断增强产业集聚区的发展活力、创新活力和核心竞争力，使其发挥更广泛、更深远的经济社会效应。

2. 优化产业结构，促进产业融合

加快解决产业结构性矛盾问题，不断优化产业结构，促进产业之间的融合互动发展，充分释放产业集聚的正向效应。随着中国经济进入新常态，长期以来的粗放型经济发展模式难以持续，经济上的结构性矛盾问题日益突出。主要体现在：传统落后产业严重过剩，新兴产业的发展还远远不足；制造业大而不强，现代服务业发展明显滞后；低端产业资源消耗巨大，环境污染状况堪忧。这种粗放型的经济发展模式虽然在一定程度上支撑了中国几十年的高速发展，但终究是低质量的发展且不可持续。近年来的经济增速明显放缓也证明了这点，主要原因在于产业转型升级缓慢，造成了产业结构的不合理，从而导致经济增长的动能不足。可以说，产业结构的合理与否及其优劣程度在很大意义上

决定了产业集聚效应的发挥，从而影响经济发展的健康状况和可持续性。为了着眼于经济的中长期发展，由高速发展阶段转向高质量发展阶段，必须进行产业结构调整，加强产业集聚正向效应的释放。具体而言：（1）切实推动产业转型升级，不断优化产业结构。一是要在坚持以市场为主体、辅之以政策指导的原则下，加快转移或淘汰落后产能，积极培育发展新兴产业，形成与我国发展阶段相适应的产业结构体系。二是要积极利用先进技术和服务改造传统产业，使传统产业获得新的赋能，实现产业转型升级，获得持久的发展活力。（2）控制高耗能高污染型产业的扩张，大力推动资源节约型和环境友好型产业的发展。首先，相关部门应加强环境监测和监控，完善相关法律法规，适度提高各产业的环保标准，并做好环保知识的普及工作，提高企业和公众的环保意识。其次，在注重优化产业结构，抑制高能耗高污染型产业扩张的同时，也要不断提高污染治理能力，逐步改进污染治理方法。最后，大力推动节能环保产业的发展，促进清洁技术的提升，积极推广节能产品和服务，逐步改善能源利用结构，从源头上缓解产业发展过程中的环境污染问题。（3）加快产业融合步伐，强化产业间的渗透力，使产业集聚效应得到进一步放大。一方面，重点推动制造业与现代服务业的深度融合，让人工智能、物联网、大数据、云计算、5G 等新技术应用于生产过程和产品服务端，从而提高我国产业链的整体效率及其在全球价值链中的地位。另一方面，促进金融产业与非金融产业的深度融合，通过金融资本和金融服务来推动产业内部、产业之间的整合，更好地实现资源优化配置和产业结构调整。

3. 优化产业空间分布结构，充分发挥产业集群效应

坚持因地制宜、科学统筹原则，优化产业空间分布结构，进一步发挥产业集群所带来的规模经济和集聚效应。经过几十年的发展，虽然中国经济在总体上取得了举世瞩目的成就，但地区间发展的不平衡性也愈发明显。这主要体现在中西部与东部地区的发展差距越来越大，中心城市对周边城市的虹吸效应越来越强，小城市的资源要素和人口在不断向大城市转移。随着中国经济逐渐由高速增长阶段转向高质量发展阶段，不断缩小地区发展差距，促进区域间的协调发展是一个重要的目标和方向。本书的研究结果表明产业集聚对经济增长质量的影响在不同地区之间存在明显的异质性特征，产业集聚水平的提高对经济

增长质量的改善作用仅在较发达地区和大城市比较明显，在欠发达地区和小城市则不存在这种影响效果。这从另一个角度诠释了地区间的发展差距，即产业发展层次不同，所发挥出的集聚效应也会有所不同。因此，缩小区域发展差距，促进地区间产业的协同发展对于提高我国整体经济增长质量水平具有重要意义。为此：（1）坚持科学统筹规划原则，根据各地区的地理区位、要素禀赋和产业特色制定具有针对性的产业发展计划，重点发展具有比较优势和地区传统特色的产业，形成不同的经济功能分区。这在一方面可以实现地区间的差异化发展策略，另一方面可以加速相关产业资源要素在特定空间范围内的集聚，从而进一步扩大产业集群所带来的规模经济和集聚效应。（2）在进行本地产业结构转型升级的同时，要加快推动产业在区域间的梯度转移。一方面，各地区应注重本地产业集群的升级和产业结构的优化，不断增强产业竞争力和对相关资源要素的吸引力，进一步扩大本地优势产业和特色产业的集聚效应。另一方面，要完善市场调节机制，突破地区行政边界，有效推动产业梯度转移，从而促进资源要素在地区间的自由流动和优化配置，拓展产业发展空间和延续产业发展活力。（3）加快推动区域一体化建设，促进地区间的产业分工与合作，形成优势互补、协同共进的高质量一体化发展模式。具体而言：首先，要尽快建立统一开放、竞争有序、互联互通的区域市场，完善地区间的沟通协调模式与合作机制，为区域一体化发展奠定良好的体制环境和基础条件。其次，打破行政边界限制，推动相邻省级地区间、中心城市和周边城市间的产业分工与合作，促进资本、劳动力、技术、信息等要素在区域间的优化配置，形成竞合并存、优势互补、相互促进、相互影响的有机发展整体。最后，为避免重复建设和恶性竞争，应积极推动区域内企业的兼并重组和强强联合，以提高地区产业集中度和产业链质量，从而为世界级产业集群的打造培育良好环境。

4. 扩大对外开放，改善营商环境

进一步扩大对外开放，不断改善营商环境，重点吸引国外先进产业和高质量的要素资源。改革开放以来，中国经济的飞速发展离不开外商直接投资。在过去的几十年中，中国累计使用外商直接投资额已经超过 2 万亿美元，近年来的年度利用外资额也已稳居世界第二位。但是，目前我国在利用外资方面也存

在一些突出的问题，例如：（1）产业分布不平衡。外商投资主要分布在制造业和以房地产为主的第三产业，农业和高端服务业较为缺乏。（2）区域分布不平衡。有将近90%的外商投资集中在我国东部沿海地区，中西部地区的外商投资较为缺乏，并且产业层次也较低。（3）投资环境的变化。随着我国人口红利的逐渐消失和劳动力成本优势的逐渐消退，现阶段吸收外资的增速明显放缓，而且还面临着劳动密集型外资企业大量迁出的危机。再加上中美经贸摩擦的影响，许多出口型外资企业在进行对华投资时也变得更加谨慎，这在一定程度上恶化了我国的外贸和投资环境。尽管如此，我国经过几十年的飞速发展，也积累了一些新的市场环境优势，从而对外资企业产生新的吸引力。为使利用外资更好地促进我国经济健康稳定持续发展，需要根据这些新的市场环境优势来对今后的引进外资工作作出调整和部署：（1）切实降低市场准入门槛，进一步扩大对外开放。在保证关系国民经济命脉的重要行业和关键领域安全的前提下，逐步放宽外资在各行业的股比限制，进一步拓展外商的投资活动范围。不断深化改革开放政策，加快推动自贸区建设，积极对标国际高标准投资贸易规则，形成更大范围、更高水平、更深层次的对外开放格局。（2）不断优化营商环境，为外资企业提供更加高效、更加透明、更加公正、更加公平的投资环境。一方面，要逐步完善外商投资法律法规体系，营造较为稳定和更加透明的市场环境，切实保障外商投资企业的合法权益，真正做到对内外资在监管过程和执法活动中的一视同仁。另一方面，要不断减少行政审批流程，建立和完善外商投资促进机制，降低外商投资成本，提高外商投资便利化程度。（3）大力改善中西部地区的投资环境，培育中西部地区的外商投资吸引力。要缩小中西部与东部地区在吸引外资方面的巨大差距，首先必须弥补中西部与东部地区在市场经营环境上存在的较大鸿沟，尽快构建现代化的政府服务体系和投资开放体系。其次要抓住共建“一带一路”倡议的契机，借助“一带一路”开放平台进行招商引资，从而带动相关产业集聚，推动区域经济社会发展。（4）重点吸引国外先进产业和高质量的要素资源，不断优化利用外资结构，逐步提高利用外资质量。首先，要积极引导国外高新技术产业和具有环保优势的产业在我国的投资，不断优化我国利用外资的产业结构，带动各地区产业集群质量的提升，从而使产业集聚效应得到更加充分的发挥。其次，要积极引进国外高端人才、先进技术、装备和管理经验，不断聚集全球高质量的要素资源，为我国的产业升级道路添砖加瓦，从而以高层次的产业价值链支撑我国高质量发展目标的实现。

5. 大力发展高技术产业，发挥科技创新引领作用

大力发展高新技术产业，集聚创新资源和要素，充分发挥科技创新对产业集群的引领作用，以创新驱动我国经济高质量发展。国际经验表明，当一个国家的经济发展到一定阶段时，必须进行产业的转型升级才能维持经济的健康稳定增长，进入较为发达和高质量的发展阶段。而产业转型升级的关键在于培育自主创新能力，利用科技创新提升产业链的价值和地位，促进产业结构的优化。巴西、阿根廷、墨西哥等拉美国家始终无法跨越中等收入陷阱的一个重要原因就在于没能及时进行产业结构的转型升级，无法发挥科技创新对经济发展的强大驱动作用。我国正处于经济转型的关键时期，必须吸取拉美国家的经验教训，加快转变经济发展方式，使我国经济增长从投资驱动、要素驱动转向创新驱动。具体而言：（1）政府部门要加大对高新技术产业的支持力度，从产业规划、财政政策、配套基础等方面给予高新技术产业更好的发展环境。首先，要从产业规划层面引导和鼓励社会对高新技术产业的投资，壮大高新技术产业规模，不断集聚创新要素和增强科技创新基础。其次，进一步提高对高新技术产业的财政投入，加大对高新技术企业的信贷支持和税收优惠力度，并逐步拓宽融资渠道，为高新技术产业的发展创造优越的财政金融环境。最后，还要不断完善高新技术产业园区的基础设施和配套功能，为高新技术产业的发展提供一流的营商环境，进一步强化高新技术产业园区的要素吸引力和产业集聚效应。（2）加快知识产权制度的完善，培育保护创新的文化土壤，激发公众对创新的积极性，提高全社会的创新活力。一方面，要不断完善知识产权的相关法律法规，建立健全知识产权保护体系，从政策和制度上为创新成果保驾护航。另一方面，要加强对知识产权侵权行为的执法力度，坚持依法办事和严格依法用权，提高知识产权侵权成本，从执法程序上加强对创新成果的保护。另外，也要完善相关的反垄断和反不正当竞争制度，探索合理、公正的知识产权保护途径和方法，避免因对知识产权的过度保护而扭曲创新观念，以致影响到真正有价值的创新。（3）加强科技创新人才队伍建设，完善引才育才聚才机制，不断提高我国的自主创新能力。一是要深化基础教育和高等教育改革，注

重对创新精神和创新技能的教育，建立高校、科研院所和高新技术企业的合作交流与技术培训机制，为我国培育和建设一批规模宏大、结构合理、素质较高的科技创新人才队伍。二是要在引才聚才上具有国际视野，积极吸引国外高水平科技创新人才来华工作或创业，为外籍人才提供具有国际竞争力的工作环境和薪酬待遇，打造全球科技创新人才新高地。总之，人才是科技创新的核心资源，要充分利用好国内外两个人才大市场，整合全球资源来提高我国的自主创新能力，为我国经济的高质量发展提供新动能。

附　　录

表 1　全球 82 个国家 2000～2014 年产业集聚度和经济增长质量指数平均值

国家	制造业集聚度	服务业集聚度	制造业与服务业协同集聚度	经济增长质量指数
爱尔兰	1.2841	0.9513	3.0903	1.7423
爱沙尼亚	0.8881	0.9478	2.7936	1.4876
奥地利	1.0593	0.9731	2.9902	1.6984
澳大利亚	0.5593	1.0303	2.2892	1.7056
巴拉圭	1.1101	0.7042	2.5922	1.3352
巴拿马	0.4869	1.1327	2.2178	1.5109
巴西	0.7918	0.9201	2.6337	1.4046
保加利亚	0.8021	0.8823	2.6347	1.4244
贝宁	1.0267	0.6611	2.4798	1.2736
比利时	0.8977	1.0629	2.8718	1.6724
冰岛	0.6753	0.9470	2.4506	1.6913
波兰	0.9804	0.9021	2.8367	1.4927
玻利维亚	0.7090	0.7233	2.4105	1.3681
博茨瓦纳	0.3548	0.8043	1.7717	1.2713
大韩民国	1.6088	0.8566	3.1624	1.5924
丹麦	0.7523	1.0025	2.6112	1.7598
德国	1.2421	0.9940	3.1256	1.6791
多哥	0.4538	0.6230	1.9252	1.2128
多米尼加共和国	1.0702	0.9019	2.8912	1.4325
俄罗斯联邦	0.8525	0.8342	2.6321	1.3097
厄瓜多尔	0.9208	0.8095	2.6617	1.3293
法国	0.7221	1.0997	2.6129	1.6882
菲律宾	1.3932	0.8666	3.0276	1.4312

续表

国家	制造业集聚度	服务业集聚度	制造业与服务业协同集聚度	经济增长质量指数
芬兰	1.1979	0.9062	2.9692	1.6709
哥伦比亚	0.8758	0.8600	2.7040	1.3685
哥斯达黎加	0.9518	0.9543	2.8455	1.5006
哈萨克斯坦	0.7641	0.8258	2.5020	1.3324
荷兰	0.7118	1.0703	2.5803	1.7545
洪都拉斯	1.1255	0.9148	2.9374	1.3272
吉尔吉斯斯坦	0.8820	0.6915	2.4326	1.2240
加拿大	0.7761	1.0113	2.6458	1.6797
捷克共和国	1.3897	0.8699	3.0302	1.4770
喀麦隆	0.9419	0.8035	2.6571	1.3203
科特迪瓦	0.8855	0.8116	2.6266	1.3302
克罗地亚	0.7999	0.8957	2.6313	1.4942
肯尼亚	0.6725	0.7942	2.3821	1.2578
拉脱维亚	0.7178	1.0202	2.5619	1.4335
立陶宛	1.0500	0.9273	2.9154	1.4555
卢森堡	0.4195	1.2029	2.1347	1.8886
罗马尼亚	1.3158	0.7586	2.8071	1.3966
马耳他	0.8050	1.0586	2.7142	1.6713
马来西亚	1.6118	0.7497	2.9987	1.5170
毛里求斯	0.9877	0.9676	2.8858	1.4505
美国	0.7800	1.1927	2.7630	1.7454
秘鲁	0.9556	0.8080	2.6797	1.4012
摩尔多瓦	0.7578	0.8294	2.4876	1.2910
摩洛哥	0.9998	0.8212	2.7238	1.4204
墨西哥	1.0052	0.9505	2.9223	1.4480
南非	0.8995	0.9582	2.7861	1.2375
尼加拉瓜	0.8582	0.8099	2.6212	1.2977
尼日利亚	0.5953	0.7555	2.1800	1.3081
挪威	0.4808	0.8218	2.0395	1.8708
葡萄牙	0.7692	1.0203	2.6483	1.5178

续表

国家	制造业集聚度	服务业集聚度	制造业与服务业协同集聚度	经济增长质量指数
日本	1.2769	1.1059	3.3111	1.6766
瑞典	1.0552	0.9794	2.9882	1.7154
瑞士	1.1620	1.1073	3.2387	1.8405
塞浦路斯	0.3642	1.1168	1.9705	1.6115
沙特阿拉伯	0.6202	0.6055	2.1856	1.4337
斯里兰卡	1.1044	0.9018	2.9072	1.3623
斯洛伐克共和国	1.2260	0.8684	2.9246	1.4551
斯洛文尼亚	1.2266	0.8932	2.9637	1.5118
泰国	1.7987	0.8298	3.2604	1.3908
坦桑尼亚	0.5617	0.7101	2.1558	1.2944
突尼斯	1.0019	0.8791	2.8164	1.3452
土耳其	1.0231	0.8572	2.7926	1.4386
危地马拉	1.1301	0.9015	2.9098	1.3951
乌克兰	0.9111	0.7927	2.6028	1.1860
乌拉圭	0.8286	0.9462	2.7050	1.4343
西班牙	0.8380	1.0001	2.7467	1.5761
希腊	0.5264	1.0844	2.2643	1.5479
新加坡	1.3823	1.0558	3.3076	1.6943
新西兰	0.7850	1.0201	2.6714	1.6651
匈牙利	1.1489	0.8848	2.9043	1.4721
牙买加	0.5014	1.0385	2.1908	1.3340
以色列	0.9045	1.0596	2.8847	1.6046
意大利	0.9376	1.0369	2.9178	1.5977
印度	0.9897	0.7176	2.5486	1.2928
印度尼西亚	1.5727	0.6312	2.7810	1.2921
英国	0.6037	1.1149	2.4195	1.7253
约旦	1.1090	0.9950	2.9967	1.3894
智利	0.8219	0.8475	2.5860	1.4701
中国	1.9385	0.6817	3.1404	1.3523

资料来源：作者计算整理，下表同。

表 2　　中国各省份 2000～2015 年产业集聚度和经济增长质量指数平均值

地区	制造业集聚度	服务业集聚度	制造业与服务业协同集聚度	高技术产业集聚度	高技术产业与生产性服务业协同集聚	经济增长质量指数
北京	0.6359	2.0537	4.0100	0.6565	3.4500	1.8761
天津	1.4003	1.3747	2.5884	1.5341	3.4112	1.6732
河北	0.8653	0.8508	1.7884	0.4254	1.9158	1.4399
山西	0.6874	0.9966	1.9850	0.3302	1.7994	1.3061
内蒙古	0.6031	1.0280	1.6923	0.1506	1.4352	1.3959
辽宁	1.0333	1.2160	1.9711	0.5664	2.2402	1.4749
吉林	0.8558	1.0788	1.8694	0.5373	2.2204	1.4189
黑龙江	0.6418	1.0612	1.8912	0.2730	1.5878	1.4735
上海	1.2883	1.6568	3.3914	1.6968	4.3496	1.7365
江苏	1.4296	1.0012	1.9406	2.6983	4.2056	1.6897
浙江	1.2472	0.9957	1.8949	1.2063	2.8445	1.6322
安徽	0.7809	0.9754	1.9055	0.4419	1.9896	1.4074
福建	1.5942	1.0005	1.7326	0.9036	2.4368	1.5731
江西	0.8878	1.0202	1.7736	0.8323	2.5738	1.4500
山东	1.2752	0.8960	1.8320	0.7036	2.4077	1.5970
河南	0.8690	0.7157	1.8717	0.5031	1.9992	1.4504
湖北	0.9823	1.0002	2.0286	0.5382	2.1111	1.4323
湖南	0.7530	0.9102	1.7511	0.4451	1.9840	1.4464
广东	1.4697	0.9833	2.0682	3.6033	5.0844	1.7702
广西	0.7254	0.8899	1.8053	0.3657	1.9138	1.3216
海南	0.3461	1.0782	2.6358	0.2009	1.4938	1.4224
重庆	0.8664	1.0450	2.0305	0.5583	2.1974	1.4067
四川	0.8188	0.9056	1.6479	0.8187	2.5540	1.4060
贵州	0.6631	0.5484	1.5399	0.5725	1.8988	1.2445
云南	0.6519	0.7198	1.8537	0.1547	1.2639	1.2628
陕西	0.8621	0.9530	1.9956	0.9905	2.6985	1.4485
甘肃	0.7244	0.6973	1.4532	0.2810	1.5032	1.3258
青海	0.6080	1.0405	1.7807	0.1578	1.6100	1.2221
宁夏	0.6737	0.9315	1.6294	0.2058	1.4983	1.2134
新疆	0.3857	1.0394	1.6478	0.0341	0.9616	1.3370

表 3　　中国 285 个地级及以上城市 2003 ~ 2016 年产业集聚度和经济增长质量指数平均值

城市	制造业集聚度	服务业集聚度	制造业与服务业协同集聚度	制造业与生产性服务业协同集聚度	经济增长质量指数
安康市	0. 2689	1. 5931	2. 1497	1. 9972	1. 4146
安庆市	0. 9835	0. 9564	2. 8434	2. 7169	1. 4824
安顺市	0. 7077	1. 3013	2. 6827	2. 5643	1. 3933
安阳市	0. 9993	0. 8248	2. 6798	2. 5994	1. 4121
鞍山市	1. 4292	0. 7653	2. 8907	2. 7889	1. 5045
巴彦淖尔市	0. 2414	1. 2833	1. 8406	1. 6976	1. 4126
巴中市	0. 2474	1. 0597	1. 6727	1. 5680	1. 3589
白城市	0. 4889	1. 2514	2. 2683	2. 0380	1. 3867
白山市	0. 4572	0. 9421	2. 0549	1. 9879	1. 4431
白银市	1. 0966	0. 6746	2. 5335	2. 2406	1. 3675
百色市	0. 5621	1. 2410	2. 4343	2. 4148	1. 4002
蚌埠市	0. 9623	1. 0948	2. 9923	3. 0150	1. 4986
包头市	1. 4432	0. 8349	3. 0108	2. 9513	1. 5717
宝鸡市	1. 3743	0. 9375	3. 1226	3. 1446	1. 4677
保定市	1. 2455	0. 9202	3. 0156	3. 0952	1. 4281
保山市	0. 3562	1. 0710	1. 9329	1. 8847	1. 3568
北海市	0. 8838	1. 2117	2. 8782	2. 6713	1. 4567
北京市	0. 5183	1. 5301	2. 5575	2. 6754	1. 6684
本溪市	1. 2448	0. 8075	2. 8339	2. 6387	1. 4670
滨州市	1. 7207	0. 8012	3. 1571	2. 9799	1. 4848
亳州市	0. 7783	1. 4259	2. 9068	2. 9062	1. 4978
沧州市	0. 7393	1. 1205	2. 6532	2. 6655	1. 4692
常德市	0. 6494	1. 1942	2. 5491	2. 4686	1. 5346
常州市	1. 5251	0. 8999	3. 1708	3. 1288	1. 6041
朝阳市	0. 6728	1. 1709	2. 5606	2. 4576	1. 4489
潮州市	1. 4014	0. 9536	3. 1522	3. 0214	1. 5408
郴州市	0. 5792	1. 2586	2. 4681	2. 3310	1. 4620
成都市	0. 8131	1. 1261	2. 7941	2. 8316	1. 5350
承德市	0. 8182	1. 2316	2. 8498	2. 7777	1. 4419

续表

城市	制造业集聚度	服务业集聚度	制造业与服务业协同集聚度	制造业与生产性服务业协同集聚度	经济增长质量指数
池州市	0. 5266	1. 3760	2. 4417	2. 2689	1. 4628
赤峰市	0. 4927	1. 1219	2. 2223	2. 1668	1. 4697
崇左市	0. 5725	1. 2288	2. 4552	2. 3490	1. 3866
滁州市	1. 1044	1. 0520	3. 0598	3. 0317	1. 5158
达州市	0. 4204	1. 0819	2. 0644	1. 9913	1. 4200
大连市	1. 3549	1. 0102	3. 2184	3. 2476	1. 6021
大庆市	0. 4931	0. 8503	2. 0807	2. 0738	1. 6003
大同市	0. 4003	0. 8767	1. 9024	1. 9095	1. 3967
丹东市	0. 9106	1. 1345	2. 9253	2. 7637	1. 4636
德阳市	1. 1451	0. 8331	2. 8165	2. 7156	1. 4624
德州市	1. 3072	0. 9338	3. 0749	2. 9032	1. 4934
定西市	0. 1536	1. 6153	1. 9456	1. 7308	1. 3765
东莞市	1. 6099	0. 9658	3. 3110	3. 1620	1. 7275
东营市	0. 3958	0. 7320	1. 8338	1. 8261	1. 5807
鄂尔多斯市	0. 6483	1. 2384	2. 5369	2. 2443	1. 6309
鄂州市	1. 3386	0. 7330	2. 7806	2. 6955	1. 3387
防城港市	0. 3143	1. 2869	1. 9912	1. 9587	1. 4495
佛山市	1. 7436	0. 8104	3. 2161	3. 1501	1. 6575
福州市	0. 9565	0. 9927	2. 8575	2. 8338	1. 5665
抚顺市	1. 0491	0. 7658	2. 6489	2. 4879	1. 4894
抚州市	0. 5149	0. 8946	2. 0578	2. 0379	1. 4340
阜新市	0. 3808	0. 8497	1. 8586	1. 8165	1. 4600
阜阳市	0. 5637	1. 2919	2. 4643	2. 4853	1. 4448
赣州市	1. 0548	1. 1046	3. 1003	2. 9970	1. 5231
固原市	0. 0922	1. 7432	1. 9365	1. 7734	1. 4071
广安市	0. 1305	1. 5452	1. 8236	1. 6606	1. 3934
广元市	0. 4561	1. 2607	2. 2545	2. 0899	1. 3904
广州市	1. 0731	1. 2003	3. 2081	3. 2185	1. 6692
贵港市	0. 6158	1. 4008	2. 6288	2. 6015	1. 3943
贵阳市	0. 6382	1. 0099	2. 4169	2. 3858	1. 4264

续表

城市	制造业集聚度	服务业集聚度	制造业与服务业协同集聚度	制造业与生产性服务业协同集聚度	经济增长质量指数
桂林市	0. 8755	1. 2221	2. 9292	2. 8519	1. 5049
哈尔滨市	0. 9605	1. 1038	2. 8926	2. 9469	1. 4991
海口市	0. 3860	1. 3693	2. 1958	2. 1009	1. 4804
邯郸市	0. 7419	0. 8400	2. 4165	2. 4383	1. 4502
汉中市	0. 6395	1. 2686	2. 5767	2. 5343	1. 4515
杭州市	0. 9785	1. 0089	2. 8996	2. 9254	1. 5870
合肥市	0. 8709	1. 0353	2. 8245	2. 8409	1. 5389
河池市	0. 7465	1. 2678	2. 7546	2. 6804	1. 3820
河源市	1. 8871	0. 7363	3. 1934	2. 9800	1. 4940
菏泽市	0. 5589	1. 3270	2. 4792	2. 3976	1. 4745
贺州市	0. 4979	1. 4806	2. 4784	2. 3560	1. 4342
鹤壁市	0. 7116	0. 5972	2. 1973	1. 9431	1. 3561
鹤岗市	0. 1864	0. 5905	1. 1908	1. 1170	1. 3806
黑河市	0. 1300	1. 4682	1. 7652	1. 6063	1. 4230
衡水市	0. 7390	1. 3446	2. 7891	2. 8317	1. 4400
衡阳市	0. 8691	1. 0160	2. 7786	2. 6695	1. 5177
呼和浩特市	0. 3778	1. 5164	2. 2881	2. 2065	1. 5983
呼伦贝尔市	0. 3829	1. 4080	2. 2183	2. 1944	1. 5038
葫芦岛市	1. 4018	0. 7240	2. 8052	2. 6664	1. 4408
湖州市	1. 1959	0. 8537	2. 8428	2. 8247	1. 5276
怀化市	0. 2368	1. 5919	2. 0891	1. 9445	1. 5422
淮安市	1. 0905	0. 9611	2. 9338	2. 8593	1. 4768
淮北市	0. 3380	0. 5450	1. 6314	1. 6385	1. 4677
淮南市	0. 3771	0. 7382	1. 7958	1. 7729	1. 4042
黄冈市	0. 5360	1. 1115	2. 3040	2. 2377	1. 3809
黄山市	0. 4801	1. 3749	2. 3700	2. 1121	1. 4757
黄石市	1. 5708	0. 7356	2. 9425	2. 8019	1. 4456
惠州市	2. 3833	0. 4589	3. 1638	3. 0679	1. 5052
鸡西市	0. 2269	0. 6541	1. 3988	1. 3690	1. 3815
吉安市	0. 4488	1. 4776	2. 3586	2. 2992	1. 4541

续表

城市	制造业集聚度	服务业集聚度	制造业与服务业协同集聚度	制造业与生产性服务业协同集聚度	经济增长质量指数
吉林市	1.2649	0.9709	3.1046	2.8318	1.4871
济南市	0.7114	1.1479	2.6228	2.6420	1.6059
济宁市	1.0452	1.0214	2.9987	2.9083	1.5182
佳木斯市	0.5812	1.2453	2.4615	2.4021	1.5316
嘉兴市	1.7782	0.8046	3.2071	3.1968	1.4898
嘉峪关市	2.1090	0.5540	3.0790	2.8139	1.3913
江门市	1.8380	0.7929	3.2372	3.1242	1.5586
焦作市	0.9594	0.7931	2.6348	2.5655	1.4079
揭阳市	1.0398	1.1394	2.9498	2.8744	1.5386
金昌市	1.9195	0.4526	2.7549	2.5833	1.3651
金华市	0.7284	1.0986	2.6286	2.6283	1.5597
锦州市	0.8544	1.0608	2.8075	2.7985	1.5543
晋城市	0.4648	0.6755	1.8510	1.8601	1.4315
晋中市	0.7808	1.2313	2.7727	2.7866	1.4050
荆门市	1.0299	1.0193	3.0034	2.8544	1.3843
荆州市	1.1502	0.8953	2.8914	2.7408	1.3739
景德镇市	1.3617	0.9050	3.0652	2.8988	1.4810
九江市	0.8509	1.0744	2.8005	2.7465	1.5594
酒泉市	0.4916	1.4015	2.4112	2.3853	1.4506
开封市	0.8719	1.1332	2.8317	2.7055	1.4022
克拉玛依市	0.5735	0.5416	2.0424	1.9846	1.5064
昆明市	0.5002	1.2247	2.3008	2.3180	1.5310
来宾市	0.7926	1.1214	2.7419	2.6903	1.4025
莱芜市	1.5183	0.6940	2.8405	2.6927	1.4739
兰州市	0.7188	1.0526	2.5757	2.5723	1.4832
廊坊市	1.1533	1.0537	3.0037	2.9234	1.4599
乐山市	0.9359	0.8837	2.7081	2.5412	1.3911
丽江市	0.1942	1.6658	2.0685	1.7302	1.3864
丽水市	0.5125	1.5232	2.5458	2.4689	1.5629
连云港市	0.8993	1.0385	2.8617	2.8916	1.4943

续表

城市	制造业集聚度	服务业集聚度	制造业与服务业协同集聚度	制造业与生产性服务业协同集聚度	经济增长质量指数
辽阳市	1.2166	0.8739	2.9262	2.5725	1.5172
辽源市	0.6886	0.7454	2.1328	2.0298	1.4840
聊城市	0.5815	1.4431	2.6000	2.5476	1.4728
临沧市	0.2502	1.5800	2.1106	1.9841	1.3585
临汾市	0.6174	1.3115	2.5676	2.5049	1.4381
临沂市	1.0947	0.9750	2.9540	2.8939	1.5384
柳州市	1.1543	0.9056	2.9360	2.9527	1.5134
六安市	0.5481	1.2934	2.4298	2.3417	1.3942
六盘水市	0.8351	0.7797	2.4413	2.2587	1.4492
龙岩市	0.6203	1.1038	2.4672	2.4924	1.5575
陇南市	0.0893	1.7462	1.9340	1.8002	1.4061
娄底市	0.9071	0.8855	2.7099	2.5436	1.4272
泸州市	0.7013	0.8637	2.4597	2.4339	1.4116
洛阳市	1.1844	0.9815	3.0599	3.0382	1.4883
漯河市	1.5290	0.8367	3.0787	2.9013	1.3992
吕梁市	0.3539	1.4684	2.2050	1.9353	1.3279
马鞍山市	1.3710	0.7421	2.7346	2.7005	1.5071
茂名市	0.6168	1.2113	2.4995	2.4241	1.5797
眉山市	1.0412	1.2328	3.1557	2.8966	1.4058
梅州市	0.7795	1.3257	2.8376	2.7496	1.5152
绵阳市	1.2434	1.0114	3.1395	3.2038	1.4598
牡丹江市	0.8044	1.2602	2.8220	2.7328	1.5223
南昌市	0.8383	0.9917	2.7320	2.7631	1.5273
南充市	0.4896	1.2278	2.2584	2.2219	1.4396
南京市	1.0643	1.0964	3.0983	3.1803	1.5778
南宁市	0.5302	1.2836	2.3970	2.4148	1.4960
南平市	1.1159	1.0166	2.9404	2.8989	1.4802
南通市	1.3517	0.7549	2.8262	2.9020	1.5438
南阳市	0.7201	1.0183	2.5654	2.5811	1.3983
内江市	0.5827	1.0747	2.3446	2.2679	1.3849

续表

城市	制造业集聚度	服务业集聚度	制造业与服务业协同集聚度	制造业与生产性服务业协同集聚度	经济增长质量指数
宁波市	1. 6353	0. 8691	3. 2006	3. 2767	1. 6088
宁德市	0. 4080	1. 1734	2. 0497	2. 0002	1. 4621
攀枝花市	1. 4682	0. 5981	2. 6425	2. 5342	1. 4508
盘锦市	0. 4486	0. 6510	1. 9152	1. 9161	1. 5240
平顶山市	0. 6344	0. 6610	2. 2459	2. 1976	1. 4066
平凉市	0. 3975	1. 3691	2. 2154	2. 0900	1. 3622
萍乡市	0. 9885	0. 8378	2. 7076	2. 5136	1. 4797
莆田市	1. 7402	0. 6116	2. 8721	2. 8873	1. 4864
濮阳市	0. 3649	0. 6409	1. 7065	1. 7222	1. 4099
普洱市	0. 9408	1. 0381	2. 8492	2. 7223	1. 4043
七台河市	0. 1620	0. 5068	1. 1507	1. 1305	1. 4131
齐齐哈尔市	1. 1294	1. 0272	3. 0315	3. 0576	1. 4895
钦州市	0. 4236	1. 2483	2. 1804	2. 1223	1. 4042
秦皇岛市	0. 9627	1. 1976	3. 0511	3. 0642	1. 4906
青岛市	1. 5250	0. 9191	3. 1945	3. 2188	1. 6271
清远市	1. 4393	1. 0001	3. 2214	2. 9800	1. 4812
庆阳市	0. 1053	1. 4939	1. 7376	1. 5202	1. 4287
衢州市	1. 2302	1. 0566	3. 2102	3. 0909	1. 5121
曲靖市	0. 8423	0. 9964	2. 7541	2. 7420	1. 4725
泉州市	1. 7276	0. 6216	2. 8806	2. 8701	1. 5612
日照市	1. 1251	1. 0492	3. 0897	3. 1446	1. 5259
三门峡市	0. 5328	1. 1830	2. 3458	2. 3796	1. 3986
三明市	1. 1238	0. 9676	2. 9274	2. 9175	1. 5389
三亚市	0. 1243	1. 6659	1. 9313	1. 2315	1. 3933
厦门市	1. 6591	0. 6219	2. 8321	2. 7845	1. 5628
汕头市	1. 0127	1. 0607	2. 9181	2. 9133	1. 5495
汕尾市	1. 6888	0. 8747	3. 2464	3. 0638	1. 4783
商洛市	0. 3914	1. 5417	2. 3338	2. 2824	1. 3791
商丘市	0. 6863	1. 2254	2. 5861	2. 4903	1. 3150
上海市	1. 1312	1. 2017	3. 2681	3. 3855	1. 6440

续表

城市	制造业集聚度	服务业集聚度	制造业与服务业协同集聚度	制造业与生产性服务业协同集聚度	经济增长质量指数
上饶市	0.6959	1.2719	2.6742	2.5917	1.4605
韶关市	1.1223	0.9102	2.9288	2.7820	1.4743
邵阳市	0.5128	1.0070	2.1895	2.1509	1.4661
绍兴市	0.9658	0.4931	2.1307	2.1468	1.5021
深圳市	1.5998	0.8899	3.2109	3.2189	1.7820
沈阳市	0.8960	1.1748	2.9353	2.9535	1.5512
十堰市	1.7011	0.9985	3.3461	3.2040	1.4745
石家庄市	0.9198	1.2062	2.9686	3.0196	1.4613
石嘴山市	1.2885	0.8402	2.9109	2.5169	1.3317
双鸭山市	0.1847	0.6807	1.2879	1.2242	1.3969
朔州市	0.1976	1.0711	1.5837	1.5162	1.4710
四平市	1.0155	1.1836	3.0358	2.7971	1.4492
松原市	0.2689	0.7071	1.5257	1.4887	1.4599
苏州市	2.2104	0.5851	3.2161	3.1674	1.6168
绥化市	0.6915	1.4366	2.7732	2.8591	1.4006
随州市	0.9866	1.0276	2.8477	2.7154	1.4890
遂宁市	0.4583	1.1044	2.0927	1.9643	1.3709
台州市	1.0508	0.8159	2.6413	2.6383	1.5526
太原市	0.8705	1.0001	2.7947	2.8386	1.4982
泰安市	0.9149	1.1549	2.9521	2.9227	1.5093
泰州市	1.2292	0.8098	2.8243	2.7930	1.5135
唐山市	0.9682	0.8772	2.6877	2.6839	1.4865
天津市	1.2922	1.8492	3.9573	4.4635	1.5641
天水市	0.8748	1.1389	2.8597	2.7588	1.3826
铁岭市	0.5379	1.2061	2.3654	2.2514	1.4689
通化市	1.4175	0.8734	3.0872	2.8703	1.4629
通辽市	0.5192	1.0866	2.2446	2.1966	1.4282
铜川市	0.5136	0.9289	2.1549	2.0664	1.3877
铜陵市	1.5629	0.6629	2.8198	2.6416	1.4888
威海市	1.9063	0.6499	3.0644	2.9627	1.5120

续表

城市	制造业集聚度	服务业集聚度	制造业与服务业协同集聚度	制造业与生产性服务业协同集聚度	经济增长质量指数
潍坊市	1.4327	0.8797	3.0742	2.9309	1.5077
渭南市	0.6888	1.2232	2.6360	2.6555	1.3583
温州市	1.1142	0.9265	2.8234	2.7994	1.6069
乌海市	0.6845	0.7062	2.2093	2.0720	1.4454
乌兰察布市	0.2828	1.5559	2.1490	2.0142	1.4169
乌鲁木齐市	0.5066	1.2510	2.3359	2.3114	1.5523
无锡市	1.8444	0.7778	3.2183	3.1940	1.6083
芜湖市	1.5011	0.7930	2.9849	3.0112	1.5247
吴忠市	0.5298	1.3297	2.4311	2.1967	1.3308
梧州市	1.0933	1.1203	3.1479	2.8966	1.4820
武汉市	0.9291	1.1106	2.9496	2.9882	1.5186
武威市	0.5013	1.2617	2.3302	2.2311	1.4299
西安市	1.0040	1.1475	3.0526	3.1631	1.4798
西宁市	0.5318	1.2825	2.4007	2.4108	1.4156
咸宁市	0.8788	1.1647	2.8635	2.7017	1.3796
咸阳市	1.1339	0.9066	2.9203	2.9050	1.4285
湘潭市	1.1663	0.8449	2.7758	2.7950	1.4622
襄阳市	1.2158	1.0116	3.1311	2.9943	1.4665
孝感市	0.4824	0.8659	2.0651	2.0195	1.3390
忻州市	0.4441	1.5011	2.4040	2.4174	1.3680
新乡市	1.2960	0.9253	3.0563	3.0406	1.4144
新余市	1.5028	0.8328	3.0663	3.0492	1.4347
信阳市	0.6068	1.2275	2.4896	2.4688	1.3901
邢台市	0.6980	1.0095	2.5247	2.5096	1.4359
宿迁市	1.1285	0.9880	2.8909	2.7869	1.4859
宿州市	0.4404	1.1727	2.1665	2.2382	1.4378
徐州市	0.6605	0.9432	2.3868	2.4109	1.5680
许昌市	1.2544	0.9681	3.0989	2.9474	1.4310
宣城市	0.5229	1.5793	2.6015	2.4804	1.5231
雅安市	0.6946	1.3686	2.7412	2.6180	1.4409

续表

城市	制造业集聚度	服务业集聚度	制造业与服务业协同集聚度	制造业与生产性服务业协同集聚度	经济增长质量指数
烟台市	1. 7243	0. 7880	3. 1399	3. 1273	1. 5524
延安市	0. 2038	1. 2912	1. 7639	1. 6126	1. 4473
盐城市	0. 9295	0. 9923	2. 8248	2. 8591	1. 5093
扬州市	1. 0606	0. 7987	2. 7081	2. 6329	1. 5720
阳江市	2. 0693	1. 2523	3. 7843	3. 6051	1. 4382
阳泉市	0. 3851	0. 6095	1. 7692	1. 7653	1. 4139
伊春市	0. 5982	0. 4712	1. 8122	1. 6980	1. 3410
宜宾市	1. 5500	0. 8606	3. 1233	3. 0589	1. 4868
宜昌市	2. 6720	2. 2179	5. 7828	5. 7179	1. 4464
宜春市	0. 6910	1. 3757	2. 7370	2. 7125	1. 4374
益阳市	0. 7644	1. 2047	2. 7447	2. 6990	1. 4057
银川市	0. 3954	1. 1115	2. 0519	1. 9770	1. 4727
鹰潭市	0. 4949	1. 4565	2. 4133	2. 1865	1. 5139
营口市	1. 1137	1. 0853	3. 1555	3. 0573	1. 5139
永州市	0. 5672	1. 3380	2. 5019	2. 3593	1. 4060
榆林市	0. 3609	1. 4325	2. 1957	2. 0538	1. 4712
玉林市	0. 7161	1. 3370	2. 7524	2. 7175	1. 4475
玉溪市	0. 8954	1. 2236	2. 9457	2. 9943	1. 5858
岳阳市	1. 0783	0. 9236	2. 8989	2. 7418	1. 5510
云浮市	0. 9622	1. 0299	2. 9055	2. 5805	1. 4440
运城市	0. 5581	1. 4658	2. 5608	2. 4549	1. 4486
枣庄市	0. 5621	0. 8761	2. 2108	2. 1163	1. 4577
湛江市	0. 6886	1. 2884	2. 6739	2. 6862	1. 5705
张家界市	0. 1296	1. 6898	1. 9605	1. 5595	1. 4634
张家口市	1. 0147	1. 1205	2. 9843	2. 9293	1. 3897
张掖市	0. 4638	1. 3892	2. 3522	2. 3552	1. 3585
漳州市	1. 2162	0. 8910	2. 9524	2. 9048	1. 5343
长春市	1. 0901	1. 0670	3. 1163	3. 1067	1. 5195
长沙市	0. 5002	1. 2790	2. 3408	2. 2953	1. 5636
长治市	0. 9741	1. 0778	2. 9230	2. 9260	1. 4383

续表

城市	制造业集聚度	服务业集聚度	制造业与服务业协同集聚度	制造业与生产性服务业协同集聚度	经济增长质量指数
昭通市	0. 3635	1. 4491	2. 2158	2. 1426	1. 4124
肇庆市	1. 7074	0. 8435	3. 2174	3. 0177	1. 5045
镇江市	1. 2210	1. 0252	3. 1603	3. 1255	1. 5466
郑州市	0. 8253	1. 0135	2. 6328	2. 5752	1. 4975
中山市	2. 0406	0. 6898	3. 2480	3. 1789	1. 6125
中卫市	1. 3703	2. 7351	4. 9069	5. 1505	1. 3023
重庆市	0. 8973	0. 9547	2. 8179	2. 8152	1. 4947
舟山市	0. 8737	1. 2204	2. 9273	2. 8652	1. 5071
周口市	0. 5102	1. 2693	2. 3295	2. 3024	1. 3777
珠海市	2. 0066	0. 6306	3. 1143	2. 9850	1. 5305
株洲市	1. 3745	0. 8126	2. 9288	2. 7787	1. 5268
驻马店市	0. 6814	1. 1009	2. 5491	2. 4744	1. 3663
资阳市	1. 1242	1. 0833	3. 1170	3. 0301	1. 4600
淄博市	1. 4073	0. 7295	2. 8185	2. 6779	1. 5468
自贡市	0. 9762	0. 9854	2. 8467	2. 8109	1. 4828
遵义市	0. 7587	1. 2257	2. 7521	2. 6789	1. 4860

参考文献

[1] 保罗·克鲁格曼．地理和贸易 [M]．北京：北京大学出版社，2000.

[2] 蔡宏波，杨康，江小敏．行业垄断、行业集聚与服务业工资——基于 299 个四位数细分行业的检验 [J]．统计研究，2017 (2)：67-78.

[3] 钞小静，惠康．中国经济增长质量的测度 [J]．数量经济技术经济研究，2009 (6)：76-87.

[4] 钞小静，任保平．城乡收入差距与中国经济增长质量 [J]．财贸研究，2014 (5)：1-9.

[5] 陈建军，胡晨光．产业集聚的集聚效应——以长江三角洲次区域为例的理论和实证分析 [J]．管理世界，2008 (6)：68-83.

[6] 陈建军，刘月，邹苗苗．产业协同集聚下的城市生产效率增进——基于融合创新与发展动力转换背景 [J]．浙江大学学报（人文社会科学版），2016 (3)：150-163.

[7] 陈立泰，张祖妞．服务业集聚与区域经济增长的实证研究 [J]．山西财经大学学报，2010 (10)：65-71.

[8] 陈丽娴，沈鸿，魏作磊．服务业开放提高了经济增加值率吗——基于产业集聚视角的门槛回归分析 [J]．国际贸易问题，2016 (10)：85-95.

[9] 陈晓峰．生产性服务业与制造业协同集聚的机理及效应：理论分析与经验求证 [D]．苏州：苏州大学，2015.

[10] 陈友华．全面小康社会建设评价指标体系研究 [J]．社会学研究，2004 (1)：90-98.

[11] 程大中，陈福炯．中国服务业相对密集度及对其劳动生产率的影响 [J]．管理世界，2005 (2)：77-84.

[12] 程云鹤，齐晓安，汪克亮等．技术进步、节能减排与低碳经济发展——基于 1985~2009 年中国 28 个省际面板数据的实证考察 [J]．山西财经

大学学报，2013 (1)：51 -60.

[13] 范剑勇，冯猛，李方文．产业集聚与企业全要素生产率 [J]．世界经济，2014 (5)：51 -73.

[14] 范剑勇，朱国林．中国地区差距演变及其结构分解 [J]．管理世界，2002 (7)：37 -44.

[15] 范剑勇．产业集聚与地区间劳动生产率差异 [J]．经济研究，2006 (11)：72 -81.

[16] 范剑勇．市场一体化、地区专业化与产业集聚趋势——兼谈对地区差距的影响 [J]．中国社会科学，2004 (6)：39 -51.

[17] 高春亮，李善同．财政分权、人力资本与高质量增长 [J]．财政研究，2019 (9)：21 -32.

[18] 郭卫军，黄繁华．经济自由度的增加能否提高经济增长质量——基于 G20 国家面板数据的实证研究 [J]．国际贸易问题，2019 (12)：1 -17.

[19] 郭文伟，李嘉琪．房价泡沫抑制了经济高质量增长吗？——基于 13 个经济圈的经验分析 [J]．中国软科学，2019 (8)：77 -91.

[20] 何兴邦．环境规制与中国经济增长质量——基于省际面板数据的实证分析 [J]．当代经济科学，2018 (2)：1 -10.

[21] 胡佛 E. M. 区域经济学导论 (1948) [M]．北京：商务印书馆，1990.

[22] 胡雪萍，陶静．供给侧结构性改革下环境规制对绿色技术创新的影响——基于 30 个省市动态面板数据的实证分析 [J]．福建论坛 (人文社会科学版)，2018 (1)：45 -54.

[23] 黄文，张羽瑶．区域一体化战略影响了中国城市经济高质量发展吗？——基于长江经济带城市群的实证考察 [J]．产业经济研究，2019 (6)：14 -26.

[24] 惠炜，韩先锋．生产性服务业集聚促进了地区劳动生产率吗？ [J]．数量经济技术经济研究，2016 (10)：37 -56.

[25] 卡马耶夫．经济增长的速度和质量 [M]．武汉：湖北人民出版社，1983.

[26] 孔群喜，王紫绮，蔡梦．对外直接投资提高了中国经济增长质量吗 [J]．财贸经济，2019 (5)：96 -111.

[27] 勒施 A. 经济空间秩序：经济财货与地理间的关系 (1940) [M]．北京：商务印书馆，1995.

[28] 李嘉图．政治经济学及赋税原理（1817）［M］．北京：北京联合出版公司，2013.

[29] 李金昌，史龙梅，徐蔼婷．高质量发展评价指标体系探讨［J］．统计研究，2019（1）：4－14.

[30] 李强，王琰．环境规制与经济增长质量的U型关系：理论机理与实证检验［J］．江海学刊，2019（4）：102－108.

[31] 李筱乐．市场化、工业集聚和环境污染的实证分析［J］．统计研究，2014（8）：39－45.

[32] 李勇刚，张鹏．产业集聚加剧了中国的环境污染吗——来自中国省级层面的经验证据［J］．华中科技大学学报（社会科学版），2013（5）：97－106.

[33] 刘满凤，谢晗进．中国省域经济集聚性与污染集聚性趋同研究［J］．经济地理，2014（4）：27－34.

[34] 刘明宇，芮明杰，姚凯．生产性服务价值链嵌入与制造业升级的协同演进关系研究［J］．中国工业经济，2010（8）：68－77.

[35] 刘胜，顾乃华．行政垄断、生产性服务业集聚与城市工业污染——来自260个地级及以上城市的经验证据［J］．财经研究，2015（11）：95－107.

[36] 刘世锦．产业集聚及其对经济发展的意义［J］．改革，2003（3）：64－68.

[37] 刘帅．中国经济增长质量的地区差异与随机收敛［J］．数量经济技术经济研究，2019（9）：24－41.

[38] 刘斯敖．产业集聚测度方法的研究综述［J］．商业研究，2008（11）：72－74.

[39] 刘修岩．产业集聚的区域经济增长效应研究［M］．北京：经济科学出版社，2017.

[40] 刘修岩．集聚经济与劳动生产率：基于中国城市面板数据的实证研究［J］．数量经济技术经济研究，2009（7）：109－119.

[41] 刘志彪．理解高质量发展：基本特征、支撑要素与当前重点问题［J］．学术月刊，2018（7）：39－45＋59.

[42] 罗伯特·J. 巴罗．经济增长［M］．上海：上海格致出版社，2010.

[43] 马歇尔．经济学原理（1890）［M］．北京：商务印书馆，2011.

[44] 马轶群，史安娜．金融发展对中国经济增长质量的影响研究——基于

VAR 模型的实证分析［J］．国际金融研究，2012（11）：30－39.
［45］迈克尔·P. 托达罗．经济发展与第三世界［M］．北京：中国经济出版社，1993.
［46］迈克尔·波特．完全竞争战略（1990）［M］．北京：中国纺织出版社，2003.
［47］毛其淋．二重经济开放与中国经济增长质量的演进［J］．经济科学，2012（2）：7－22.
［48］毛其淋，许家云．中国对外直接投资如何影响了企业加成率：事实与机制［J］．世界经济，2016（6）：77－99.
［49］毛中根，武优勐．我国西部地区制造业分布格局、形成动因及发展路径［J］．数量经济技术经济研究，2019（3）：3－19.
［50］任保平．经济增长质量：经济增长理论框架的扩展［J］．经济学动态，2013（11）：45－51.
［51］沈能，王艳，王群伟．集聚外部性与碳生产率空间趋同研究［J］．中国人口·资源与环境，2013（12）：40－47.
［52］宋国恺．新时代高质量发展的社会学研究［J］．中国特色社会主义研究，2018（5）：62－70.
［53］随洪光，段鹏飞，高慧伟．金融中介与经济增长质量——基于中国省级样本的经验研究［J］．经济评论，2017（5）：66－80.
［54］随洪光，刘廷华．FDI 是否提升了发展中东道国的经济增长质量——来自亚太、非洲和拉美地区的经验证据［J］．数量经济技术经济研究，2014（11）：3－20.
［55］随洪光，余李，段鹏飞．外商直接投资、汇率甄别与经济增长质量——基于中国省级样本的经验分析［J］．经济科学，2017（2）：61－75.
［56］随洪光．FDI 对发展中东道国经济增长质量的作用［D］．天津：南开大学，2011.
［57］孙慧，朱俏俏．中国资源型产业集聚对全要素生产率的影响研究［J］．中国人口·资源与环境，2016（1）：121－130.
［58］孙浦阳，韩帅，靳舒晶．产业集聚对外商直接投资的影响分析——基于服务业与制造业的比较研究［J］．数量经济技术经济研究，2012（9）：

40 - 57.

[59] 孙浦阳，韩帅，许启钦．产业集聚对劳动生产率的动态影响［J］．世界经济，2013（3）：33 - 53.

[60] 孙英杰，林春．财政分权、政府干预行为与地区不良贷款——基于省级面板数据实证分析［J］．财经理论与实践，2018（4）：88 - 93.

[61] 田国强．中国经济高质量发展的政策协调与改革应对［J］．学术月刊，2019（5）：32 - 38.

[62] 王兵，聂欣．产业集聚与环境治理：助力还是阻力——来自开发区设立准自然实验的证据［J］．中国工业经济，2016（12）：77 - 91.

[63] 王群勇，陆凤芝．环境规制影响农民工城镇就业的空间特征［J］．经济与管理研究，2019（6）：56 - 71.

[64] 王珍珍．产业集聚的职工工资、政府税收与企业发展效应研究［D］．沈阳：辽宁大学，2018.

[65] 王子龙，谭清美，许箫迪．企业集群共生演化模型及实证研究［J］．中国管理科学，2006（2）：141 - 148.

[66] 韦伯 A. 工业区位论（1909）［M］．北京：商务印书馆，2010.

[67] 维诺德·托马斯．增长的质量［M］．北京：中国财政经济出版社，2001.

[68] 文丰安．生产性服务业集聚、空间溢出与质量型经济增长——基于中国285个城市的实证研究［J］．产业经济研究，2018（6）：40 - 53.

[69] 肖建清．对外开放、产业集聚与区域经济增长：理论模型与实证研究［D］．广州：暨南大学，2009.

[70] 谢露露．产业集聚和工资“俱乐部”来自地级市制造业的经验研究［J］．世界经济，2015（10）：148 - 168.

[71] 熊彼特．经济发展理论［M］．北京：中国社会科学出版社，2009.

[72] 徐妍．产业集聚视角下中国高技术产业创新效率及其空间分异研究［D］．天津：南开大学，2013.

[73] 宣烨，余泳泽．生产性服务业集聚对制造业企业全要素生产率提升研究——来自230个城市微观企业的证据［J］．数量经济技术经济研究，2017（2）：89 - 104.

[74] 亚当·斯密. 国民财富的性质和原因的研究（1776）[M]. 北京：商务印书馆，2011.
[75] 闫逢柱，苏李，乔娟. 产业集聚发展与环境污染关系的考察——来自中国制造业的证据 [J]. 科学学研究，2011（1）：79-83.
[76] 杨仁发. 产业集聚能否改善中国环境污染 [J]. 中国人口·资源与环境，2015（2）：23-29.
[77] 杨仁发. 产业集聚与地区工资差距——基于我国269个城市的实证研究 [J]. 管理世界，2013（8）：41-52.
[78] 于斌斌. 生产性服务业集聚能提高制造业生产率吗？——基于行业、地区和城市异质性视角的分析 [J]. 南开经济研究，2017（2）：114-134.
[79] 于斌斌. 生产性服务业集聚如何促进产业结构升级？——基于集聚外部性与城市规模约束的实证分析 [J]. 经济社会体制比较，2019（2）：30-43.
[80] 余东华，吕逸楠. 政府不当干预与战略性新兴产业产能过剩——以中国光伏产业为例 [J]. 中国工业经济，2015（10）：53-68.
[81] 袁志刚，高虹. 中国城市制造业就业对服务业就业的乘数效应 [J]. 经济研究，2015（7）：30-41.
[82] 原毅军，谢荣辉. 产业集聚、技术创新与环境污染的内在联系 [J]. 科学学研究，2015（9）：1340-1347.
[83] 曾艺，韩峰，刘俊峰. 生产性服务业集聚提升城市经济增长质量了吗？[J]. 数量经济技术经济研究，2019（5）：84-101.
[84] 张彩霞. 河北省区域经济评价研究——基于科学发展观视角 [J]. 河北经贸大学学报，2011（3）：86-90.
[85] 张德存. 和谐社会评价指标体系的构建 [J]. 统计与决策，2005（21）：9-11.
[86] 张虎，韩爱华，杨青龙. 中国制造业与生产性服务业协同集聚的空间效应分析 [J]. 数量经济技术经济研究，2017（2）：3-20.
[87] 张可，豆建民. 集聚对环境污染的作用机制研究 [J]. 中国人口科学，2013（5）：105-111.
[88] 张可，汪东芳. 经济集聚与环境污染的交互影响及空间溢出 [J]. 中国工业经济，2014（6）：70-82.

[89] 张云飞．城市群内产业集聚与经济增长关系的实证研究——基于面板数据的分析［J］．经济地理，2014，34（1）：108－113.

[90] 赵放．制造业与物流业的空间协同集聚及其增长效应研究［D］．天津：南开大学，2012.

[91] 赵剑波，史丹，邓洲．高质量发展的内涵研究［J］．经济与管理研究，2019（11）：15－31.

[92] 赵昕，郭晶．中国低碳经济发展的技术进步因素及其动态效应［J］．经济学动态，2011（5）：47－51.

[93] 赵英才，张纯洪，刘海英．转轨以来中国经济增长质量的综合评价研究［J］．吉林大学社会科学学报，2006（3）：27－35.

[94] 周瑾，景光正，随洪光．社会资本如何提升了中国经济增长的质量？［J］．经济科学，2018（4）：33－46.

[95] 周圣强，朱卫平．产业集聚一定能带来经济效率吗：规模效应与拥挤效应［J］．产业经济研究，2013（3）：12－22.

[96] 庄贵阳．中国经济低碳发展的途径与潜力分析［J］．国际技术经济研究，2005（3）：8－12.

[97] Andersson，Martin. Co-location of Manufacturing and Producer Services：A Simultaneous Equations Approach［R］．Working Paper，CESIS，2004.

[98] Arrow K. J. The Economic Implications of Learning by Doing［J］．Review of Economic Studies，1962，29（3）：155－173.

[99] Audretsch D. B.，Feldman M. P. Innovation in Cities：Science－Based Diversity，Specialization and Localized Competition［J］．European Economic Review，1999，43（2）：409－429.

[100] Avinash K.，Dixit et al. Monopolistic Competition and Optimum Product Diversity［J］．The American Economic Review，1977，67（3）：297－308.

[101] Bailly A. S. Producer Services Research in Europe［J］．The Professional Geographer，1995，47（1）：70－74.

[102] Baldwin R. E.，Forslid R. The Core-Periphery Model and Endogenous Growth：Stabilizing and Destabilizing Integration［J］．Economica，2000，67（267）：307－324.

[103] Baldwin R. E., Martin P., Ottaviano G. I. P. Global Income Divergence, Trade, and Industrialization: The Geography of Growth Take-Offs [J]. Journal of Economic Growth, 2001, 6 (1): 5-37.

[104] Baldwin R., Forslid R., Martin P et al. Economic Geography and Public Policy [M]. Economic Geography and Public Policy, 2003.

[105] Banga, Rashmi. Critical Issues in India's Services-led Growth [R]. Indian Council for Research on International Economic Relations New Delhi Working Papers, 2005.

[106] Baptista R., Swann P. Do Firms in Clusters Innovate More? [J]. Research Policy, 1998, 27 (5): 525-540.

[107] Baron R. M., Kenny D. A. The Moderator-Mediator Variable Distinction in Social Psychological Research: Conceptual, Strategic, and Statistical Considerations [J]. Journal of Personality & Social Psychology, 1987, 51 (6): 1173-1182.

[108] Beaudry C., Schiffauerova A. Who's right, Marshall or Jacobs? The Localization Versus Urbanization Debate [J]. Research Policy, 2009, 38 (2): 330-337.

[109] Bondonio D., Engberg J. Enterprise Zones and Local Employment: Evidence from the States' Programs [J]. Regional Science & Urban Economics, 2000, 30 (5): 519-549.

[110] Brakman S., Garretsen H., Van Marrewijk C. An Introduction to Geographical Economics [M]. Cambridge University Press, 2001.

[111] Braunerhjelm P., Borgman B. Geographical Concentration, Entrepreneurship and Regional Growth: Evidence from Regional Data in Sweden, 1975-1999 [J]. Regional Studies, 2004, 38 (8): 929-947.

[112] Broersma L., Oosterhaven J. Regional Labor Productivity In the Netherlands: Evidence of Agglomeration and Congestion Effects [J]. Journal of Regional Science, 2009, 49 (3): 483-511.

[113] Brülhart M., Mathys N. A. Sectoral Agglomeration Economics in a Panel of European Regions [J]. Regional Science & Urban Economics, 2008, 38

(4): 348 -362.

[114] Ciccone A. Agglomeration Effects in Europe [J]. European Economic Review, 2002, 46 (2): 213 -227.

[115] Cohen S., Zysman J. Manufacturing Matters: The Myth of the Post-Industrial Economy [M]. Basic Books: New York, 1987: 125 -134.

[116] Diaz-Bautista A. Agglomeration Economies, Economic Growth and the New Economic Geography in Mexico [J]. Urban/Regional, 2005, 1 (2): 57 -79.

[117] Eberts D., Randall J. E. Producer Services, Labor Market Segmentation and Peripheral Regions: The Case of Saskatchewan [J]. Growth & Change, 1998, 29 (4): 401 -422.

[118] Ellison G., Glaeser E. L., Kerr W. R. What Causes Industry Agglomeration? Evidence from Co - agglomeration Patterns [J]. American Economic Review, 2010, 100 (3): 1195 -1213.

[119] Ellison G., Glaeser E. L. Geographic Concentration in U. S. Manufacturing Industries: A Dartboard Approach [J]. Journal of Political Economy, 1997, 105 (5): 889 -927.

[120] Eswaran M., Kotwal A. The Role of the Service Sector in the Process of Industrialization [J]. Journal of Development Economics, 2002, 68 (2): 401 -420.

[121] Frank A. et al. Urban Air Quality in Larger Conurbations in the European Union [J]. Environmental Modelling & Software, 2001, 16 (4): 399 -414.

[122] Geppert K., Gornig M. and Werwatz A. Economic Growth of Agglomeration and Geographic Concentration of Industrial: Evidence from Germany [J]. Regional Studies, 2008, 42, (30): 413 -421.

[123] Glaeser E. L., Kallal, Hedi D., Scheinkman, José A. et al. Growth in Cities [J]. Journal of Political Economy, 1992, 100 (6): 1126 -1152.

[124] Goe W. R. Factors Associated with the Development of Nonmetropolitan Growth Nodes in Producer Services Industries, 1980 -1990 [J]. Rural Sociology, 2002, 67 (3): 416 -441.

[125] Grubel H. G., Walker M. A. Service Industry Growth: Causes and Effects

[M]. Vancouver: The Fraser Institute, 1989.

[126] Guerrieri P., Meliciani V. International Competitiveness in Producer Services [J]. SSRN Electronic Journal, 2004.

[127] Hansda S. K. Sustainability of Service – led Growth: An Input – output Analysis of Indian Economy [R]. RBI Occasional Working Paper, 2001.

[128] Henderson J. V. The Sizes and Types of Cities [J]. American Economic Review, 1974, 64 (4): 640 – 656.

[129] Henderson J. V. Marshall's Scale Economies [J]. Journal of Urban Economics, 2001, 53 (1): 1 – 28.

[130] Hooker M. A., Knetter M. M. Measuring the Economic Effects of Military Base Closures [J]. Economic Inquiry, 2001, 39 (4): 583 – 598.

[131] Keeble D., Bryson J., Wood P. Small Firms, Business Services Growth and Regional Development in the United Kingdom: Some Empirical Findings [J]. Regional Studies, 1991, 25 (5): 439 – 457.

[132] Kelle M. Crossing Industry Borders: German Manufacturers as Services Exporters [J]. World Economy, 2012, 26 (12): 1494 – 1515.

[133] Kolko J. The Death of Cities? The Death of Distance? Evidence from the Geography of Commercial Internet Usage [C]. In Vogelsang I, Conpaine BM (eds), The Internet Upheaval, Cambridge MA: MIT Press, 2000.

[134] Krugman, Paul. Increasing Returns and Economic Geography [J]. Journal of Political Economy, 1991, 99 (3): 483 – 499.

[135] Lucas R. E. On The Mechanics Of Economic Development [J]. Journal of Monetary Economics, 1989, 22 (1): 3 – 42.

[136] Marius Brülhart, Mathys N. A. Sectoral Agglomeration Economies in a Panel of European Regions [J]. Regional Science & Urban Economics, 2008, 38 (4): 348 – 362.

[137] Marius Brülhart, Sbergami F. Agglomeration and Growth: Cross-country Evidence [J]. Journal of Urban Economics, 2009, 65 (1): 60 – 63.

[138] Marshall A. Principles of Economics [M]. London: Macmilan, 1920.

[139] Muller E. Innovation Interactions between Knowledge-Intensive Business Serv-

ices and Small and Medium-Sized Enterprises [M]. Bibliogr, 2001.

[140] O'Donoghue, Dan, Gleave B. A Note on Methods for Measuring Industrial Agglomeration [J]. Regional Studies, 2004, 38 (4): 419-427.

[141] Ottaviano G. I. P., Martin P. Growth and Agglomeration [J]. International Economic Review, 2001, 42 (4): 947-968.

[142] Pace R. K., Lesage J. P. A Sampling Approach to Estimate the Log Determinant Used in Spatial Likelihood Problems [J]. Journal of Geographical Systems, 2009, 11 (3): 209-225.

[143] Preissl B. The German Service Gap Or: Re-Organising The Manufacturing—Services Puzzle [J]. Metroeconomica, 2007, 58 (3): 457-478.

[144] Rizov M., Oskam A., Walsh P. Is There a Limit to Agglomeration? Evidence from Productivity of Dutch Firms [J]. Regional Science and Urban Economics, 2012, 42 (4): 595-606.

[145] Sobel M. E. Direct and Indirect Effects in Linear Structural Equation Models [J]. Sociological Methods & Research, 1987, 16 (1): 155-176.

[146] Thisse J., Fujita M. Economics of Agglomeration 2ed [M]. Economics of Agglomeration: Cambridge University Press, 2002.

[147] Virkanen J. Effect of Urbanization on Metal Deposition in the Bay of Töölönlahti, Southern Finland [J]. Marine Pollution Bulletin, 1998, 36 (9): 729-738.

[148] Zeng D. Z., Zhao L. Pollution Havens and Industrial Agglomeration [J]. Journal of Environmental Economics & Management, 2009, 58 (2): 150-153.